你不了解的机密宋史

陆续 著

辽宁人民出版社

© 陆续　2022

图书在版编目（CIP）数据

你不了解的北宋史 / 陆续著 . —沈阳：辽宁人民
出版社，2022.8
ISBN 978-7-205-10445-0

Ⅰ . ①你… Ⅱ . ①陆… Ⅲ . ①中国历史—北宋—通俗
读物 Ⅳ . ① K244.09

中国版本图书馆 CIP 数据核字（2022）第 070354 号

出版发行：辽宁人民出版社
　　　　　　地址：沈阳市和平区十一纬路 25 号　邮编：110003
　　　　　　电话：024-23284191（发行部）　024-23284304（办公室）
　　　　　　http：//www.lnpph.com.cn
印　　　刷：北京长宁印刷有限公司天津分公司
幅面尺寸：170mm×240mm
印　　张：21
字　　数：260 千字
出版时间：2022 年 8 月第 1 版
印刷时间：2022 年 8 月第 1 次印刷
责任编辑：赵维宁
封面设计：乐　翁
版式设计：一诺设计
责任校对：冯　莹
书　　号：ISBN 978-7-205-10445-0

定　　价：59.80 元

目录 Contents

第一章

黄袍加身——顺势上位的赵匡胤

后周显德六年（959）七月二十七日，对于后周的子民来说，似乎就是一个普通的夏日。旭日东升，大家纷纷起来劳作，或扛锄头下田农作，或挑货担上街摆摊。但对于后周皇室来说，这一日的太阳却并没有升起，皇宫被笼罩在黑暗之中。

一代明主、后周世宗柴荣在京城汴京（今河南省开封市）的万岁殿驾崩了。

隐隐的号角、鼓声从皇宫传来，老百姓从忙碌中抬头，面面相觑，又望向皇宫的方向，苍老的或年轻的面容上，浮现哀伤……

百姓心里明白，他们失去的是一个好皇帝。

皇宫内，年仅七岁的柴宗训被披上帝袍，年轻的符太后泪眼未干，那双护着他们母子俩的手已经冷了。文武百官纷纷跪地，高呼万岁，刚换了身份的孤儿寡母，惶惶不安。

表面上，朝内文有宰相范质，武有主持全国军务的赵匡胤，权力交接得平稳顺当。

实际上，柴荣曾遗命提拔王著为宰相，让其和诸老臣共同治理后周，老相范质却没有照做，仍然统领文官；而相当于中央禁军总司令的赵匡胤，手握全朝战斗力最强的部队，与军中将领关系密切，影响力极大。

此时，后周仅仅建立八年，在前两代帝王的励精图治下，虽然已经走上民强国富的道路，但它所处的大环境却动荡不安、瞬息万变。

这就是中国历史上有名的乱世——五代十国。

自唐朝灭亡后，中原地区先后建立了五个政权，依次为后梁、后唐、后晋、后汉和后周。短短几十年，朝代更迭频繁，时间最短的后汉从建立到灭亡只有四年。连后周太祖郭威也是武将起兵，从后汉手里夺来的天下。

郭威（904—954）出身将门世家，父亲担任顺州（今北京市顺义区）刺史，后被杀害。家破人亡后，郭威在颠沛流离中长到十八岁，他人高马大，骁勇无比，很快加入军队，得到上司赏识，逐步做到河东节度使、北平王刘知远身边的大将。

此时契丹侵略中原，后晋灭亡，民不聊生，百姓纷纷揭竿而起。刘知远瞅准时机在太原称帝。他自己姓刘，便以继承汉朝正统为名，定国号大汉，史称后汉。刘知远仅在位一年就驾崩了，传位第二子刘承祐，郭威是其托孤重臣。

此时的郭威并不是一个贪心的人，生活上他勤俭节约，工作上他尽心尽力，能够听从属下和幕僚的劝谏，一步步做到统领全国大军的将军，仅在帝王一人之下，还有啥不满足呢？

郭威对后汉忠心不贰，心里想的是："既得先帝信任，让我等辅佐新帝，我等更要做出一番成绩来，好好把这后汉的江山照顾好。"

新上位的刘承祐想的却是："这群老家伙碍眼得很。"

这会儿，刘承祐是个二十岁都不到的年轻人，从小锦衣玉食，父亲位极人臣的时候，里里外外都哄着他这个官二代，父亲天下在握之后，更是没人敢给刘承祐这个唯一的储君一点不痛快。刘承祐打小儿被捧着，觉得自个儿非常有本事，一上位就摩拳擦掌，预备大干一番。他对国家的治理提出过很多想法，自认为非常有建设性。但是，今天刘承祐提出这意见，一个老夫子站出来反对，明天刘承祐又有新的想法了，另一个老头子高呼着先帝呀又逼他收回去……

刘承祐烦透了，他不喜欢事事被这些老臣管束，于是便想，既然你们要管我，那就别怪我不仁。

很快，一批老臣被冠以谋反罪，遭到诛杀。

刘承祐把目光投向了那个话不多，又偏生有几分耿直的郭威。用什么办法杀他呢？大动干戈吗？郭威手里可有军权……刘承祐决定来个暗的，他发下密诏令人斩杀郭威。

郭威当时正在魏州驻守，积极备战防御北方的契丹辽国。有人悄悄地把刘承祐杀他的密诏拿给郭威看。亲眼确认皇帝要杀自己，郭威内心很不是滋味，他早预感到刀子悬在自己脖子上了，已经处处退让，却没想到对方还是没有放下杀心。

君要臣死，臣不能傻呵呵等死。郭威一咬牙，篡改诏书，招来部下，跟他们宣称这份刚从皇宫送出来的、还热乎着的密诏是令他诛杀手下各将啊。他老泪纵横，这么多年兄弟，一起出生入死，他如何能下得了这手！

众将自然非常愤慨，谁也不是傻鸭子任人宰割，大伙儿一合计，纷纷表示："老大，你别哭了，依我们看，这小皇帝脑子不清楚，一定是身边有坏人蛊惑了他，不如我们起兵清君侧吧！"

好，说干就干！

郭威起兵了！

一路上，大军行军果断，直往京城进发。但在郭威内心深处仍有犹豫，一直以来先帝对自己不薄，不然自己只是一个无处可去的无名小卒，哪里还能有后来的荣华富贵。固然这次是刘承祐要动手在先，自己和兄弟们才会起兵，可刘承祐还是个毛孩子，自己一定要去好好讲讲道理，把刘承祐讲明白了。

结果，那头刘承祐听说郭威起兵了，可没郭威这么多思来想去，刘承祐直接就下手杀了郭威的家人，手段极其狠毒，老幼妇孺无一幸免。

郭威闻讯悲痛异常，他深爱的妻子，他伶俐的儿子，还有那些亲朋好友……将士们发现老大郭威一夜苍老，谁也没有再多说一句，众人跟着郭威，快马加鞭，杀到京城。

听闻郭威到了城下，刘承祐兴奋地跑到城外刘子坡观战，他以为郭威是吃素的，带来的军队也不堪一击，自己想怎么拿捏就怎么拿捏。

结果后汉军大败，刘承祐吓得屁滚尿流，急急忙忙要回京城躲避。不想当时的开封府尹把城门关得牢牢的，死活不让刘承祐进城。刘承祐一看这边路不通，再往别处跑，身后白尘滚滚直冲他而来。

哎呀，一定是郭威杀来了！

跟随刘承祐的人眼见必死无疑，无处可逃，想着与其跟着这傻皇帝不能活命，不如以傻皇帝为礼，找郭威谋个富贵，于是，拔刀把刘承祐给杀了。

其实这事闹了个乌龙，踏得烟尘滚滚而来的根本不是郭威的追兵，而是刘承祐的护卫亲兵。但这会儿再明白，也已改变不了什么了。

郭威很快控制了京城和朝野大权，部将们一起拥戴郭威上位，给他披上黄袍。郭威正式称帝，国号大周，史称后周。

细看历史，总能发现许多有趣的事和细节。"黄袍加身"的情节在宋太祖赵匡胤身上为天下人所熟知，但实际上早在郭威的时代就已演绎过了。

郭威荣登大位，仁爱百姓，不喜奢靡。他带头将宫中用度减少，要求各地不用进贡奇珍异宝，下诏减少百姓的苛捐杂税并严禁军队扰民，还曾不止一次对身边的人说："我是穷苦人出身，有幸成为帝王，也不能忘记根本，用百姓的辛劳来给自己享乐。"

郭威深得百姓爱戴，可失去家人的痛苦一直笼罩着他，也摧残着他的身体，仅仅三年之后，显德元年（954）正月，一代明君后周太祖郭威驾崩。

前面提到郭威家人都被刘承祐所杀，其中包含他的儿子们，郭威还是个难得的长情之人，深爱亡妻，称帝后没有另娶。因此，郭威将后周的帝位传给了养子晋王柴荣。

历史再一次证明了郭威作为一个英明君主的眼光。

柴荣是个有能力、有眼界的政治人物，立志"十年开拓天下、十年养百姓、十年致太平"。为实现这一目标，柴荣励精图治，锐意改革，他选才纳谏，修订刑律，建国子监，整顿禁军，南征北战，版图迅速扩大，紧接着率军向契丹进发，欲收复燕云十六州。

如果上天能多给柴荣十年，不，或者只多给他五年，后世很多历史或将改写。

显德六年（959），柴荣在向燕云十六州的幽州（今北京市）发起进攻时，暴病不起。

此时的后周，已经非常接近统一中国的目标，后来在中国历史上占据一席之地的宋朝，其大部分版图都来自柴荣在位这五年的南征北战。

柴荣驾崩时，年仅三十九岁，身后没有成年的子嗣，否则也没有后来的赵匡胤和大宋什么事了。这事要怪还得怪前朝的后汉隐帝刘承祐。他逼反郭威，杀了郭威在京中的家眷。柴荣本是郭威的妻侄，与郭家沾亲带故，因此三个年长的儿子也被刘承祐一起给杀了。历史之河滔滔，浪卷多少机缘。若不是刘承祐断了郭威的后，郭威也不会收柴荣为养子，继承后周。但若不是刘承祐的杀戮，柴荣也不会面临只能把皇位传给幼子的无奈。

如今，柴荣驾崩，大权为大臣掌握。以史为鉴，柴氏孤儿寡母怎能安眠？当年郭威便是由部下兵变起兵建立后周，如今手握重兵的其他人会不会做同样的事？毕竟在那个年代，武将造反，江山易主的情况发生得太多了，谁的兵多拳头硬，谁就可以当皇帝，这是天下默认的规则。

目光长远的柴荣考虑到了这一点，故而在病重之际，将武将中的老人调离，提拔年轻的赵匡胤，又遗命王著担任新宰相，与范质等共同辅佐幼年天子，以稳定朝野。而在此之前，他还做了许多改革为儿子铺路，其中一条就是文武制衡。

为了防止武将拥兵造反，柴荣将军队的调兵权和执行权分开，调兵权分配给了属于文官的枢密使。文臣有调兵权，但不能领兵打仗。武将有兵，可是不能随意动用。武将只能听话抛头颅洒热血，别的非分之想都难以实现。

武将搞定了，文臣也要管控。柴荣任命魏仁浦为宰相，范质和王溥辅政，又在临终之际，增加王著为相。一位多人，共行相权，更加有效地避免专权的可能。再者，柴荣和王著是老上下级了，柴荣没有登基之前，王著就跟着他干，属于藩邸旧人。王著对柴荣也是真感情。到后来赵匡胤当了帝王，有一次，王著还喝多了思念故主，在屏风后大哭，把大臣们吓坏了。还是赵匡胤大度，说彼此都曾是跟着柴荣的人，自己很了解王著的脾性，他不过是个书生，思念故人到深处，哭哭啼啼的，不会有什么大事，随他去吧。

柴荣这么多的提前部署，按理来说，小皇帝的未来应该安稳了。可惜柴荣错算了几个人的忠心，尤其是已在一人之下的范质。范质一直看不上王著，压下了柴荣提拔王著的遗诏。尽管，柴荣过世后，小皇帝和符太后遇到事情经常会请教王著，可王著的官职爵位终究不如范质等人，并没能走到后周文臣的权力中心。再后来，赵匡胤陈桥兵变之前，带兵北上的调令，也是范质主张给的。

冥冥之中，命运把延续帝国的责任交给了另一个人，而这个人此时已经站在历史舞台上。

柴荣驾崩时，赵匡胤虚岁三十三，正是盛年。他出生在后唐天成二年（927），祖上从军，但这没给赵匡胤带去什么好出路。年少时，赵匡胤四处游历。二十岁时，赵匡胤认识了人生中的第一位贵人郭威，成为其亲军一员。同年，郭威建立后周，任命赵匡胤为禁军军官。

禁军是负责帝王安危的军队，属于帝王身边的人。郭威先被逼起兵，后由部下拥立称帝。这个过程，赵匡胤应有目睹，很难说没有给他后来走到"黄袍加身"这一步提供借鉴。

赵匡胤性格豪爽，武艺了得。民间流传的太祖长拳，对后世许多拳法都有深刻的影响，被称为"百拳之母"，就是赵匡胤首创。

后周太祖郭威很喜欢身边这个有勇有谋的年轻后生，他发现赵匡胤带出来的兵总是纪律严明，精神面貌出众；赵匡胤自己也手不释卷，极为上进。

赵匡胤也从郭威那里学到不少。比如郭威年轻时就广交好友，与其中一些结拜为兄弟，这些人后来也都成为其称帝过程中的助力。赵匡胤亦同军中年轻一辈的将领杨光义、石守信、李继勋、王审琦等十人结拜为异姓兄弟，这些人后来大多参与了黄袍加身、陈桥兵变事件之中。

与此同时，赵匡胤在郭威身边，结识到了他人生中的第二位贵人。这第二位贵人与赵匡胤年龄相近，一见如故，每每谈到天下大局，彼此常有相同的见解，越发惺惺相惜。在郭威提拔赵匡胤为滑州（今河南省安阳市滑县）副指挥使时，这第二位贵人上奏郭威，要把赵匡胤召到身边，担任开封府马直军使。

这第二位贵人不是别人，正是当时的开封府尹，后来在郭威驾崩后，接替帝位的柴荣。

显德元年（954），郭威驾崩，柴荣登基为帝。一直对后周虎视眈眈的北汉、契丹，趁后周权力交接时期，组织联军南下入侵。柴荣果断决定御驾亲征，赵匡胤随驾出征。

后周军与北汉军在泽州高平之南（今山西省晋城市巴公镇）相遇。大战之初，后周军右翼表现不佳，竟然先跑了。局势危急时，赵匡胤一马当先，带领部下护在柴荣前面，呼吁众人："保护陛下，我等与北汉决一死战！"

他为前锋，与左翼军队合作，拼死一搏，大破北汉军。

这一战，赵匡胤立下奇功。

后周决定乘胜追击，赵匡胤领命攻打北汉都城太原，在战场上，他简直像不要命一样，处处冲在最前面。混乱中，一支流箭冷不丁窜出来，正中赵匡胤左臂。

世宗柴容忍不住叫住他："你先去治伤。"

赵匡胤表示："陛下，这点小伤算什么？我还能再战！"随即对将士们振臂高呼："跟我上，把这太原城给陛下打下来！"

可惜以当时的情况，后周还不足以攻下北汉，而且，北汉的背后还有虎视眈眈的契丹辽国。即便如此，柴荣认为围攻太原已经起到了警示作用，几年之内，北汉和契丹将不敢再轻易南下，柴荣下令停战回朝。

回师后，赵匡胤因在这次战役中的优秀表现，被柴荣任命为殿前都虞候。

在此之前，朝廷的能将勇士大多在地方节镇，在柴荣整顿之下，兵力外强内弱的局面扭转，禁军逐渐比地方节镇兵强大。

后周时期，禁军分殿前司和侍卫亲军司，这个设置后来沿用到宋初。其中殿前司最高长官称殿前司都点检，下置殿前司都指挥使。赵匡胤已经成为柴荣的亲信将领，出任殿前司都虞候，为殿前司统领官之一。当然，属于赵匡胤的荣誉还远远没有结束，柴荣正行进在"十年开拓天下"的宏伟目标之下，而当时的赵匡胤又何尝不自豪能跟着这样的明君开疆拓土。

任何时候，一个国家的发展壮大都需要烧钱，柴荣把目光投向了富饶的淮南。

显德三年（956）春，赵匡胤随后周世宗柴荣征伐淮南，他的领兵才能又一次发挥得淋漓尽致。

首战涂山，赵匡胤仅率一百人，直击南唐阵地，引南唐军倾巢而出。赵匡胤一路北行，南唐军以为他胆小潜逃，在后面追得不亦乐乎。

这也不能怪南唐军大意，这时候的赵匡胤虽在之前和北汉的战争中表现出色，但还没有成为那个时代最顶尖的名将。而南唐军本身也是东方一霸，轻易没人敢撩其虎须。后周将领能力不济匆忙溃逃，在南唐军的心里是非常正常的现象。但等他们追到涡口（今安徽省怀远县），埋伏在此的后周军忽然出现时，南唐军目瞪口呆，这剧本走势完全不对呀。

这一仗，赵匡胤大胜，斩杀南唐大将何廷锡，缴获几十艘战船。

随后在清流关（今安徽省滁州市西郊关山中段），号称有十五万人的南唐军正面对上柴荣的先锋。两军互搏时，赵匡胤出其不意地从南唐军队伍后杀出来。南唐军大惊，领兵的皇甫晖和姚凤败走，退入滁州城内。

皇甫晖亦是五代名将，经历后唐、后晋几朝，与契丹几番交手，后晋被契丹灭后，皇甫晖投奔南唐，任奉化军节度使。眼见后周军队士气冲天，皇甫晖下令斩断城外护城河上的索桥，坚守滁州城。在地势上，南唐军占据上风。但一条护城河挡不住赵匡胤的去路，他带兵策马渡河，直冲滁州城而来，领兵翻墙而上，势如破竹，逼得皇甫晖不得不出城迎战。两军摆开阵势，皇甫晖神色凝重，赵匡胤淡定从容，两员大将，各为其主，在马背上相遇。最终赵匡胤一刀斩伤皇甫晖，南唐军大败，姚凤被活捉。

爱惜人才的柴荣后来见了一代名将皇甫晖，皇甫晖有气无力地对柴荣表示，他累了要坐一会儿，不等柴荣开口又说要躺下，然后这位名将就真躺下了。满身挂彩的皇甫晖跟柴荣感叹："这场仗我一点没有偷懒放水，实在是你这边的战士太勇猛。以前跟契丹打了那么多回合，我也算是见识过雄兵猛将的人，但你的军队比契丹还厉害。"

与皇甫晖交战的队伍，正是赵匡胤带出来的，而皇甫晖这句话，大概是一代名将对另一个名将最大的褒奖吧。

说完这话没多久，皇甫晖因重伤不治离世。而年轻的赵匡胤又在六合打败了南唐齐王李景达，斩杀南唐军万余人，随即被提拔为殿前都指挥使，加授定国军节度使，正式踏入后周封疆大吏的行列。

赵匡胤知道柴荣的心结，作为南唐北方门户的寿州，一直久攻不下，被视为眼中钉。转眼到第二年春天，柴荣二征淮南。已经做了充分准备的赵匡胤，接连攻克数地，乘势攻下寿州，被封为滑州义成军节度使、检校太保，仍担任殿前都指挥使。

同年冬，柴荣三征淮南，赵匡胤被委任为前锋，目标是寿州之后的濠州、泗州。

寒风瑟瑟，碧水汹汹。

遥望着南唐在十八里滩的营寨，柴荣考虑用骆驼摆渡军队，他在主帐内主持会议，大家则围着地图开始具体部署。

赵匡胤说："陛下且慢，让我试试。"说完，他出帐上马，一马当先，单骑渡河。

见赵匡胤身先士卒，骑兵们有样学样，也紧随其后蹚水前进，军寨里的南唐军看得一愣一愣的，终被后周军大破。

赵匡胤的骁勇成为传奇，直叫南唐军闻风丧胆。随后他又用缴获的南唐战舰乘胜攻打泗州，泗州连反抗都忘了，直接投降。

此时，南唐军总指挥陈承昭在清口驻军，赵匡胤夜渡前往清口，趁南唐军睡意正浓、毫无防备之时发起进攻，擒获南唐节度使陈承昭，献给柴荣，而后攻下楚州。南唐军吓破了胆，烧毁扬州城，逃往长江南岸。至此淮南平定，长江以北诸城尽入后周之囊。

南唐怕极了后周，万一后周下一秒就南下，那他们是乖乖投降，还是被痛打一顿之后再乖乖投降呢？南唐想都不敢想，赶紧找后周求和，那个已经被后周打下来的江北就不提了，都割让给后周，但求后周不要再往南打了。而且一转头，南唐又秘密派人送了赵匡胤三千两白银。

如今的赵匡胤已经不是一年前不被南唐人放在眼里的小将了，南唐使节热络地和赵匡胤说："一点小意思哈，赵将军只管收下。吾南唐君主非常感激将军您厚爱南唐百姓，在战场上没有赶尽杀绝，保住了南唐社稷。"

赵匡胤心说奇怪，这以前也没来往过，忽然这么热情，非奸即盗。他没有上当，当即将银两上缴，并把事情始末原原本本地上报了。

南唐那头，转头找人密报给柴荣："陛下，赵匡胤收受了贿赂，是对后周有异心的人哪。"

南唐的算盘打得很响，赵匡胤太能打了，是柴荣手里的长剑，柴荣有了他，如虎添翼，若把赵匡胤拔了，一来断了柴荣身边的助力，二来报了南唐这次失败之仇，三来没准引得柴荣对其他人也生出猜忌来，那就是一本万利的好事了。

柴荣不是糊涂人，左右一辨，就知道真相如何。他甚是欣慰赵匡胤的忠心和为人，在显德五年（958），封赵匡胤为忠武军节度使。

这场历史上有名的挑拨离间，以失败收场。

显德六年（959）四月，柴荣决定北伐，水陆齐发，仅四十二天，连收三关三州，共十七县。这次出师，赵匡胤就担任水陆齐发中水军的老大——水陆都部署。而时任禁军一把手殿前都点检的张永德，是周太祖郭威的女婿。侍卫亲军司的一把手李重进，是郭威的外甥。这两个人和郭威都沾亲带故，手握重权。柴荣以养子身份继位，虽然他同时还是郭威妻兄的儿子，是郭威之侄，可是张永德和李重进并不觉得柴荣跟郭威的关系就比自己亲，因此二人心底里其实很不服气拜柴荣为主，早想取而代之了。毕竟大家本来就在一个水平线上，都不是郭威的亲儿子。而张永德和李重进两个人之间也相互看不顺眼，于是神奇的一幕发生了。

在柴荣行军打仗的路上，他从各地送来的文书中摸到一块三尺多长的木板，上面写着"点检作天子"。

古时候做皇帝讲究顺应天命，像从河道中挖出写了字的石碑、民间传诵一些民谣等，暗示某些人是天命之选的手法，层出不穷。

"点检作天子"这块牌子，到底是张永德自己有想法在外面宣传的"天命"，却不慎搞到了柴荣面前，是李重进暗算张永德的小动作，还是赵匡胤借力打力铲除竞争对手的办法，已不得而知。

但赵匡胤捡了个漏却是事实。

柴荣当时已经重病，回到京城第一件事，就是立刻把张永德从殿前都点检的位子上扯下来，换上自己一手提拔起来的赵匡胤。

同年六月，柴荣驾崩，柴宗训继位，马上命李重进出任淮南节度使、检校太尉兼侍中。以小皇帝的阅历，不太可能想到要夺了李重进的中央兵权，改到地方上任，这应该是柴荣临终前的安排。

自此，京中手握兵权的人以赵匡胤资历最老。

小皇帝母子夜夜难眠，"点检作天子"的传闻犹在耳边，也许想要帝位的不是前任点检张永德，而是现任点检赵匡胤呢。

连赵匡胤的亲弟弟赵光义都忍不住问赵匡胤："兄长，你就一点想法都没有？"

赵匡胤的目光投向了远方。

小皇帝母子最终选择先下手为强，用了处理李重进的方式，命赵匡胤去做宋州（今河南省商丘市）归德军节度使、检校太尉，明升暗降。

圣旨送到将军府。

第一个不甘心的是弟弟赵光义："难道我们就顺了小皇帝的意？"

赵匡胤反问："那做官能做到太尉这位置，还有什么可求的呢？"

太尉位列三公，是至高无上的荣耀，三叩谢恩之后，赵匡胤干脆地交出了京中兵权，极为配合。

小皇帝母子松了口气，终于可以安睡。历史的车轮，则在他们看不见的地方悄悄地转了个弯。

显德七年（960），契丹和北汉出兵夹击中原。范质等人收到镇、定两州送来的急报，仓促之间几个人要求赵匡胤率兵御敌。

当天，大军离开京城，北上数十里，夜驻陈桥驿（今河南封丘东南陈桥镇）。士兵们交头接耳，先前沸沸扬扬的"点检作天子"又被提起，还不断有人表示当今天子年幼，只有换一个合适的天子才能跟着他北征破敌。

这是在中国历史上极具转折意义的一夜，留下的笔墨却轻描淡写。

《宋史·赵普传》描述："太祖北征至陈桥，被酒卧帐中，众军推戴，普与太宗排闼入告。太祖欠伸徐起，而众军攒甲露刃，喧拥麾下。"

赵匡胤这夜醉酒，早早歇在营帐中，众多的将士涌过来，谋臣赵普和弟弟赵光义推门而入，急急忙忙告诉赵匡胤：众将士要拥立您当皇帝！赵匡胤伸着懒腰，打着哈欠，慢悠悠起来，身披铠甲的众将士露出刀剑，闹闹嚷嚷地把他簇拥到军旗下，然后给他披上了代表着帝王的黄袍……

赵匡胤当时的心境到底如何，无人可知，但后周太祖郭威、世宗柴荣对他恩宠有加，却是不争的事实。这一刻，不论是有感而发，还是惺惺作态，赵匡胤都必须要表明自己的态度。他无奈地对众人表示："是你们贪图富贵，把黄袍披在我身上，若接下去我说什么你们都听从，我就同意做天子，否则，我决不做你们的天子。"

众将应从。

事情发展到这一步，赵匡胤势必要回京给给予他恩宠的后周一个交代，他下令："回京城后，对周太后和小皇帝不得惊犯，对周的公卿不得侵凌，对周的府库不得侵略，服从命令的人有赏，违令者诛杀！"

众将应诺。

于是，刚刚才离开京城的队伍，转头又往回走。

实际上，这时候的京城已经做好了准备。在赵匡胤交出军权时，接管京城禁军的将领都是其心腹，侍卫亲军马步都指挥使石守信是赵匡胤的拜把子兄弟，侍卫马军都指挥使高怀德是赵匡胤的妹夫。

若说赵匡胤对"黄袍加身"这一件事一无所知、毫无准备，为何在交出大权时，做出这样的布局？

可以说，在柴氏母子以为可以安睡的时候，暗处的布局早已到位，只差陈桥兵变这样一个充满戏剧性又有仪式感的转折点。

也许，在柴荣在世的时候，赵匡胤并没有这般野心。柴荣正在壮年，文韬武略，措施不断，帝国正向着越来越强大的方向发展。赵匡胤跟随柴荣，南征北战，亲眼亲耳领略柴荣如何一步步实现雄心壮志。若柴荣不是在征途中暴病，又见到了"点检作天子"的木牌，把京中要员罢免的罢免、改任的改任，将赵匡胤放到了权力的中心，原本忠心耿耿的赵匡胤，定然会毫不犹豫继续跟随柴荣，愿做其最锋利的一把剑。

又也许，不是赵匡胤上位，也会有其他武将上位。一个才七岁的小皇帝，一个弱肉强食的乱世，上天不会那么仁慈，等这个孩子长大才给予波折。赵匡胤深深地明白这一点，其他手握重兵的节度使亦然。让不适合的人下去，让一个有能力、有决断的继承者来继续柴荣的雄心壮志！

十年开拓天下、十年养百姓、十年致太平！

那些个征战南北的夜晚，赵匡胤何尝没有默念过这句话！

故而，当弟弟赵光义问他对皇位有没有想法的时候，赵匡胤把目光投向了远方。

皇位呀，他的使命和抱负远不止于此！

显德七年（960）元月，赵匡胤领兵北上，去而复返。

黑压压的兵马，踏着雪花近了，禁军将领石守信、王审琦等人二话不说打开城门。

当时在开封的后周禁军将领中，只有侍卫亲军马步军副都指挥使韩通想率兵抵抗。这韩通就是当初柴荣北伐，水陆齐发中负责陆军的带兵大将。结果韩通没能成事，还被追杀到家里，一家老小一并被杀。一点小小的波折，改变不了历史的大方向，赵匡胤后来追封韩通为中书令。但此时此刻，赵匡胤没做多少停留，立刻去拜见宰相范质。

范质正在吃饭，今天厨子做的菜不错。

忽然，赵匡胤同另外两位大臣王溥、魏仁浦一同进来。

范质筷子还没放下，赵匡胤就哭了："老范哪……"

赵匡胤虽然武将出身，但文化水平极高，三言两语就把情况说明白了，只围绕一个中心思想："我这一路都被诸将士拔刀'逼迫'才勉强同意做这个天子。"话音刚落，随他一起来的将士们，便齐刷刷地把刀剑亮了出来。

好家伙！

范质一点没有犹豫，马上起身和王溥、魏仁浦一起对赵匡胤拜了下去，行的是为臣之礼："陛下您别这么说，诸位将士尊您为天子，老臣也是这么想的。"

"老范哪，你这话说的……"赵匡胤没有不好意思，而是挺直腰背，坦然受之。

一言一跪之间，这后周的皇宫姓了赵，这后周的文臣武将也姓了赵。

雪静悄悄地飘着，什么都没有改变，又什么都变了。

后周小皇帝母子知道，他们唯一能做的就是禅让，赶紧把那还没有在手里焐热的权力交到它新的主人手里去。

翰林承旨陶谷早有准备，从袍袖中拿出小皇帝柴宗训的禅位书，宣徽使引导一身戎装的赵匡胤到了殿前庭里。赵匡胤对北面下拜接受禅位后，换上帝王的衣冠，登上最高的宝座。

有史以来，哪一次的朝代变更，不是踩着千万白骨，不是经历过血雨腥风？但这一次，形势逼人，柴荣早逝，新主年幼，赵匡胤在最恰好的时机站在最合适的位置，顺势上位，没有任何波折，一场权力的交割就完成了，一个新的帝国在中原诞生，这在历史上非常罕见，似乎每一步都经过了精心测算，完美至极！

又或者，流血不是没有发生，而是还未到来，在穿上帝王衣冠的刹那，赵匡胤忽然有了这样的预感，而他尽可能地给了每一个人妥善的安排，给了每一股势力下脚的台阶。作为帝王，他担得起后世"宽厚"二字的评价。

后周结束，新的帝国诞生，国号大宋。

"宋"字取自赵匡胤登基前担任归德军节度使驻扎的宋州。

新君登基，宽厚仁慈，封柴宗训为郑王，尊柴宗训的母亲为周太后，迁往房州（今湖北省房县）。前面逼迫赵匡胤的将士们都成了功绩卓越的功臣，加官晋爵。原来后周的班底不动，宰相范质、王溥、魏仁浦全部留任。在重武轻文的大环境下，这几个老文臣又没有巨大的建国功业，自然就不好意思在赵匡胤面前坐下。《宋史·范质传》记载，范质主动把要上禀的事写在奏章上递交赵匡胤，赵匡胤认为甚好。至此，结束了宰相与天子坐而论道的传统。

至于老百姓，生活没有改变，日子一样继续，和谁做皇帝又有什么关系呢？

第二章

杯酒释兵权——宋初体制大完善

赵匡胤在京城登基的消息一传出来，立刻就有人不服气了。

谁呢？当初被柴荣调离的那些老资历呀！

原本郭威立养子柴荣继位，这些大将就内心不平，都是跟过郭威的老人，论资历，论关系，谁都不比谁差，谁也不是谁祖宗。等到柴荣病重驾崩，小皇帝上位，这些人就在暗地里磨刀霍霍，准备找准时机上位。哪想到，叫赵匡胤这个他们都看不上眼的小资历给抢了先机！

第一个不答应的人，是昭义（今山西省长治市）军节度使李筠。

李筠这个人可不一般，骑射之名远近皆知。《宋史》有记，李筠是并州（今山西省太原市）人，后唐时期，秦王李从容招募勇士，李筠带着弓箭来报名。这张弓"弓力及百斤"，军营中没人可以拉开，但李筠却能轻轻松松拉满。李从容产生了兴趣，叫其射箭，李筠每射必中，箭无虚发。后唐覆灭，李筠后来投靠后汉。时任后汉大将军郭威出镇大名府（今河北省大名县），郭威颇为欣赏李筠，保举他为先锋指挥使。李筠从此铁了心跟随郭威。郭威建立后周，依照功绩封赏跟随自己的将领，李筠是其中的重要一员，拜昭义节度使。可以说，李筠是郭威的左膀右臂时，赵匡胤还只是个名不见经传的小军官。

柴荣即位后，赵匡胤开始了开挂的晋升之路，李筠也不落其后，屡有战功和封赏。在"陈桥兵变"之前，李筠和赵匡胤都是后周节度使，职位上并无高低，但不论资历还是战功，李筠都比赵匡胤更拿得出手。

可以料想，在赵匡胤登基的时候，心里已然有了一张不服他的排行榜，而李筠必是榜上之人。

对于这张榜单上的人，赵匡胤有着不同的应对方式，根本的出发点就是不流血不动刀地解决问题。

对于李筠，赵匡胤采用的是笼络之策。他刚一登基，就给李筠下发了加官晋爵的诏书，并遣专使告知其改朝换代之事，以示尊重。

李筠是个暴脾气，当场就要拒绝，"好个赵匡胤，你以为你谋权篡位的事，光给这么点封赏就能盖过去了？我呸！"

手下们一看，"哎呀，我的大人哪，您就是有这个心也不能在专使面前说出来呀，这不是给姓赵的出兵找理由吗？"

大伙儿死命地劝："大人，我们不急于一时，我们从长计议，我们慢慢来！"

李筠这才勉强接受了加官晋爵。

专使把诏书双手奉上，内心郁闷得很："陛下呀，您看看，给他升官还要求着他呢。"

专使完成了任务，转头就要回去复命，要不是这帮人盛情邀请，他都不大乐意留下来吃后面的宴席。结果，李筠这家伙又在宴席上把后周太祖郭威的画像拿出来，奉挂在墙壁上，对着画像哭泣不止。

专使目瞪口呆，赶紧把这事在心里记一笔，回去得告诉陛下。

李筠的手下们也被吓得不轻，上去扶李筠的扶李筠，遮画像的遮画像，还有人到专使身边使劲儿说好话："我们大人这是喝多了，完全不知道自己在做什么。"

但很显然，李筠此举意在告诉赵匡胤，他的内心忠于后周，看不起赵匡胤那种逼人禅位的不仁不义之举。

李筠对郭威画像哭泣的事，赵匡胤知道了，其他人自然也知道了。北汉睿宗刘钧当即给李筠抛去橄榄枝，两个人眉眼对上，就要联合伐宋。

这北汉睿宗刘钧又是何许人也？让我们摊开当时的地图来看一眼，除开中原地区的大宋，周围还有好几个颜色不同的政权，它们一个一个的都有自己的皇帝。其中有一块地盘位于大宋北面，以晋阳（今山西省太原市）为都城，占十二州，东、南、西三面均为大宋包围，北接契丹辽国，这就是北汉。

赵匡胤登基之后，可能比前任小皇帝还要睡不安稳。旧的混乱没有结束，新的难题和挑战已然开始。在五代十国的大版图上，大宋只是替代后周出现在那块区域的新名字，而它周围还有很多强有力的地方割据政权，后蜀、南汉、南唐、吴越、北汉……四周是列强虎视眈眈，内部有后周的老臣蠢蠢欲动。如不能解决这两个问题，大宋也不过是另一个转瞬即逝的朝代而已。

李筠不服气，好！

赵匡胤果断决定，枪打出头鸟，对于第一个不服气的，尤其要重重地揍。他派遣大将石守信和慕容延钊，兵分两路夹击李筠。慕容延钊首战即获大捷，斩获李筠的军队三千人。

随即，宋太祖赵匡胤御驾亲征。军队进入太行山，道路狭窄，山石无数。赵匡胤二话不说，下马亲自搬开石头。一句话不说，胜过千言万语，士兵们以帝王为榜样，行动有序，很快搬光石块，道路畅通无阻，大军继续疾行。

赵匡胤同西路石守信、东路慕容延钊在泽州（今山西省晋城市）城外会师。李筠手下大将先后投降，李筠坚守泽州。赵匡胤亲自督战，士兵们士气大增。

后来的结局大家都知道了，泽州城破，李筠自焚而死。而李筠之子李守节，因为脑子清楚，当初曾经劝过李筠不要造反，并未被牵连，赵匡胤反而封其为团练使。

一家父子，有赏有罚，足见赵匡胤的气度和驭臣之道。

李筠从四月起兵，到六月兵败，赵匡胤只用了两个月就解决了李筠这个麻烦。但一个麻烦解决，另一个麻烦却来了。

前面提过，李筠在收到赵匡胤的加官晋爵时，对着后周太祖郭威的画像不住地哭。后来，他和北汉勾勾搭搭，还真的和北汉在太平驿会了个师。但在北汉要招募册封李筠时，李筠却以其"深受后周的恩惠，不能辜负后周"为理由拒绝了。不管是真情还是假意，李筠多次表达对后周的忠心感怀，最后自焚赴死，令当世许多人觉得这是一个忠义之人，其死可谓悲壮至极。

赵匡胤就这样被推到了风口浪尖。说到底，连同赵匡胤自己，大宋之人，从上到下，从文到武，不都曾经是后周的臣子吗？一个后周的臣子得到了后周的天下，悠悠之口要如何评说？就算是跟着他的人里面，又有多少并没有放下对后周的情感，那还谈什么效忠于宋呢？一个人心不聚的帝国是无法长久的，更何况藩镇局面从唐末以来长期存在，如今各个地方节度使大多是后周委任，若无作为，说不定宋朝很快就会走上后汉、后周的老路。

赵匡胤苦思对策，但不等他有答案，另一个不服起兵的人出现了。他就是后周世宗柴荣忌惮，小皇帝一登基就被夺了兵权、派去地方的淮南节度使李重进。

和一开始就对李筠加官晋爵欲图收拢不同，赵匡胤对李重进是早有提防，上位之后，他立刻下诏李重进调岗换人！

赵匡胤命令韩令坤接替李重进的位置，将李重进移镇至青州。李重进怎么可能听话，当即拒绝调动，反手一个计策联系另一头的李筠，想两个人一起起兵反对赵匡胤。听起来这个计策很好，如果两股势力一起出兵，再加上两个人各自在后周时期的声望，一南一北，夹击赵匡胤，说不定还真能叫他俩成事。

李重进派自己的幕僚翟守珣去找李筠。翟守珣跟随李重进多年，对李重进的性格为人有精准的把握。李重进这个人比较天真，做事不够果敢，容易被左右意见影响，并没有做帝王的能力。这一点，后周太祖郭威也很早就看明白了，所以继承人没有选李重进，而选了柴荣。李重进是郭威长姐之子，从血缘关系上来说，比郭威妻兄之子柴荣更靠近郭威。郭威知道李重进不光能力不行，性格也不行，在立柴荣为继承人时，郭威让李重进对柴荣行礼，做明了君臣之别，断了他的念想。

如今，李重进的不服气被赵匡胤又一次提了起来。他在内心骂了一大群人，跪了柴荣也就罢了，没想到柴荣这么短命，要是他舅舅郭威有点远见就该在当初把位置传给自己这个长命的人，反正他李重进不跪赵匡胤。

翟守珣知道劝不住李重进，领了找李筠合作的差事，离开扬州，转头就到京城跟赵匡胤告了个密。赵匡胤重赏翟守珣，嘱他回去拖住李重进，以免李重进与李筠合谋夹击，赵匡胤自己则亲自带兵镇压李筠。

翟守珣回来就对李重进进言："李筠这个人能力不行啊，依我看，咱们跟他合作成不了事。"

李重进耳根软，没主见，听了属下的话，错失了两军合谋的良机。

赵匡胤为了稳住李重进，在攻打李筠的时候，还派人给李重进送去了"丹书铁券"，以表达自己对李重进的倚重和尊敬。丹书铁券，用我们通俗一点的说法就是免死金牌。按理走到这一步，李重进还有生机，只要他老老实实听朝堂的安排，不乱有想法和动作。可惜李重进这个人，优柔寡断之余，不断在自己作死的路上走着。前天收到丹书铁券很乐呵，后来听见李筠战败，又内心难安，觉着与其等赵匡胤来杀他，不如自己先下手为强。

李重进的反射弧真的够长，李筠六月兵败，他九月才起兵，号称要光复后周。同时，李重进向南唐求援。南唐当初就被身为柴荣部下的赵匡胤打得满头包，现在哪里敢出头，立刻装作没听见。

十月，赵匡胤亲自南下，大将石守信、王审琦、李处耘等随帝出征平叛。十一月，宋军到达扬州城下，即日破城。李重进眼看宋军源源不断向自己涌来，放了一把大火，先将妻儿投入大火，而后高呼着"我有愧于周太祖之恩也"自焚而死。

赵匡胤接连平定二李造反，宋军气势大涨，对大宋新政权的忠心大增，周围的割据势力一时不敢妄动，这一切既离不开赵匡胤的果敢谋略，也离不开一个对赵匡胤走上帝王路非常重要的谋臣。他就是"陈桥兵变"的重要参与者，进言劝赵匡胤亲自出征对付李筠和李重进的谋臣——赵普。

赵普（922—992），也许并不如北宋其他的名家如范仲淹、王安石、司马光那般天下皆知，但接触中华文化的人大多都听过"半部《论语》治天下"这句话。历朝历代君王都尊孔圣人，奉读《论语》，成为其"礼义仁智信忠孝恕悌廉勤"思想的追随者。而靠这半部《论语》便可把天下治理得扎扎实实、井井有条的人便是赵普。

赵普，字则平，出生在五代十国第一个王朝后梁，经历后梁、后唐、后晋、后汉、后周乱世，前后辅佐宋太祖赵匡胤、宋太宗赵光义两位帝王，三次拜相，可谓大宋第一国士。

第一次有出处可查的是他的为官记录，发生在后汉。赵普当时在陇州（今陕西省陇县）担任巡官，一个地方小衙门的官员。后来，郭威建立后周，赵普在永兴军节度使刘词身边担任官职。那时候他还没有崭露头角，已经过了而立之年，对比后来的作为，真可谓大器晚成的典范。而赵普的发迹则从这位刘节度使的过世开始。刘词在生前最后一次上表书中举荐了赵普，称他为不可多得的人才。可惜没有打动朝廷，任何委任都没有给赵普。那时候，刘词已过世，就等于赵普工作的分公司已经倒闭了，总公司又不给工作，赵普失业了，没办法，他只得去乡下村里做个教书匠糊口。

后周世宗柴荣继位，用兵淮上，赵匡胤攻打南唐滁州。当时的宰相范质听闻赵普这个人教书匠做得不错，为人公正机智，很多地方上断不清楚的事，交给他都能有很好的处理。于是，范质举荐赵普在赵匡胤幕府中担任军事判官，也就是处理地方上杂事的一个职位，官衔看着不大，却起着不小的作用。赵普的地方治理能力很强，给赵匡胤提供了安稳的大后方，赵匡胤才能一门心思以滁州为据点，参与淮南战场的拉锯战。

这一文一武，一个名垂青史的大宋开国帝王，一个翻阅历史永远都绕不过的名相，就这样开始了第一次合作。

赵普也正如范质听闻的那样，公正无私，机智能干。当时，滁州抓获了强盗百余人，按照惯例，应该要一律斩杀，以绝后患。但赵普疑里面有无辜的人，启禀赵匡胤重新审查。赵匡胤亲自逐一审讯，果然发现里面有许多人都是良民。这一次，挽回了一百多人的生命，也让赵匡胤在地方上深得百姓爱戴。乱世之时，滥杀无辜的人太多了，可有一份清醒、保护子民的人却是少之又少。

赵普助赵匡胤在地方上的声誉提升，同时也把赵匡胤的家里照顾到位。当时赵匡胤是武将，一年到头都在外面出生入死，家里的弟弟们也都跟着兄长在外搏杀、建功立业。赵家的老将军、赵匡胤的父亲赵弘殷身体每况愈下，在滁州病重，赵普亲奉汤药，像对待自己的父亲那样，衣不解带地照顾赵弘殷。赵弘殷老将军非常动容，两个人又是同姓，遂将赵普认作宗亲，自此亲如一家。虽然最后赵弘殷还是过世了，赵匡胤却一直都非常感激赵普。

淮南战事之后，赵普调任，去补渭州军事判官的缺。等赵匡胤担任同州节度使时，他把赵普调到身边担任推官。赵普正式成为赵匡胤的幕僚，之后赵匡胤不论在何处任职或者出征，赵普都在他左右，出谋划策，忠心不贰。

后周世宗柴荣驾崩，小皇帝继位调赵匡胤为归德军节度使，赵普升为节度掌书记，成为赵匡胤身边的谋臣之首。而后，陈桥兵变成功，赵普封归德军谏议大夫、枢密直学士。出征二李，宋军全胜，赵普升兵部侍郎、任枢密副使之职。枢密使的地位自唐末起越来越高，到柴荣改革，将调兵遣将之权交给枢密使，已集军政大权于一身。赵普虽然没有范质等的宰相职，但拥有调动兵马的实权，可比宰相的实际权力大多了。短短几年，赵普从处理事务的幕僚之一，到帝王身边的首要实权者，完成了质的飞跃。

以往赵匡胤的每一个决策背后，都离不开赵普参与谋划。而如今帝国终于初定，赵匡胤夜夜难眠的原因，赵普也心知肚明。

从后周世宗柴荣削弱地方军力，到赵匡胤重拳打击二李，李筠和李重进兵败，都不能彻底杜绝地方藩镇节度使作乱。与此同时，追随赵匡胤起兵称帝的这些新兴将领石守信、高怀德、王审琦、张令铎等，却已一个一个成长为手握领兵大权、颇有名望的将领。他们围绕在赵匡胤身边，进出着这座赵匡胤才从后周原模原样拿来的京城，有没有想过依葫芦画瓢，走上帝王路呢？究竟要如何处理这些身边的人，才能让"黄袍加身"的事不再发生呢？

建隆元年（960）年末的一天，赵匡胤和赵普坐在一起。那日天光微暗，殿内刚刚掌灯，晚饭已端上几案，几个碗碟并不奢侈，仔细看里面盛着的都是家常菜，像以前他们还在幕府中促膝长谈的时候一样。在缓缓亮起的灯光下，君臣二人相对而坐。宫人已悄然退下，关上门扉。

赵普与平常闲话一样，问起陛下对身边几员大将的看法，隐隐是要提醒什么的样子，只是那话没有说出来。

赵匡胤面上似乎明白赵普所指，说："他们哪，都是跟我一路打过来的老部下，我对他们很厚道，应该不会辜负我吧？"

赵普一句话就把赵匡胤噎了回去："你当初也忠诚于后周世宗柴荣，后来怎么黄袍加身了呢？"

赵普话说得直，心却赤红："我的陛下呀，几个前车之鉴和一些就算没发生也显而易见的情况，就摆在眼前哪！"

后汉太祖郭威对李重进也不薄，可如果不是世宗柴荣能力够强，手腕够足，换任何一个人登基，李重进多半都会起兵自己做皇帝吧，到时候他的口号就不是"光复后周"，而是"我才是郭威的嫡亲外甥，理应继承大统"了。至于如今的石守信等人，他们自然是忠于赵匡胤的，就好像赵匡胤忠诚于后周世宗柴荣一样。然而，时局瞬息万变，谁也不能保证他们的部下对赵匡胤也有同等的忠心，万一这些部下有了异心，给谁也来一个"黄袍加身"怎么办呢？毕竟这事郭威遇到过，赵匡胤也遇到过呀。

这一番话，最终触动了赵匡胤，他并非没有这番顾虑，只是没有表现出来。由此可见，赵普不光思虑深远，也很抓得住帝王内心真正的东西。

《资治通鉴》记录，赵匡胤在听了赵普的话后，没再回避。他问赵普：

"从唐末以来，不长的数十年时间，各朝的帝王之姓却换了有八个之多，战争不停不息，这是为什么呢？我想要从此熄灭天下的兵乱，建设一个长久的帝国，有什么好的办法吗？"

赵普精通治道，对这些问题也早有所考虑，听了宋太祖的发问，他回答说："陛下您能有这样的发问，是天地人神的福分。这个问题的关键原因并不是别的，就在于藩镇权力太重，君弱臣强罢了。今天我们要解决这个问题，唯有削夺其权力，限制其钱粮，收走其兵马，如此，天下自然就会安定了。而石守信、王审琦等陛下的老部下，各负责禁卫军……"

赵普的话还没说完，宋太祖就打断了他，其意不言而喻。赵匡胤说："其他你不用再讲，朕都已经明白了。"

一场惊天动地的变革即将开始，而变革的起点，是这样一个看似平常的隆冬傍晚，窗外白雪皑皑，预示春天就在不久的将来。

宋初沿用了后周的军事组织架构，在禁军中，权位最高的是殿前都点检和侍卫亲军马步军都指挥使。登基之初，赵匡胤对追随自己的武将论功行赏，石守信、王审琦等都有提拔。但因殿前都点检和侍卫亲军马步军都指挥使地位最高，而石、王等人资历尚浅，直接提拔恐军中其他人多有不服，反而引发动荡，故而交由更有资历的慕容延钊和韩令坤担任。因这两个人并没有参与陈桥兵变，虽然他俩是掌握军力大权的人物，但实际掌控的军队已被赵匡胤亲信嫡部划分掌握。

修剪树木，讲究手法，不能次枝没动，就先去主干。赵匡胤明白其中的道理，逐步收回军权，也要有先后主次。

次年三月，先是慕容延钊和韩令坤被罢黜，慕容延钊任山南东道节度使、西南面兵马都部署，韩令坤任成德军节度使、北面缘边兵马都部署。没错，两个人明升暗降，实际是外放到地方去了。而禁卫军空出的职位，就此取消。

紧接着，同年七月，赵匡胤在下朝后，将石守信、高怀德、王审琦、张令铎等将领留下来，设宴款待。以往这样的君臣同饮经常发生，谁也没觉得有什么不同寻常，宴席上，彼此推杯换盏，阔论古今，时不时传来笑声。

酒过三巡，赵匡胤放下酒杯，忽而发出感叹："若不是有你们几人，我绝对是当不了如今这皇帝的，在我内心里，始终深深地记得你们的功劳。然而，我现在觉得做天子真不容易，远没有以前做节度使的时候快乐。你们一定不知道，其实我自坐上皇位，时常整夜无法入睡。"

石守信等人大惊失色，并不知道原来赵匡胤会由此诉苦，同时又忍不住疑惑，纷纷也放下酒杯，问赵匡胤："如今天下安定，谁敢有二心，我们兄弟就将之铲除。陛下还有什么顾虑，这么感叹呢？"

赵匡胤无奈摇头，久久无法开口，良久，他才说："这世上，但凡是人谁不喜欢荣华富贵？谁又不想问鼎皇位，做天下的君主？回头有人再在你们身上重演黄袍加身，就算你们自己不想做天子，又如何能有办法从中脱身呢？"

众将惶恐，眼前的桌案犹如架在身上的大刀，杯中香气扑鼻的琼酿，像是彼此身体里洒出的鲜血，原来让帝王无法安睡的恰恰是他们这些身边人。几人扑通扑通跪下告罪："都是我等太过愚钝，完全不知道陛下的烦恼。恳请陛下不要怪罪，给我们指一条明路，让我们知道怎么做。"

赵匡胤看着这些跟随自己久经沙场、患难与共的部将，内心不可抑制地有着对彼此多年生死与共的不舍，又有着无法释怀的猜忌和必须要先下手为强的狠厉。他缓缓地说："你们看，其实人生在世，好像骏马掠过门扉间的细缝，转瞬就没有了。不如你等今后多攒金银，买好田产房屋留给后代，好好享受着荣华富贵，不问其他。我们君臣之间应该就不会有什么猜疑了，你们说好不好哇？"

在短暂的怔愣后，石守信等人顿悟了——皇上都把话说到这份儿上，再不懂事，那被打屁股是小，被杀头就是大了呀！

酒宴次日，几个人便不约而同上书，自表身体不好，乞求能解除他们的兵权。

赵匡胤逐一给予准允，罢去诸人禁军之位，册封为节度使，安排到地方安度晚年，几个人曾经担任过的军职，也同之前的慕容延钊和韩令坤离开时一样，不再另授他人。不久之后，赵匡胤又兑现当初与几个人联姻的诺言，把张令铎的三女儿指婚给三皇弟秦王赵光美，把嫡长女昭庆公主下嫁给王审琦之子王承衍，把二女儿延庆公主嫁给石守信之子石保吉。从此，缔结姻亲，共享荣华。

这就是历史上著名的"杯酒释兵权"。

毫无疑问，赵匡胤是仁慈的，不论是对后周太后皇帝母子，还是对这些跟随他多年的老部将，他都给予了最大限度的安顿，也成功杜绝了"黄袍加身"这类事的再次发生。事实也证明了，赵匡胤是一个英明睿智，自信决断，且极富个人魅力的帝王，在此后千年的历史里，即便已有杯酒释兵权的榜样在前，也再没有一个王朝帝王能给予开国将领如此平稳华丽的退场。

手握重兵的老部下都安置了，赵匡胤重新提拔起来的都是年少、资历浅，在军中没有威望，尚未建立足够战功的年轻将领。至此，时机已经成熟，赵匡胤紧锣密鼓地开启改革。

在中央政治方面，首要改革对象是相权。

乾德二年（964），原来从后周保留下来的昭文相范质、史馆相王溥、集贤相魏仁浦三位宰相，已完成了他们作为"稳定人心的定海神器"的历史使命。赵匡胤罢黜三人，任命赵普为门下侍郎、平章事、集贤殿大学士。

赵普第一次拜相，赵匡胤对相权的结构性调整又进了一步。他设立参知政事到赵普身边做副手，后来渐渐提拔参知政事与宰相于政事堂同议政事，轮班执印，在宰相缺席时，可代行宰相职务。这一个布局，进一步弱化了相权，给"以文制武"的军队改革打下了基础，也有效减少了文人中出现个别集权的情况。

同时，大宋的军队部署也被调整，禁军的一半兵力守京城，一半驻各地，内外力量相互制约。同时，要求两边的兵马定期轮调，称为"更戍法"。如此，将领很难在一个地方建立起个人的威望，也就难以率兵与皇帝对抗。另外，为了进一步削弱地方部队，赵匡胤要求挑选地方优秀的士兵充入禁军。禁军作战能力加强，但统领权拆分为三，分别为殿前司、侍卫马军司、侍卫步军司执掌，合称"三衙"，三衙下面各设都指挥使、副都指挥使、都虞候，共计九员统兵官，直接汇报军务给赵匡胤。由此，一股绳分成九小股，任何一两个人有异心，都无法撼动大局。再加上，禁军将领日常只负责对部下的领导和训练，并不能调遣兵马。调动兵马的权力在枢密院，由文官担任，这是周世宗柴荣的改革，赵匡胤继承并巩固了"以文调遣武"的原则。

从结果来看，这是一场成功的变革，为后续宋朝百年基业打下了稳固坚实的基础。此后整个大宋朝期间，都没有再出现军事政变或者军事强权的个体，彻底解决了五代十国时期政权多次交替的问题。

由中书门下管文，负责行政。由枢密院管武，调兵遣将。两者同为宰相之职。另外设立三司，下辖盐铁、户部、度支三部，负责全国财政管理，负责人是三司使。平章事、枢密使、三司使互不相统，各自对皇帝直接负责，加强了皇帝对政权的直接控制。

除了政治、军事体制的改革，赵匡胤还对地方治理做出调整，朝廷陆续收回节度使对地方民政、财政、司法的管理权。

开宝二年（969）十月，赵匡胤冉一次"杯酒释兵权"，宣诸镇节度使王彦超、白重赞、武行德、杨廷璋、郭从义等人一同来京城，在皇宫后苑设宴。

推杯换盏，酒意正酣时，赵匡胤从容不迫地对众人说："你们都是国家的老功臣，随我鞍前马后，南征北战，戎马倥偬，直到今日都还没有休养安乐。我身为皇帝，本意并不是如此，这也不是礼待贤臣之道。"

前凤翔节度使兼中书令王彦超马上领会了赵匡胤的话外音，当即离开酒桌对赵匡胤跪请辞官："老臣一直以来功绩微弱，全依赖陛下恩宠，才能享有荣华富贵。如今老臣年事已高，恳请陛下恩准老臣告老还乡。"赵匡胤马上起身走过去，亲自扶起王彦超嘉许："看这话说的，要论谦谦君子当然数你呀。"

然而，白重赞、武行德等人见此场景，却还不明白赵匡胤的用意，反而陈述起自己往昔的战功艰辛。又或者，几个人不是不明白，只是认为自己已退居地方，对朝廷也无二心，按照过往的传统，居一方藩镇之位又有何不可。他们几个人岁数都比赵匡胤大，资历也比赵匡胤老，甚至在赵匡胤还没在后周崭露头角时就是一方霸主了。

赵匡胤听后，语气已经淡了："诸位说的这是前朝的事了，不值得再提。"他不欲再多纠缠，第二日便收回几个人的兵权，全部改为闲散虚职。

从此，地方治理的人员直接从朝廷派遣，也就是我们后来经常听说的地方官知州、知县。地方每年收到的赋税等经费除去必要开支，其余必须全部上缴国库，既充盈国库，又加强了中央财政的统筹安排能力。为避免地方私藏收入，朝廷又设置通判官，作为知州、知县的副手，到地方核对账簿，同时查考民情、官吏违法之事上报朝廷。两者相互牵制，弱化了地方长官的职权。为杜绝藩镇枉法杀人，要求各地死刑案件须上报朝廷，由刑部复审，另设司寇参军，掌管刑狱、纠察等事，从新科及第进士或明习经学的文人中选拔至地方担任。

这一系列改革措施，被大宋后续的继承者们誉为"百世之基"，一直延续，是三百年宋朝延续的坚实地基。它也与赵普谏言的"稍夺其权、制其钱粮、收其精兵"十二字方针完全吻合。毫无疑问，在改革的过程中，帝王和谋臣有过无数次的讨论、推演、合作。

那段时间，也是赵匡胤和赵普这对君臣的"蜜月期"。赵普常常从朝堂回到家中之后也不脱去官服，因为没过多久，门外就会出现皇帝的仪仗，赵匡胤亲自登门，与赵普把酒阔谈。每到此时，赵普的妻子亲自侍候左右，赵匡胤亲切地喊其为"嫂子"。明朝大画家刘俊以此为题材，作《雪夜访普图》，如今收藏于北京故宫博物院中，描画出了后人对那段君臣相亲时光的无限遐想。

国家对文人的需求大大增加，需要文臣率领武官，设置副官监督文臣，那么问题来了，哪儿来这么多文人可供朝堂使用？

赵匡胤早想到了这一点，他在登基的第一年就举行了科举考试。

历史上，科举制度始于隋朝，大致完备于唐朝，但是唐朝的科举还没有完全摆脱门阀遗风，盛行"公荐"制度。公荐制原本有举荐贤才的目的，有意减少只由考试成绩决定能力的问题，但实际却演变成权贵官僚徇私，明目张胆相互结交，拉帮结派，形成贵族阶层势力的途径。

那些真正要通过科举实现抱负的寒门学子，即便多方寻求贵族阶级的引荐，能最终被录取的也寥寥无几。连著名的唐朝大诗人李白，为了入朝为官，不仅给许多达官贵人写过自荐信，其第二段婚姻还是入赘到前宰相府，希望借助对方关系和财力实现自己的抱负。大才子尚且如此，更何况其他人，往往导致学子们不好好读书，不思考治国，而光顾着走门路得到举荐，这样的人就算进入朝堂，又能给国家带来什么益处？

赵匡胤直接废止了公荐制度，并进一步改革了唐朝、五代时科场的流程，包括：确定考官人选后，断绝他们与外界的联系，避免泄题；开启了匿名试卷的先例，即在考试结束后，将试卷上的姓名、籍贯等信息糊住，直到最后统计成绩时才能拆封。

但是，这世上脑子活络的人太多了，没多久出现了通过在试卷上的字迹、痕迹、暗语作弊等舞弊手段，把赵匡胤气得在皇宫里直摔桌子。

帝王摔完桌子，科考的进一步改革出炉，从此之后，使用誊录制度。考生写完交卷之后，由专门一批人来逐一将考生的答卷誊录一遍，再递送判卷官员。

开宝六年（973），赵匡胤重开殿试，亲自命题主考，甄选人才，从此但凡进士及第，都为天子门生。太庙"誓碑"中，更要求子孙"不得杀士大夫及上书言事人"，之后的历代北宋皇帝都会在登基祭拜太庙时，进入太庙密室，默念这句誓词。

委文人以重任，用文人以驭兵，帝王亲选文人名士，赵匡胤为大宋定下了以文治国的基本国策，也令文人们油然生出肩负家国的使命感和忠心报国的气节，诞生了辛弃疾、文天祥等流传千古的爱国名士，是历朝历代文人中风骨最盛的一代！

第三章

南征北战十四年——欲复汉唐版图（上）

在赵匡胤大刀阔斧的改革下，大宋顺利度过了建国之初混乱的过渡期，成为一个真正意义上的中央集权制帝国，其武装力量和治理权力都牢牢地抓在帝王的手中，综合国力日渐与周围政权拉开差距。赵匡胤揣摩当下局势，认为已是时机迈向下一个更宏伟的目标——让大宋成为下一个大汉、大唐一样的盛世大统。

当时，大宋的北面是与契丹辽国有着密切关系的北汉，没错，就是李筠起兵时跟他勾勾搭搭的那个北汉，南面是南唐、南汉、后蜀、吴越等国。

在赵匡胤广征意见时，时任枢密使的赵普立刻明了帝王有了统一天下的雄心。赵普向赵匡胤提出"先南后北、先易后难"的战略方针，这事实上仍是柴荣"十年开拓天下"战略的延续。赵普表示北汉虽然小，但兵强马壮，还有契丹帮忙，不如先把富庶的吴越、南唐等国吞并，充裕财力物力，再往北拿下北汉，进而从契丹人那儿收复燕云十六州。

燕云十六州，在中国北方，是以幽州（今北京市）和云州（今山西省大同市）为中心的十六个州，也是当时每个人心里都打上了"屈辱"两个字的地方。后晋天福三年（938），后晋开国皇帝石敬瑭割让燕云十六州给契丹，自此大辽国的版图南扩至长城沿线，而中原王朝失去了抵御游牧民族入侵的天然屏障，北方门户大开。夺回它们，不仅能使大宋帝国版图扩大，更重要的是夺回了中原对抗北方游牧民族骚扰侵略的军事天险，彻底解决无穷的后患。

赵匡胤听完赵普的策略，笑着表示他的想法也是如此，就是考验考验赵普罢了。赵普已经习以为常了，赵匡胤考验他的事可真多得很。

有一次，赵匡胤看着城门上"明德之门"的匾额问赵普："加个之字做什么用呢？"赵普恭敬而简单地答道："辅助之用。"言下之意，这世上已经有了帝王，还要大臣做什么用呢？辅助帝王治理天下之用途哇。

还有一次，赵普被赵匡胤问道："天下什么最大？"毫无疑问，若一般臣子听到这问题，就顺势拍一下皇帝的马屁，答曰皇帝最大了。然而一向对帝意揣摩到位的赵普却只淡然地回答赵匡胤："自然是道理最大。"

仔细一辨，赵普这回答真是绝。道理并不是指一个具体的事物或者人，包含了许多内容。如果皇帝不同意他的回答，要治他的罪，可不就是一个连道理都不讲的人了？而一个连道理都无法分辨的人，就算坐上了帝王之位，只怕也难以长久。赵匡胤自然不是这样不懂道理的人，听闻这个答案，他哈哈一笑，反而满意得很。

赵匡胤刚和赵普讨论了统一天下的策略，荆楚就传来了动静，君臣二人目光相触，真是刚想打瞌睡就有人递枕头。

建隆三年（962）十月，荆楚武平军（今湖南省）节度使周行逢重病不治亡故，其子周保权继位。孩子还小，才十一岁。

周行逢在乱世中一路披荆斩棘做到地方老大，眼力价自然不差。临死之前悄悄告诉儿子："如果我死后，有人作乱，那一定是衡州刺史张文表，一定要多留心他。"

本来这个周行逢也是合谋搞事起家，一步步做到节度使的。张文表就是当初一起搞事情的人之一。

果然，这头周行逢咽气，那头张文表看平辈的兄弟挂了，自己要认兄弟家的小孩子做老大，心里尤其不平衡："你小儿脚底下哪一块土地不是我打下的，凭什么让我给你磕头？以前给你面子，让你做老大，现在时过境迁，这老大的位子就应该由有资历有本事的人来坐。"

张文表发动兵变，很快占领潭州（今湖南省长沙市），威逼朗州（今湖南省常德市）。周保权虽然是个小孩，倒也反应迅速，立刻修书给大宋，痛表了一番自己的忠心，请求大宋出兵救援。

赵匡胤这头没有立即回复周保权，倒是先向南平问了个好。

南平是五代十国之初，后梁时期荆南节度使高季兴建立的政权，后唐庄宗李存勖封他为南平王，因此称南平国，都城荆州，占有三州，又称荆南，实力在大宋周围几个政权里排倒数，地理位置却十分优越。南平地处南北交通要道，与湖南南北相邻，也是当时其他几个南方小国通往中原的必经之路。到大宋建立，这时的南平王位传到高保融手中，国力微弱，岌岌可危，已经与之前情况不可同日而语。

高保融时刻都担心会被大宋灭掉，给赵匡胤的进贡总是特别积极。赵匡胤拿人手短，一时也不好意思对他动手，不过统一南方几国的计划早已在宋太祖的酝酿之中，收拾他只是时间问题。不过，这个高保融也是个短命的，没过多久就死了，其弟高保勖即位，赵匡胤大手一挥，看在前任表现不错的份儿上，也封他为南平节度使。

高保勖呢，有纨绔子弟该有的一切毛病，喜好美色，大兴土木，使劲儿地折腾。一个小国哪里受得了这样的败家，百姓苦不堪言。不过两年，高保勖就在南平百姓的期许下咽气了。南平王位传回了高保融一脉，由高保融的儿子、高保勖的侄儿高继冲继承。

高继冲也真是倒霉，上位不到一个月，赵匡胤就收到湖南周保权的求援信。

南平、荆楚，两边都是新人上来，此时不动更待何时。

赵匡胤使了一招"假途灭虢"——以支援荆楚需要借道南平为由，向南平出兵。

南平直接吓尿了，还没等反应过来，乾德元年（963），山南东道节度使慕容延钊被赵匡胤任命为湖南道行营前军都部署，枢密副使李处耘为都监，率兵南下。

计划不如变化快，大军还未开到荆楚，张文表的叛乱就被十一岁的周保权平了。大宋的出兵，显得有些师出无名。

没关系，赵匡胤当作不知道荆楚的事解决了，大军继续南下。

很快，李处耘带领的先遣部队就到了南平，高继冲一点做地方霸主的脑子都没有，出城迎接。李处耘让他在此稍等一会儿，宋军的老大慕容延钊一会儿就到。高继冲就照做了。于是，李处耘甩开高继冲的人马，带兵径直入都城江陵，把大大小小的要点都占领了。等高继冲傻呵呵等到慕容延钊，随慕容延钊一起进入江陵城时，南平已经不听他高继冲的了。

无奈之下，高继冲举城投降，南平亡。

宋军继续前进，周保权当然没想到，自己的一封求援信到现在还有作用，他明明已经解决了问题，赵叔叔怎么还那么热情要来荆楚？

太过热情，必定不是好事。年少的周保权倒比很多大人都脑子清楚，宋军这已经不是要来帮忙了。周保权决定备战。可惜，手下不给力，楚军知道宋军的能耐，一个个都不想打，士气低迷，节节败退。

最终，周保权被生俘，荆楚亡。

赵匡胤以一如既往的仁慈，善待高继冲和周保权。高继冲后来被封为武宁节度使，在如今江苏省徐州市一带上任，居然一改以往作风，做了很多有利地方百姓的事，过世后留葬在当地。而周保权被任命为右千牛卫上将军，后来升任右羽林统军。

大宋一举将南平、荆楚收入囊中，把旁边的后蜀好生吓了一跳，这么一来，自己的东面和北面都与大宋连在一起，随时都能被大宋揉来捏去。这下轮到后蜀之主孟昶抱着他的七宝夜壶睡不着了。

后蜀其实是在前蜀的基础上建立起来的地方政权，细说起来，这两个蜀国的历史还挺曲折。

时间回拨到晚唐时期，各地民不聊生，朝廷成了摆设，一会儿东边藩镇造反，一会儿西边藩镇起义，唐朝皇帝每天都睡不好觉，时不时被人打得要逃出皇宫。

　　唐光启元年（885），因当时的河中节度使王重荣联合河东军进犯长安，唐僖宗李儇又一次出逃了，天知道他其实才刚从黄巢起义中缓过气来，还没在长安过几天安稳日子。在逃跑的路上，敌军很不讲道理，放火点燃山中栈道，危急关头，一个叫王建的家伙带着唐僖宗冲出重围。这一下，唐僖宗活下来了，王建也开始平步青云，没多久就被唐僖宗提拔为璧州（今四川省巴中市通江县）刺史。

　　王建脑子灵活，胆子也大，他祖上没什么名堂，自己靠走私盐赚了点家底，结果还惹了官司。王建逃离家乡，投身军门，先拜了个太监做老大。这个太监在当时挺了不起，是忠武军的监军老大，王建做到其门下八大都头之一，好日子才过了一段时间，这个老大翘辫子了。第一次跟太监走得近，王建就赚到了，自然而然就有了第二次。没多久，王建又投到另一个太监门下，认了对方做干爹。这个太监不是别人，正是唐僖宗身边的红人田令孜。有了这层关系，王建才能跟着唐僖宗一起逃跑，进而在唐僖宗遇到危险的时候挺身而出，成了唐僖宗的救命恩人。

　　命运的小手一招，王建开了个挂，一路做到四川的老大，加封蜀王。这时候，唐僖宗李儇已经下线，在线的是唐昭宗李晔。很不幸，唐昭宗被宣武节度使朱温所杀。朱温建立后梁自己做了老大。王建怎么可能承认他，干脆也在成都称帝，国号蜀，史称前蜀。

　　王建走到这一步的时候，年纪已经不小了，身后两个儿子，老大身体不好，是个废人，老二是个典型的富二代，吃喝玩乐，无一不精。两个都是烂苹果，王建犹豫来犹豫去，时间不等人，他只好在死前一咬牙选了老二接班，这就是前蜀第二任老大王衍。王衍做富二代做得太开心了，不知人间疾苦，还天天搞公费旅游搞上了瘾，这下可好，再大的家底也被他败光了。此时，中原的政权更迭到了后唐，一看四川这么个富饶地方，老大脑子又有毛病，此时不吃掉它更待何时。

　　前蜀乾德七年（925），后唐庄宗李存勖下令攻打前蜀，仅用时七十天，一路打到了成都，王衍也不负众望地投降了，被李存勖诛杀。不过，李存勖也没多活几天，很快就死掉了，接棒的后唐明宗李嗣源任命孟知祥为西川节度使，负责四川西部的大大小小军务。有了西部老大，自然也有东部老大，东川节度使是后唐另一员大将董璋。

孟知祥和董璋这两个人先玩了一段时间哥儿俩好，仗着四川天险齐心协力脱离了朝廷的控制，后来进入了兄弟反目阶段，展开内斗。最终，西风压倒东风，孟知祥成为蜀王，并获得后唐朝廷的正式册封。

后唐应顺元年（934）正月，孟知祥觉得自己实际上已经是四川的老大了，还挂着后唐小弟的名头实在没意思，决定自立门户，在成都称帝，国号为蜀，史称后蜀。大概是人活到了这份儿上再无遗憾，同年七月，孟知祥寿终正寝，皇太子孟昶继位。

孟昶这人，细说起来，也曾是个好学能文、年轻有为、立志为一方明君的人。他刚从后蜀高祖老爸孟知祥手里接棒后蜀的时候，明白自己岁数小，座位还没焐热乎，要是轻易表露本意，说不定怎么死的都不知道。

孟昶很乖觉伶俐，一边沿用父亲在位时期的所有要员，一边表示自己年轻，政事这方面，诸位叔伯经验足，有什么事你们多担待，嘿嘿嘿……

那些老臣这么一看，本来就觉得是个小孩子不足为惧，你要不听话，我们就换一个听话的，现在孟昶如此听话，所以他们更不把孟昶放在眼里。

孟昶对这些将相大臣越是优待，越是纵容，这些将相大臣越是看轻孟昶，一个毛头小子，没什么可在乎的，他坐的天下都是老子们跟他爸爸打下的。如此想着，今天你夺民良田，明天我违规造大宅，后天他干点犯法的事，胆子一个赛一个的大。

孟昶冷笑，看着这帮人眼里越来越没有他这个主上，看着百姓对他们越来越痛恨。

数月后，时机成熟，孟昶忽然动手，一套组合拳将这些老臣斩杀灭族的斩杀灭族，退休贬谪的退休贬谪，对于手握文武双权的宰相张业，更是直接逮捕处死，从此故将旧臣统统收拾干净。

孟昶正式亲政，他在朝堂上设置信箱，任何臣民都可以往里投书让他了解民情，还写下《官箴》颁布各郡县，规诫下臣们："官员们所领的俸禄，都是老百姓的血汗，百姓虽然好欺负，天理却难以容忍。"

一批地方贪污官员被处理，朝廷组织百姓发展桑农，重视教育，广建学校，后蜀一片欣欣向荣之景。

可惜，孟昶没有把明君之路走下去：他铲除佞臣，但没做到亲贤远佞，渐渐起用了一批昏庸小人；他坚持己见，好高骛远，不顾众臣反对，轻率出兵关中，最终败北，不仅有损国力，更失去了一批精兵强将；他贪恋女色，要求全国十三到二十岁的未婚女子都要入宫待选，老百姓苦不堪言；到后来，孟昶更是生活奢靡，就算后蜀富庶繁华，也经不起他如此折腾。

一般的爱折腾就算了，孟昶还在作死的路上折腾，当得知南平、荆楚被赵匡胤收入囊中之后，孟昶怕了。有时候人一怕，脑子清醒了会干对的事，但也有时候，人一害怕，脑子就糊涂，会做出越发愚蠢的事情。无疑，孟昶属于后者，他做了件最不该做的事，去和北汉眉来眼去，想和北汉南北夹击大宋。被孟昶派去北汉的人，带着用蜡丸密封的国书，一路抄小道北上，这人鬼鬼祟祟，没走多远就被人盯上了，宋国边境的官吏听到举报，将其查获上报给朝廷。

人赃并获，赵匡胤心想，好你个孟昶！当初，李筠跟北汉卿卿我我，宋军仅用俩月就把李筠按死了，而你孟昶能挺过两个月吗？

北宋乾德二年（964），赵匡胤下令发兵两路攻伐后蜀：北路由王全斌、崔彦进、王仁赡等将士负责，沿嘉陵江南下；东路以刘光义、曹彬为主，溯长江西上；两路各自进发，以后蜀都城成都为会师目的地。

出发前，赵匡胤亲自在崇德殿给王全斌等人设宴饯行，特意嘱咐，大宋只要土地，其他所得一律分予参战的将士！

十一月，天寒地冻，大宋的士兵们心里却烧着火，那可是富庶的后蜀哇，跟着陛下太靠谱了，不光能建功立业，还能分到战利品。

得知赵匡胤往后蜀发兵，孟昶这头也派出了他的得力之臣王绍远。

两个人打年轻时候一起骄奢荒唐，王绍远拍马能力一流，从陪孟昶玩乐起家，一步步做到孟昶身边的军国大臣。一个人没什么本事，又站到了一人之下万人之上的位置上，少不得扬扬得意，误以为自己其实是个有本事的人，自诩孔明在世。他拍着胸脯跟孟昶保证："老大，你看我的，这就去把宋人杀个片甲不留。"

孟昶又派出太子孟玄喆去镇守剑门关，孟玄喆带着香车美人、名伶乐器一起上路。沿途的后蜀老百姓都看不下去，偷偷讥笑这样的人怎么可能打赢宋军。

这时候的孟昶并不知道，赵匡胤已经命人在右掖门南、临汴水边，给他建造房屋五百余间，供帐杂物齐备，只等后蜀投降，孟昶就可以直接入住。这为待俘虏准备之到位、服务之细致，翻遍中国历史都找不出第二个。

果然，大宋后蜀两军相见，王绍远三战三败，被打得不像样子，急急忙忙烧了吉柏江上的浮桥，后撤到剑门关。

自古都称"蜀道难，难于上青天"，说的就是进出四川的道路，群山环绕，峭壁连绵，尤其是剑门关一带，险绝天下，自古被视为四川防御的天然屏障。

后蜀军以为有天险保底，根本没想到会有失守的一天，太子孟玄喆哼着歌曲，搂着美人，慢慢悠悠前进。

大宋军队却从上到下，都拧成了一股绳，誓要把这剑门关拿下，给予他们动力的，要数刚刚收到赵匡胤送来的一件御用大衣。

时值新春，开封大雪，赵匡胤思及前线将士，扯下身上大衣，叮嘱送去前线，慰藉众将为国冲锋。

大宋众将，见到陛下的大衣，想到陛下如此厚爱，无不感动落泪。而他们唯一能报答陛下的，就是把剑门关打下来，将后蜀的疆土划入大宋版图。

剑门关一战,大宋主将王全斌经过深思熟虑,严谨考察,派先锋史延德翻越大山,抄山后小路,绕道剑门南面,避开了剑门天险。

守剑门关的后蜀军尚未反应,就被从身后杀出来的大宋军队冲散,他们唯一能做的是拔腿就跑,逃命要紧。

宋军势如破竹,直破剑门。

那一边,后蜀太子孟玄喆的队伍还未走到剑门,就听说了剑门失守的消息。孟玄喆二话不说,转头就逃回了成都。

才送儿子出门的孟昶一看,"儿啊,你怎么又回来了?"话刚出口,孟昶就明白了,宋军来了,后蜀危矣!

孟昶环顾左右,一个个老臣低着头,好像都知道他要问什么,他们努力缩小自己的存在,希望不要被拉出来回答孟昶的问题。

唉,孟昶长叹,好吃好喝养这些人四十多年,一旦临敌,一个个的连站出来向敌人放箭的勇气都没有。固然孟昶想坚守最后的国土,但他身边已经没有能去做这些事的人了。

当然,不是所有的臣子都白养了。夔州守将高彦俦即便被宋军打败,依然在坚守最后的城楼,身边属下劝他撤走,高将军坚持道:"我若后撤,就算君王他不杀我,我也没有面目见蜀国的家乡父老!"最后,高彦俦自焚而死,而其他的地方将帅则溃散四逃,大部分被宋军俘虏了。

孟昶仰天长叹,后蜀已经没有希望了!他下令宰相李昊:"你赶紧把投降书写了,一会儿宋军来了就晚了。"

这个李昊是写降书专业户,当年前蜀亡国君主王衍投降后唐,其投降书就是李昊写的,如今再来一次,李昊自然驾轻就熟。莫怪后蜀老百姓笑话李昊,说他是写投降书专业户,还把这几个字写到了李家大门上。

乾德三年(965)正月,孟昶跪在道旁,高举投降书,迎大宋主将王全斌入成都城,后蜀宣告灭亡。

大宋从出兵到孟昶投降,一共用时六十六天,赵匡胤很满意。

历史的长河滚滚向前，鲜为人知的是后蜀末代皇帝孟昶在亡国之前的除夕，留下了有史以来最早的春联记录。《蜀梼杌》记载，除夕夜，因为嫌弃学士辛寅逊写的挂于寝宫门上的桃符用词不够工整，孟昶提笔，亲自写道：新年纳余庆，嘉节号长春。

巧的是，赵匡胤是农历二月十六日生，建隆元年（960），大宋太祖将每年的农历二月十六日定名为"长春节"。孟昶降宋之时，亦是宋太祖的诞辰，冥冥之中，孟昶这副春联似乎早就预示了自己和后蜀的命运。

后蜀之后，大宋的版图连接到南汉。但这一次，赵匡胤没有继续南下，而是把目光调转往北面的北汉，因为北汉皇帝死了！

赵匡胤对北汉，那是怎么看都不顺眼了。在后周时期，他就跟着柴荣北伐北汉，而今登基之后，好几个地方和北汉眉来眼去，欲跟北汉一南一北夹击大宋。赵匡胤心想不把北方这个孽障除了，南边那些小心思一个个都不消停，自己就更睡不好了。

其实，北汉到这时，也没建立多久。

后汉乾祐三年（950），后汉隐帝刘承祐逼得郭威造反，反而在郭威起兵的混乱中被随侍所杀。当时的河东节度使刘崇是高祖刘知远的弟弟，按资排辈是刘承祐的嫡亲叔叔，闻讯就不干了。

这老刘家的天下，怎么也轮不到你姓郭的称老大吧。

刘崇召集兵马，欲讨伐郭威。

此时，郭威已占领后汉京城。作为一个很优秀的选手，郭威分析局势，考虑前后，认为朝中时局不稳，称帝时机未到。他马上请刘承祐的亲生母亲李太后临朝听政，另立新帝。

这位李太后的政治觉悟比儿子强多了，早在刘承祐登基之初，就多次规劝他善待老臣们："儿啊，国家没有他们，必然动荡。"

可惜刘承祐不听，还把自己的性命搭了进去。

刘承祐固然因郭威起兵而死，却非郭威所杀。李太后也算深明大义，知道这时候动郭威于社稷毫无帮助，于是，李太后点头了，从皇室子弟中寻立新帝的事被提上日程。

一开始，众臣推选后汉开国皇帝刘知远之子刘承勋为帝，然而刘承勋已重病。李太后亲自去看望他，刘承勋的情况严重到难以从床上下来拜见。

李太后从刘承勋那儿回来以后，很是烦恼："刘承勋病成这样，恐怕难担一国君王的重任哪。"

于是有人建议："太后，您看改立武宁节度使刘赟如何？"

"刘赟哪……"李太后呢喃，开始思考这号人是谁来着。

而郭威对那提议人，暗暗投去了赞许的目光。

对，这刘赟是武宁节度使，同时也正是河东节度使刘崇的儿子。

刘赟正准备起兵呼应他老爹讨伐郭威呢，宰相冯道亲自前来，宣布迎他入京为帝。

刘赟一听，"呀，皇位是我的啦。"

刘崇一听，"哇，我儿要当皇帝啦。"

双双大喜，一起收兵，决定不讨伐郭威了。

郭威这步棋走得好哇，抓紧这个空当逐步控制朝中大权，那头刘赟还未到京城，郭威认为时机已经成熟，示意属下随从："尔等随我进宫，拜见太后吧。"

乾祐三年（950）冬，李太后下诏命郭威监国。

刘赟这时候才走到宋州（今河南省商丘市），就收到了李太后废黜他的诏书，比诏书先到的是郭威的拜把子兄弟王峻。王峻以保护为名，将刘赟困在宋州，延误了进京的时机。

刘赟捧着谴责他"没按时来上任"的诏书，大哭骂娘："你才没按时上任，我这走得了吗？"

但任何抱怨都传不入京城，刘赟被囚禁了起来。

后周广顺元年（951），郭威正式建立后周。

河东节度使刘崇被忽悠了一把，当即决定不干了，他宣称自己才是大汉正统的继承人。郭威称帝的同月，刘崇在太原称帝，占河东十二州，史称北汉。

刘崇这个举动，多少也在郭威预料之中。这时候还留着刘赟的命，也没意思了，反而是个后患，于是他下令将刘赟毒杀。

刘崇听闻爱子被杀，痛心不已，命次子刘承钧率军攻打后周，然而双方兵力悬殊，不光这一战，之后的好几年，北汉军队屡屡出兵，都以失败告终。再加上北汉地方不大，经济不行，土地贫瘠，连年征战之下，老百姓的日子更不好过了。可是刘崇不死心，倒向契丹辽国，约为父子之国，自称为侄皇帝。

可笑的是，当时刘崇已过知天命之年，而辽国皇帝耶律阮才三十来岁，比刘崇儿子都小。刘崇此举，与向辽国自称儿皇帝、送上燕云十六州的石敬瑭，真是不分上下。

刘崇指望契丹辽国出兵相助，可惜契丹自己内部都不太平。

广顺元年（951），辽国皇帝耶律阮踏上南下之路，准备协助北汉攻打后周，他召集了各部落首领一起商议具体作战事宜，结果后周没了结，耶律阮自己先被燕王耶律察割给杀了。这头耶律察割政变刚结束，以为自己稳坐皇位了，那头藏于暗处的齐王耶律璟，上来就给了耶律察割致命一击。好了，转瞬之间，辽国皇帝的帽子转了三个人。

刘崇苦等了一个月，新上任的辽国皇帝耶律璟终于出现了。

五万辽国军加两万后汉军，齐齐南来，围住了军事重镇晋州（今陕西省临汾市），郭威派出结义大哥王峻出马。

王峻心理素质稳得很，眼看着晋州被七万敌军团团围住，他自走到陕州（今河南省三门峡市）就不动了，硬生生憋到深冬降临粮食匮乏之时，王峻以迅雷不及掩耳之势，火速出兵，做出包抄辽国军后路之势，吓得五万辽国军马上拔营往老家赶。北汉失去支援，两万人马也干不出啥事，刘崇只得带着满肚子不甘心宣布退兵，晋州之危解除。

可一转眼，后周太祖郭威病重，历史的重担落在了柴荣身上，刘崇觉得机会到了。

新丧未过，刘崇第二次来犯，这次有三万北汉军和通过贿赂大辽搞来的一万辽国军相助。

柴荣正需要一个树立新帝威望的机会，当即决定御驾亲征，率兵与后汉军队在高平大战。

也就是在这场战役初，柴荣的右翼军被北汉军的凶猛吓坏了，右翼将领樊爱能、何徽掉头就跑，上千后周士兵倒戈投降北汉，陷柴荣于危险之中。这时候，是担任中后卫的赵匡胤冷静而睿智地带领手下两千人和左翼军奋力反击，反败为胜。

这是赵匡胤和北汉的第一次交锋，也是赵匡胤名震天下、真正为世人所知的开始。

北汉惨败，几十员大将折损，刘崇仓皇逃回太原。柴荣乘胜追击，攻打太原，赵匡胤也在太原城外围了刘崇两个多月，后周才撤军离去。至此，北汉元气大伤，刘崇也忧愤而死，终年六十岁。

刘崇死后，次子刘承钧即位，改名刘钧，这就是后来那个和李筠、后蜀眉来眼去的北汉皇帝！他延续了父亲联辽抗周的政策，辽国皇帝称其为儿皇帝。不过刘承钧跟他父亲不一样，内心对这个称呼很是在意，对辽国也不像他父亲那么热络。辽国又不是傻子，见此状况，给北汉的援助渐渐减少。这时候，大宋却建立起来，而且越来越强。刘钧在宋辽两个强大的帝国夹缝里生存，郁郁而终。

赵匡胤闻讯，决定举兵北伐，趁北汉政局不稳将之拿下。

开宝元年（968）八月，赵匡胤任命李继勋为河东行营前军都部署，党进为副都部署，曹彬为都监，又命何继筠和唐延沼分别为先遣部队的部署和都监，一系列人事任命，均为北伐做准备工作，箭在弦上，即将发出，北汉却又一次传来皇帝的死讯！

什么？北汉皇帝又死了？不是刚死了一个吗？怎么会接连死俩皇帝呀？

不得不说，赵匡胤表面上泰山崩于前而色不变，但内心深处也是一万只神兽跑过。

原来，是继位的刘钧养子刘继恩，与手握重权的大臣郭无为，彼此看不顺眼。

辽国同意刘继恩成为北汉第三位皇帝之后，刘继恩立刻以宴请群臣为名，准备在宴席上除去独揽朝纲的郭无为。

这郭无为呢，说起来和赵匡胤还是旧识，两个人曾经一起在后周太祖郭威身边共事过。后来，郭无为不得郭威信任，干脆离开去做了道士。刘崇建立北汉，听闻郭无为有诸葛亮之才，而北汉正需要人才，多番邀请，终于把郭无为请到了北汉当官。

郭无为是一只老狐狸，刘崇死后，继位的刘钧也开始考虑继承人，询问郭无为的意见。刘继恩自然希望郭无为能站在自己这边，可郭无为却从头到尾都不表态。这就被刘继恩给记恨上了。再加上郭无为把持朝政，刘继恩即使上位了，要施展的本事也施展不出，要下达的命令也下达不了，处处被郭无为牵制着。一个想收回权力，一个不肯放权，刘继恩和郭无为的斗争愈演愈烈，最后演变为你死我活的斗争。

刘继恩要郭无为死，但北汉里里外外的事情，根本逃不出郭无为的眼睛。于是，郭无为干脆一不做二不休，抢先一步，反过来杀了刘继恩，扶持刘钧另一个养子刘继元当了北汉皇帝。

刘继元前脚登基，宋军后脚已进入北汉境内，一路北上，北汉军节节败退。宋军杀到了太原，烧了延厦门，将太原城团团围住。刘继元赶紧跟契丹辽国求援。

赵匡胤有意拿下北汉，先使用了招安之术，册封刘继元为平卢节度使，郭无为为安国节度使，其他北汉重臣也一一都有封赏。

此时，郭无为早有踢了北汉做大宋高官的梦想，而北汉是他向赵匡胤投诚的最好礼物。

结果这时候，契丹辽国赶来救援北汉的大军来了，率军的是南院大王耶律达烈。宋军担心腹背受敌，只得撤离。

第一次北伐，赵匡胤窝了一肚子火，就差临门一脚，他就要拿下北汉了！

老赵很不甘心，仅仅三个月后，大宋第二次北伐。

这一次，赵匡胤决定御驾亲征北汉。

第四章

南征北战十四年——欲复汉唐版图（中）

开宝二年（969）春，宋太祖赵匡胤率兵攻取北汉。出发之前，他做了周密的安排，令二弟赵光义留守京城，安排枢密副使沈义伦负责皇宫安全和处理朝廷日常财政事务，大将曹彬、党进作为先锋军奔赴太原。

曹彬和党进是非常有意思的两个人。

曹彬真正深得赵匡胤信任，是在平蜀乱之后。咦，是什么时候的蜀乱呢？后蜀不是才被赵匡胤灭了吗？

这就要从当初攻打后蜀时候，那个对赵匡胤大雪天送来大衣感动涕零的宋朝大将王全斌说起了。

拿下后蜀之后，王全斌仗着自己立下大功，就开始飘了，不仅在蜀地为非作歹，贪图享乐，放纵属下掠夺女子和钱财，更胆大妄为地打起了当时朝廷发给后蜀投降士兵银钱的主意。

赵匡胤对下仁厚，哪怕是投降的士兵也不例外。他令王全斌押解投降的后蜀士兵前往京城，每一个人发钱十千；若是不愿意长途跋涉去京城也没关系，发两个月饭钱，放还老家。

一人十千，固然不多，但一共有十几万投降的后蜀士兵，这就汇成了不小的数字。结果王全斌中饱私囊，把这笔钱给贪了，最终导致投降的后蜀士兵们心生不满，决定造反，这也就不奇怪了。原后蜀文州刺史全师雄最先起事，星星之火可以燎原，最后发展到十万余人，原后蜀版图三分之一以上的地方都出现了造反。

王全斌一见，这可怎么弄，顿时慌不择路、方寸大乱，人一乱就瞎做决定。在最关键时候，王全斌做了个最坏的决定，将当时在成都城内的后蜀降兵全部杀了！

这一杀，让本来不打算造反起兵的后蜀士兵也造反了，反正对他们来说，造反也是死，投降也是死，不如造反，没准儿还能有一线生机！

赵匡胤差点被王全斌给气死，一贯的宽厚政策被王全斌破坏到丢了民心，即便后来大宋朝廷用了两年时间将蜀地之乱平息，又下达了减免税赋等补偿措施，这场屠杀导致的民心离散也没能最终抵消，以至于二十多年后，蜀地大旱，引发饥荒，王小波、李顺领导的农民起义爆发，立刻一呼百应，得到各地百姓的支持，这都是因为当初王全斌等人的行为令蜀地百姓对大宋一直没有归属感和认同感。

这次由王全斌贪污引发的蜀地大乱发生时，曹彬是时任宋军总督察，对王全斌多次规劝，可惜王全斌置之不理。曹彬头脑很清晰，虽然改变不了大局，但他依然可以严格要求自己的部下不同流合污。

当初受命出征，赵匡胤允诺，只要后蜀土地，其他都归将士们所有，诸将领多取美人珠宝，唯独曹彬回来时的行囊里满是书卷。

后蜀之乱平息后，王全斌等人被清算罪过，或降或杀，唯独曹彬脱颖而出，升任宣徽南院使兼义成军节度使。

曹彬却认为，这次西征的将士都有惩罚，不能唯独他有升迁，耿直地入宫辞赏。

赵匡胤说："你立有大功，还从不夸耀，就算真有小错，又哪里值得提及？惩罚和奖赏都是国之常典，无须辞让。"

实际上，曹彬的出身非常特殊，他是后周太祖郭威妃子张氏的外甥，远比赵匡胤这个外来户更早处在权力中心。但他既没有在赵匡胤跟随柴荣飞黄腾达之后刻意亲近赵匡胤，也没有参与后来的陈桥兵变，更没有在赵匡胤登基之后谋求过富贵。由始至终，曹彬都清醒、理智地做着本分而规矩的臣子。

宋太祖很纳闷儿，自己都当了皇帝，曹彬为何还这样不冷不热，保持着距离？赵匡胤忍不住问曹彬："你这是怎么回事呀，我俩认识多年，你怎么跟我如此生分？"

曹彬答得一本正经："臣子我是后周的皇亲，又是宫廷近侍，恭敬谨慎地做好分内事，都还担心着是不是有什么过失，我怎么敢妄想跟您套近乎呢？"

赵匡胤甚是欣慰，评价他："不敢负其主，独尊曹彬。"

说完曹彬，再看党进。

党进和赵匡胤同年出生，不过赵匡胤那么年轻已经做皇帝了，党进才崭露头角，算是大宋将领中的后起之秀。和有着良好出身、知分寸进退的曹彬完全不同，党进是家奴出身，为人质朴，而且他不识字。

党进在禁军任职时，自都虞候以上的官员都会将所掌管的士兵、兵器等数据悉数写在梃（一种木头做的杆子）上。

有一次，赵匡胤巡视到此，顺口问："你掌管些什么呀？"

党进那天正好当值，因为不识字，他看着梃上的记录也回答不出，于是把梃直接双手递给赵匡胤："都记在上面啦。"

赵匡胤看这黑大个如此质朴、直率、勇敢，相当喜欢，当时又刚经历后蜀之乱，相比那些聪明、自以为是的将领，党进的品性更值得赞许，因而在征伐北汉时，赵匡胤决定委党进以重任。

这是党进的第一次出征，他后来的表现亦不负赵匡胤信任。

除去先锋的曹彬和党进，这次大宋的北伐大军，由李继勋担任河东行营前军都部署，赵赞担任马步军都部署，赵逢担任转运使，负责粮草。赵匡胤准备妥当，亲自带兵出发，一路扫除障碍，直至太原城外。

这时候，北汉的刘继元内心冰火两重天，冰的是前线一直传来战败的消息，宋军离自己越来越近了，火的是契丹辽国的使臣刚带来辽国册封，允许他继任为北汉之主。有了辽国主子的支持，刘继元发虚的背脊，稍微挺直了一些，辽国应该不会看着他被大宋打吧！

而这时候，早就想跟着赵匡胤混的郭无为又来作妖，当着大辽使臣的面，郭无为老泪纵横，伤心欲绝："城外有百万宋军，我们这么孤零零一座城池怕是不能苟延残喘多久了。"

刘继元至此看出了郭无为"身在曹营心在汉"，碍于大辽使臣在，不好发作，好生把郭无为劝了出去。

刘继元毕竟有上位者的骨气，郭无为故意动摇军心，他却已经决定坚守太原城。

而太原城外，赵匡胤大手一挥，亲自部署进攻的相关事宜。

太原自古是重要藩镇、战略要地，城墙坚固，城池规模堪比开封、长安等都城。围攻太原是个艰巨的任务，赵匡胤也做好了长久战的心理准备：首先，要求大军在汾河上架设桥梁，以便两岸部队调动以及物资粮草运输；第二，任命四员猛将分别驻守太原四面，合围太原：党进在城东、李继勋在城南、赵赞在城西、曹彬在城北，深挖沟渠，建造堡垒，不让太原城里一只苍蝇飞出去；第三，命令军民修筑水坝，准备引汾水灌城，这是最狠辣的一招，也是对太原城人心最大的冲击；最后，提前任命了太原地方长官，以显示大宋必然拿下北汉的决心。

北汉的刘继元也没有坐以待毙，趁着夜色先突袭了负责城西的赵赞。赵将军相当勇猛，身先士卒，被冷箭射穿脚底板也没皱一下眉头，依然在现场指挥，他不畏生死的精神激励了大宋将士。事实证明，城西的宋军没有辜负赵匡胤，没给北汉一丝突围的缝隙。

刘继元没办法，这时候想到了一个人，那个一直不被他待见的刘继业。

咦，看名字这俩是兄弟呀。

没错，仔细说起来，他俩都是北汉第二代皇帝刘钧的养子，只不过刘继元和刘钧还有点血缘关系，刘继元本来就是刘钧的外甥。而刘继业和刘钧就是真真正正的养父子了，他本来姓杨，是后汉麟州刺史杨信之子，后跟随刘钧，有骁勇之名，号称"无敌"。

刘继元自恃血统，一直都看不上刘继业。再加上宋军北伐时，刘继业本来被命令在团柏谷屯兵，抵挡宋军，结果刘继业审时度势，认为自己的兵力无法和宋军匹敌，便放弃团柏谷，直接回了太原。

刘继元一怒之下罢免了刘继业。可现在太原被围，正是用人之时，刘继元前看后看、左看右看，也没有一个打仗比刘继业厉害的人了，只得把刘继业又拉出来用。

刘继业分析局势，南、西、北三个方向都是名声不小的宋朝名将，只有东边这个叫党进的小伙子没听过，那就是你了。当夜，刘继业带几百人突袭党进军营。

党进是一个糙汉子，正呼呼大睡，听得兵器交鸣声，二话不说从床上跳起来，冲出营帐。这两个以骁勇出名的大将，第一次交手，党进占了上风，不光击退对方的袭击，更一直追击刘继业到城边，逼得刘继业藏到护城河中，让北汉城中守军用绳索拉回城头，这才保住性命。

在以后的千百年里，大家都赞颂着一位抗辽英雄的民族大义，无数影视作品围绕着他和他的家族展开，却鲜少有人知道当初那一个月黑风高的夜晚，他也曾有如此狼狈的一刻，被一个大字不识的糙汉子党进追得躲到水里。

这个人就是刘继业，十年后，北汉被大宋纳入版图，他仍坚守到最后，大宋派出已然投降的北汉皇帝刘继元前来劝降，刘继业才痛哭流涕，面北再拜，解甲降宋，改回本姓，取单名一个业字。他就是如今家喻户晓的抗辽英雄杨老令公——杨业。

而今，是他第一次败给党进，但这绝对不是唯一的一次。下一次是什么时候呢？暂且不表。先看刘继元这头，此时此刻，他正焦虑得犹如热锅上的蚂蚁，连最后的猛将都没冲出去，那太原城唯一的希望就只有大辽爸爸了。

大辽爸爸果然不负所望，已经火速组织了军队，南下援汉。

赵匡胤早有准备，辽军兵分两路，他亦有两手准备。

在定州方向派韩重赟早早地等着，韩重赟日日等着辽军到来，同时做好了陷阱埋伏，当北方尘土扬起，韩重赟知道多日的部署到了收口的时候了，这一战，酣畅淋漓，宋军大获全胜。

另一路辽军直奔太原而来，宋军大将何继筠领兵三千迎敌。这一战，赵匡胤给了时限：一天。一天之后，捷报按时送到了赵匡胤手上！

宋军士气大涨！

辽军的尸首被挂在太原城上，向城内的北汉军展示，你们还要打吗？看——连你们寄予厚望的辽军都失败了！

太原城内一片低迷，刘继元最后的希望破灭了，也许，天要亡北汉吧。

赵匡胤亲自登上汾河堤坝，下令开堤，奔流的汾河水灌入太原。一片汪洋之中，他亲自下令，对太原发起最后的总攻。

然而意想不到的是，面对家园被淹和宋军猛攻，原本士气低迷的北汉军竟然发疯一样反抗，并且顽强地扛住了宋军一波又一波的攻势，宋军先后痛失将领王廷义和石汉卿。太原城墙被洪水冲垮，宋军发箭如雨，北汉军仍然一次又一次冲上决口意图修补城墙，血流成河，双方都杀红了眼。最后北汉军用巨大的草垛堵住缺口，使得宋军的箭雨失效，终于将城墙修补好。

这时候，一直心心念念要投降做大宋子民的郭无为，被人揭发叛国，告到刘继元面前。刘继元给了他一个痛快——斩首示众。

由此，太原城内一收散乱的军心，成了一个牢固的铁桶。一时之间，宋军占不到丝毫优势，战斗进入胶着状况，加上初夏天气炎热，又逢连绵大雨，宋军中出现腹泻等水土不服情况，士气开始低落。

与此同时，辽军再次出兵南下的消息传来。

北汉是赵匡胤心头的执念，已经打到最后时刻，可想到已经牺牲的几位爱将，看着眼前陷入困境的军队，他思虑前后，决定撤兵。在离开太原的时候，属下提议，把太原附近区域的老百姓一起带走，迁居到大宋境内，赵匡胤应允。北汉因此失去大批劳动力，国力受损、军事经济实力进一步被削弱。

第二次北伐北汉，虽然双方打了个平手，但让大宋意识到，北汉虽弱，身后却站着强大的辽国，拿下北汉并不是一朝一夕的事情，这也进一步证实了"先南后北"战略方针的正确性，于是赵匡胤班师回朝后，又一次把目光投向南方。

南方还剩下三个政权，分别是南汉、南唐和吴越。南唐和吴越表面上比较听话，早早认了大宋做老大。赵匡胤自然不会找它俩动手，能被先拿出来放上台面的目标只有一个——南汉。

虽然名字里也有个"汉"字，但南汉与刚和赵匡胤大干两场的北汉，以及之前刘知远在中原地区建立的后汉政权，完全没有关系。它三面被南唐、荆楚、后蜀包围，南接大海，位于如今的广东、广西、海南三省区，当时属于偏远的南方地区，在地理上一直与大宋有一段距离，再加上经济实力比较差，又严格执行"缩小存在感，绝不主动惹事"的基本国策，在重新把重心放到南方之前，大宋一直没怎么把它放在心上。

和周围几个政权一样，南汉此时建立已有一段时间，其开拓者是一对兄弟，哥哥叫刘隐，弟弟叫刘龑。后梁太祖朱温封他俩为海南节度使和海南节度副使。不过，在当时的环境下，这两个都是空头衔，所管辖的地区都有自己的地方政权。刘家兄弟于是走上了扫平地方势力，从枪杆子里抢实权的道路，最终在后梁乾化元年（911）基本搞定局面。这时候的后梁也正需要拉拢一些势力支持自己，因此刘隐很快被后梁朝廷封为南海王。不过，他不是个命长的人，这南海王的头衔没多久就落到了弟弟刘龑头上。

实际上，刘隐在死之前几年就已不问世事，过上了今天搓澡澡、明天洗脚脚的逍遥日子，军中大权早掌握在刘龑手中。刘龑上位之后，从给哥哥打工，变成给自己打工，其苦心经营南海之心半点不变，不断把自己实力做大做强。渐渐地刘龑不再满足于做人下之臣，于后梁贞明三年（917）称帝，国号大越。

"大越"这个名字，一听就很不正统，一点文化气息都没有。本来地方就偏僻，再加上名字不高大上，成为北面一些人的笑话。刘龑也是个要面子的，既然不行，那就改名。

改什么名字？

咱向大汉致敬！

在称帝的第二年，刘龑改国号为"汉"，史称南汉。

自古打天下不容易，坐天下更难。这个刘龑在登基之前还有点脑子，可当了皇帝以后，却完全没有了雄心壮志，开始了荒淫残暴的统治。他喜好杀戮，发明了许多残酷刑罚，如刀锯、肢解、剐剔……还将杀人当作一项娱乐活动，每次欣赏都分外愉悦。在生活上也愈发奢靡，不断搜刮民脂民膏，老百姓在其压榨之下苦不堪言。

更要命的是残暴还会遗传，刘龑死后其子刘玢继位，不光不管朝政，还变本加厉地压榨百姓。因此，在刘玢登基的同一年，苦刘氏父子久矣的老百姓在正州发动起义，可惜力量薄弱，起义很快被南汉朝廷镇压。

踩着无数鲜血的刘玢生活在醉生梦死中，也悄无声息地被另一个人嫉妒上了，这人就是他的四弟晋王刘晟。

这种傻子也能做皇帝，我为什么不能取而代之？刘晟心想。

经过一段时间的准备，刘晟选择在一次宴席上行动。他借口让大力士来表演，趁着刘玢喝醉，命大力士将其杀死，上位成为南汉第三任皇帝。有了自己政变成功的案例在前，刘晟就不放心其他兄弟了，奈何他老爸还特别能生，留下了十几个儿子。刘晟一不做二不休，挨个儿把亲兄弟们宰了，彻底消灭了后顾之忧。

刘晟不愧是刘龑的儿子、刘玢的兄弟，对南汉百姓的压榨半点不输他的父亲、兄弟，继续把南汉往糟糕的方向治理，弄得乌烟瘴气，百姓生活在水深火热之中，叫天天不应，叫地地不灵。与此同时的中原大地上，柴荣正发愤图强，后周不断强大。但在刘晟眼里，他强任他强，清风拂山岗，他横由他横，明月照大江。后周如何，与我何干？

刘晟在残暴无道、穷奢极欲之中走到人生的尽头，其子刘鋹继位。好家伙，这可是历史上有名的昏庸无道之人。

他自幼生活在宫中，看着周围听话的太监们，萌生出了自认为睿智的思考。你看阉人们如此听话，让他们往东，他们不往西，为什么呢？因为他们没有家人和后代呀，一切的生存都仰仗皇帝一个人。可大臣们就不听话，会撑皇帝，会阳奉阴违，会为家人家族谋取私利，甚至能干出叛乱造反把富贵永远流传在自家身上的事，那么如果把大臣也变成阉人，这一切问题不就解决了吗？

刘鋹为自己的睿智鼓掌，"来人哪，颁诏下去，从今往后，要来做官的人，叫他们先挥刀自宫。如果不干，以后朝廷就派专人下去给他们宫一下。"

皇帝这么无知变态，自然也有投其所好之人，宁愿做阉人，也要享受一时富贵，故而南汉朝野之中，一片宦官林立景象。而真正有才学的人，只会敬而远之。

南汉历代皇帝都非常迷信，身边豢养许多妖人术士，刘鋹也一样，宠幸着一个叫作樊胡子的老巫婆。她自称是玉皇大帝的化身，说刘鋹是玉皇大帝的儿子。

这事要放一般皇帝身上，肯定怒了，你想占老子便宜？

可刘鋹信以为真，对樊胡子说的每一句话都奉若圣旨，做她儿子做得极为开心，朝堂上的事情都交给了这个老巫婆。而刘鋹自己和前几任南汉国君一样，热衷于围观猛兽吃人的游戏，在血肉四溅之中哈哈大笑，怀里搂着最为宠幸的波斯妹子"媚猪"。

五代十国末期，大宋朝初期，不光英雄辈出，也同样美人如云，比如后蜀孟昶身边有雅好赋诗的花蕊夫人，南唐李煜身边有貌美多才的小周后。

刘鋹的审美却与众不同，这深得他恩宠的女子"媚猪"，即便用思想开放的现代眼光来看也未必算得上美女。史书上描写她黑膄而慧艳，深谙房中术，把刘鋹迷得神魂颠倒，赐名"媚猪"。

刘鋹还将南汉后宫的其他妃子赐名媚牛、媚羊、媚狐、媚狗、媚猫、媚驴、媚兔、媚猿、媚狮，与媚猪合成"十媚"。

这等的愚而不自知、蠢而引为傲，南唐李煜看了都要自叹不如，宋太祖赵匡胤听了也要甘拜下风，赞刘鋹一声"绝"！

这样一个残暴无度、昏庸可笑的南汉政权，竟然能在南方存在几十年而无人问津，究其原因是古时候交通不便造成的。

一直到大宋灭亡了荆楚之后，宋与南汉边境接壤，两边偶尔发生小规模的边境摩擦，其中一次宋军俘获的俘虏中有南汉宫中内侍，赵匡胤才从这些俘虏口中知晓，真正的南汉宫廷竟然如此荒诞奢靡，而当听到南汉国情的实际情况之后，一代帝王愣怔了许久，叹息道："我们应该救南汉百姓于水火呀！"

鉴于当时刚拿下荆楚，还在向后蜀进发，赵匡胤并未贸然出兵，而是选择了温和的方式。他传书给一直还算听话恭顺的南唐："南汉这么对它的百姓，你怎么看呢？"

南唐国君李煜被吓了个半死，这事多像当年扫平荆楚的策略呀，大哥你要搞定谁，小弟都支持，何必问我怎么看呢？您已经和南汉直接接壤了，有什么军事行动都很方便。

赵匡胤拊掌大笑："我们大宋一向是不喜欢动武的，能用和平的方式解决，就不应该蛮干，你说对不对呀？"

话都说到这份儿上了，李煜再装傻就不行了，他连夜修书一封劝降南汉。

刘鋹看到信件就炸了："你有毛病啊，我在我自己的地儿想干啥干啥，你看不惯就来打我呀！"

第一次劝降，刘鋹没当回事。

北宋开宝三年（970），南唐李煜再次在赵匡胤炯炯目光的注视之下，抖着手脚给南汉去了第二封劝降信："南汉老哥，你这些年做了那么多伤天害理的事情，老天已经看不下去了，大宋准备来收拾你了，与其到时候被打得哭爹喊娘，还不如现在大家体面一点解决问题，对吧？总而言之，言而总之，你主动向大宋投降吧。"

刘鋹直接把送信的南唐使臣关进了监狱。好你个南唐，要投降你自己投降，老拉我南汉先投降是怎么回事？我老刘家的事跟你老李家没关系吧！

刘鋹在回信里口吐芬芳，李煜也很乖觉，转手就把刘鋹的回信交给了赵匡胤，"老大您看，南汉它敬酒不吃吃罚酒。"

刘鋹有胆子这么无法无天，只因为南汉还有一道天然屏障，由越城岭、都庞岭、萌渚岭、骑田岭、大庾岭五座大山组成的五岭，如一道巨大屏风从地表竖起，隔断了广东和广东以北地区的交通，阻碍着两者之间经济和文化的交流。这也是宋军打下南汉的最大阻碍，但是赵匡胤已经有了应对思路。

开宝三年（970）九月，赵匡胤命大将潘美为贺州道行营都部署，率大军奇袭贺州（今广西壮族自治区贺州市），直接避开五岭进攻南汉，这等于看都没看南汉手里的坚固盾牌一眼，直接给南汉腰眼上来了一刀狠的。

南汉得知宋军来袭，举国震惊，刘鋹紧急找他的阉人们开小会。经过南汉几代蠢皇帝的不懈努力，国内压根儿没有可用的将才，但是所有人都明白的事情，刘鋹和阉人们不明白，这大概就是蠢皇帝带出来的蠢人吧。

其中一个叫龚澄枢的太监，贿赂刘鋹极为信任的老巫婆樊胡子，一步一步爬到高位。

樊胡子跟刘鋹说："龚澄枢是上天赐给我们南汉的能人！"

龚澄枢后来在刘鋹身边混得风生水起，南汉军中大事都握在他手里。

这会儿宋军来了，刘鋹一看，急忙说："龚澄枢，你上！给他们展现一下你的能耐！"

樊胡子上了前线，把忽悠刘鋹的本事拿出来，对将士们一顿吹："你们是南汉最厉害的人，宋国那都是一堆草包，有你们在，陛下相信宋国动不了我们南汉一根汗毛。"

话音刚落，宋军的铁骑就杀到了，樊胡子脚底抹油，立马开溜，还跟刘鋹美其名曰："陛下，臣必须在您身边，片刻不离，才能辅佐您万世昌盛，这是上天给我的任务。"

没错，龚澄枢在樊胡子的协助下，已经化身为上天派来南汉的使者，和其他神棍相比，他只是多了一步净身的动作，是个阉人神棍罢了。

而大将潘美只用两个月，就带领宋军突破贺州、昭州、贵州等城池，这些原本是南汉从荆楚手里抢来的土地。可笑的是，到这一步，刘鋹反而天真地以为宋军并不是冲着南汉来的，而是想要把原本属于荆楚的土地抢过去。

宋军的回应是加速前进，于当年十二月攻打南汉韶州（今广东省韶关市）。韶州守将李承渥出动象阵防御，以为能唬住没见过大象这种庞然大物的宋军，然而他也天真了，对面可是作战经验丰富的宋军将领潘美。

两军相遇，潘美早有准备，下令宋军士兵拉开弓弩集中射向大象。在南方，弓弩的使用频率很低，技术发展远不如北方。宋军万箭齐发，大象们哪里见过这阵势，饶是象皮象肉再厚实，也瞬间被射成了一群刺猬，痛得大象们发了疯，把南汉军队踩伤踩死无数。南汉军大乱，韶州被宋军顺利拿下。

次月，宋军又拿下英州和雄州，至此，南汉再无可守之处，广州城暴露在宋军面前。

与捷报一起送入大宋京城的还有另一条好消息——南汉老将潘崇彻在贺江投降了。

这位被称为南汉第一名将的潘崇彻，曾经为南汉开疆拓土，固守五岭。可惜再多功绩也抵不过佞臣一句谗言，逃不掉南汉皇帝的猜忌，潘崇彻被罢免军权多年，宋军打来之前，他一直都在家抠脚。直到南汉城池连连失守，刘鋹才百般不情愿地命潘崇彻重掌军队，令其屯驻贺江，相当于看护南汉都城的北面门户。但潘崇彻带领三万南汉军到达贺江之后，一直按兵不动，呈现观望之势，一直到昭州失守，他主动向大宋投降。

赵匡胤大喜过望，命人带潘崇彻入京，亲自接见这位南汉第一名将。潘崇彻对宋太祖坦言，自己被帝王猜忌多年，已被时光磨灭了许多品格，但他并非不忠于国家，只是就算他能带领军队护住南汉一时，凯旋之日也逃不开国君的猜忌，落不到好下场。更何况他看明白了大宋拿下南汉是必然趋势，因而选择顺应天命，免一方百姓受苦受难。赵匡胤大为感慨，同为武将出身的他对潘崇彻的委屈和顾虑能感同身受，身为帝王，他欣赏潘崇彻抛弃个人荣辱，为社稷大义着想，这是一代南汉名将，更应是心怀黎民的有功之臣。

开宝四年（971）元月，英、雄二州失守之后，刘鋹知道南汉已经守不住了，搜刮了十几条船，带上金银珠宝和嫔妃们，准备南逃大海，结果临门一脚，让身边的阉人谋夺了财产。刘鋹傻了眼，没想到最后被自己最信任的人插了最狠的一刀，无奈之下，他只能向宋军送去求和书，被潘美断然拒绝。刘鋹终于明白，大宋要的是整个南汉，你选择打也好，选择降也罢，没有第二种结局。

但就算明白了，刘鋹还在犯蠢病，他听信一个老宫女的话，起用其本事没有、吹牛一流的干儿子郭崇岳。刘鋹封郭崇岳为招讨使，大将植晓廷为副将，领六万南汉军阻击宋军。

郭崇岳对抗宋军的办法就是，日日在大营里烧香求佛。

植晓廷看不下去，领兵主动出击，与潘美带领的宋军正面交战，植晓廷纵然实力不够，亦战斗到最后一刻，以身殉国！

潘美乘胜追击，向郭崇岳所在的南汉军营发动火攻，大获全胜。

刘鋹又异想天开了一次，放手将宫殿府库付之一炬，愚蠢地以为大宋对已经空无一物的南汉没有兴趣，会撤回北方。

潘美没有如刘鋹所愿，而是率宋军节节逼近，刘鋹的心理防线终于完全被突破。

开宝四年（971）二月，刘鋹素服而出，向宋军投降，南汉亡。

和其他投降的君王一样，刘鋹也被献俘入京，享受到了宋太祖一贯的仁慈。赵匡胤封他为恩赦侯。

刘鋹这小子长得体态丰腴、眉清目秀，投降之后的小日子也过得颇为滋润。闲来无事，他还挺会讨好赵匡胤，用珠玉为原料将马鞍编结成戏龙的形状上献，手艺和脑洞好得一塌糊涂。

赵匡胤大为感叹："这人吧，要能把心思好好用在治理国家上，何至于亡国呢？"

刘鋹刚到京城时，赵匡胤曾问其罪。刘鋹把残害百姓、治国无道的事，都推给了身边的阉人，说自己登基时候还是个孩子，啥也不懂，朝政叫其他人抓在手里，做不了国家的主。

赵匡胤就当他说的是真的，下令将刘鋹所言的罪魁祸首斩首。但刘鋹的小心脏一直都悬着，以己度人，不相信赵匡胤有那般胸怀留他性命。

一次，太祖赐酒下来，把刘鋹吓尿了，以为赵匡胤要毒杀自己。要知道赐酒杀臣这种事，刘鋹在南汉时候可干过不少。如今以为同样的事摆自己面前了，刘鋹吓得眼泪直流，捧着酒杯迟迟不敢喝下去："陛下呀，您已经说不会杀我了，我也只想做一个开封城里的小老百姓，看天下在您治理之下越来越好。所以，您这杯毒酒，我真的不敢喝呀！"

赵匡胤失笑，拿过刘鋹那杯酒一饮而尽："朕对人一向推心置腹，可不会做出爱卿说的事！"

刘鋹这样的人，就算老天再给他一次机会管理国家，也依然是个亡国之徒，对赵匡胤来说，留其性命，何足为惧！

第五章

南征北战十四年——欲复汉唐版图（下）

大宋仅用六个半月时间拿下南汉，继续保持着极高的效率，南唐国君李煜立刻嗅到不寻常的味道。他赶紧跟宋国说自己要去除国号，改称江南国主，以示臣服的诚意和忠心。

南汉灭后，宋国已对南唐形成三面包围之势，更有重兵扼守长江上游。拥有如此绝佳的地理位置，意味着宋国要想在上游投毒，下游的南唐就能直接被毒死。

这叫南唐怎能不慌？

和其他五代十国的地方政权类似，南唐的建国史可以追溯到晚唐时期，它的前身是吴国政权，其奠基人杨行密，史称南吴太祖。

杨行密是个白手起家的汉子，家中祖上务农，幼年丧父，没有出路，参加个造反还失败了。可是，划重点的事来了，杨行密长相出众，人高马大，而当时抓住他的庐州刺史是个颜控，见到杨行密这么个帅哥，刺史大人竟然直接把杨行密无罪释放了。而杨行密也很知恩图报地投靠了这位庐州刺史，担任其步奏官。

凭着一身健步如飞的本事，杨行密出色地完成了上司给予的任务，不断在军中升迁，同时也结交到了一帮志同道合的兄弟，渐渐形成势力。等到这位有恩于自己的庐州刺史过世，新的上司不是个颜控了，杨行密也有了足够的实力，觉得没必要被人压着，他骨子里造反的基因再次沸腾，找机会杀了上司，占领庐州，并且获得唐朝认可，被封为新任庐州刺史。

唐景福元年（892），大唐朝廷任命杨行密为淮南节度使。

乾宁二年（895），杨行密进攻苏州，擒获苏州刺史。

乾宁四年（897），泰宁军节度使朱瑾，败给了后来建立后梁的梁太祖朱温。朱瑾带领其麾下骑兵投靠杨行密。

乾宁六年（899），武宁节度使冯弘铎袭击宣州，大败，准备跳海出逃。时任淮南节度使杨行密亲自赶到，身边仅带十余骑亲兵。

杨行密劝说冯弘铎："胜败乃兵家常事，你就输了这么一回，也不至于就走投无路。你看看我这儿，虽然不是什么大门大户，但不缺口吃的，不缺兵带，容纳你还是足够的吧。"

冯弘铎感动哭了，当下归入杨行密门下，为其节度副使。

这件事侧面反映了杨行密的胆色睿智和对人才的看重，其帐下的徐温、刘威、陶雅等人，号称三十六英雄，一路追随杨行密，协助其把地盘做大做稳。

杨行密也不负众望，一边与割据两浙的钱镠你来我往，渐成对峙，一边抵抗住了朱温南下的步伐。

天复二年（902）三月，唐昭宗李晔封杨行密为吴王，所治之域包括今江西全境、湖北东部、安徽江苏两省淮河以南，以及淮北的海州（今江苏省连云港市），俱是东南富庶之地。

杨行密穷苦出身，了解民间疾苦，淮南地区在他管辖时，轻徭赋，重农桑，经济得以发展，百姓生活安稳。在外交上，杨行密长袖善舞，在军事上，他败少胜多，给予淮南地区相对安稳的大环境，因此深受百姓爱戴。

天祐二年（905）十一月，叱咤一方的杨行密病逝，长子杨渥即位。这哥儿们能顺利上位，离不开重臣徐温的助力。

杨渥上位前一年，宣州观察使台濛去世，杨行密调杨渥出任宣州观察使。经验老到的徐温觉出不对劲。杨行密卧病而调离嫡子，这是大忌，意味着一旦杨行密过世，继承人远在异处，无法第一时间完成权力接替。杨行密一生睿智，若不是脑子糊涂了，不会做出这种决策，那么他身边一定有出这个主意，不希望杨渥顺利继位的奸佞之人。

徐温叮嘱杨渥："他日若有人召您回来，不是我派遣的使者以及吴王的令书，您千万不要立即回来！"

杨渥彼时对徐温十二万分感激，知道这句话背后代表着有人窥伺吴王之位，欲除他而代之。

杨渥哭着对徐温道了谢，上路去宣州了。

徐温则紧锣密鼓地排查异己，寻找不利于杨渥的奸佞。当时主要的将领都派驻在外，只有徐温在近帐之中，给了徐温极大的行动空间，最终扫平异议，顺利助杨渥成为吴王。他对杨氏父子权力的交接起到了定海神针般的作用，也是日后淮南地方政权从南吴往南唐发展的关键过渡人物。

杨渥上位后，却忘记了徐温当初对他的辅助之功。杨渥的行事作风完全和父亲不一样，导致他与包含徐温在内的南吴老将日渐离心。

自古以来，子不及父的情况比比皆是，如果继位者勤勉用心，没做出决策性的错误，很多政权依然能延续较长时间。但杨渥性格乖张，喜好游戏，残暴奢侈，压根儿没有那份守成的勤勉之心。

父亲刚死，尚在服丧期间，杨渥就开始游戏人间。古有妺喜喜听裂锦之声，今有杨渥将粗大的蜡烛用于击球，骄奢浪费至极，引得民怨沸腾。

徐温本身就是个非常节俭的人，从不轻易耗用资财，更严格要求其他参与治国的臣将，每每看到杨渥这么不知民间疾苦肆意浪费，徐温的神经就突突地跳。

杨渥还喜欢玩失踪，骑马单独外出，随从者四奔寻找无果，半点没有做一方老大的责任心。

徐温意识到自己扶持了个阿斗还不如的家伙，他苦劝杨渥把心思放在正事上，反被杨渥呵斥："你是不是有造反的心思呀？觉得我不适合做吴王，干脆杀了我，自己来当呗。"

这不是杨渥有反骨，实际上是两个人身份变化之后，看待事物的方式都已改变。

以前杨渥还未上位，前路飘摇，需要徐温这样的忠心之人，护住性命富贵，杨渥自然对徐温感激涕零。

如今杨渥已是在位者，徐温顺着他，是徐温做臣子的分内之事，徐温逆着他，就是徐温没摆对位置，要以下犯上，大逆不道。

不同的环境下，杨渥的心境发生了变化，越发看不惯徐温这些老头对自己管东管西，玩坏几根蜡烛而已，都是他自家的财产，关这些老臣什么事，既然不听话，就把他们铲除。

心里有了不满，杨渥就有了行动，他挑选精干壮汉，在身边组织成"东院马军"，逐个安排到军营中担任将领，迅速稀释徐温等旧臣的权力。同时，这些东院马军仗着自己有杨渥的信任，根本不把老臣们看在眼里，骄傲专横，专门欺凌蔑视跟随杨行密打天下的功臣旧人。

担任左牙衙指挥使的张颢和担任右牙衙指挥使的徐温终于忍无可忍，意识到跟着杨渥没有意义了，不如换更适合的人来做吴王。两个人暗中谋划发动"兵谏"。

唐天祐四年（907）正月初九日，张颢和徐温历数杨渥身边亲信十余人的罪状，将他们拖下去打死，其他与两个人不和者也逐个处理，军政大权全归到张颢和徐温手中，杨渥被软禁。第二年，杨渥被张颢绞杀。徐温派人斩杀张颢，推举杨行密次子杨隆演上位，杨隆演毫无根基，淮南地区的大权实际掌握在徐温手中，徐温成为实际上的"吴王"。

徐温对淮南地区的治理，延续了杨行密的风格，施政温和宽厚，深得百姓厚爱。他还有一个非常出色的养子徐知诰。

神奇的是徐温并不是徐知诰的第一任养父，最初收养徐知诰的恰恰是前任吴王杨行密。

那这徐知诰是什么忠烈之后吗？担得一方霸主要收为养子。非也，徐知诰原名李昪，父母都是普通人，父亲在战乱中失踪，母亲带着他流浪，在遇到杨行密的时候，李昪只是一个六岁的流浪儿，身上邋里邋遢，饿得骨瘦如柴。可是他有一个特点，这个特点跟杨行密一模一样，以至于杨行密一眼就看见了他，且看中了他，那就是——颜值出众。

当年，杨行密就靠着自己的颜值而免罪，被人生中最大的贵人庐州刺史提携，从此平步青云。如今，有颜值的杨行密对另一个有颜值的李昪，一见即喜欢，果断收为养子。

结果，杨行密对李昪过于喜爱了，引来了亲生儿子们的严重不满。表面上，李昪有了锦衣玉食，生活安稳，实际上，杨行密一转身，李昪就被杨家少爷们合力欺负。

儿子们私底下的小动作当然逃不过杨行密的眼睛，为了家庭和睦，他将李昪托付给自己最放心的手下徐温，这样自己不光能时常见到李昪，还能给李昪更好的生活环境，这真是个充满父爱的决定。

李昪从此到了徐家，改名为徐知诰。

徐知诰在徐家，确实生活更好了，核心原因就是徐家没有王位要继承，大家努力跟着徐爸爸干就好了，就算有些兄弟间的摩擦，也不至于发展到台面上。

徐知诰长大后，完全没有长残，依然颜值出众，声如洪钟，人高马大，好书善骑，说白了就是文武双全、一表人才。杨行密经常跟徐温几个赞叹："哎呀，徐知诰这个孩子呀，绝对是俊杰，咱们几个的儿子都比不上他。"

后梁开平三年（909），徐温已是实际上淮南地区的掌权人，任命养子徐知诰为升州（今江苏省南京市）楼船军使，掌管南京的水军，不久又升为升州刺史，镇守南京。

当时，各地地方长官多是行伍出身，抓牢了枪杆子，才能保住富贵权力。因此在他们上位后，往往抓紧时间搜刮百姓，挖民脂民膏供养军队。

徐知诰则深知这些措施不能长久，并非治理安邦之计，成为地区一把手之后，他整顿军队，用人唯贤，安抚百姓，宽仁为政，短短几年，深得百姓称赞，在淮南一带贤名远扬，拥有了一批坚定的支持者、崇拜者，也自然引起了一些人的反感，这其中就有徐温的长子徐知训。

身为长子，徐知训自幼被父亲徐温当作继承人严格管教。其他人五分钟算一百道口算就算过关，徐知训不行，怎么也要四分钟完事，做不到就挨父亲的戒尺打手心。其他人背出先生教的文章就能出去玩啦，徐知训远远不够，还得当着父亲的面一字不错地默写出来。如果这一切，徐知训都能完美地完成就好了，可惜他真的资质一般，远远达不到父亲要求的优人一等。与之相对比的是养子徐知诰，学业出众，文韬武略样样拿得出手。长此以往，徐知训对徐知诰就暗暗不爽了，不太待见他。

徐知诰作为一个寄人篱下的孩子，从小也很知道生存之道，哥哥不待见自己，自己就少出风头，恭恭敬敬地对待周围每一个人，尤其对父亲徐温，他更是孝顺体贴。

曾经一次，徐温心情不好，乱杖驱打随行的徐知诰。等到还家时，徐温见徐知诰依然等在门口拜迎，并无半点不恭顺。

徐温很惊讶，说："你这是干啥呀？"

徐知诰表示："我在迎接您哪，父亲。这是儿子应该做的，怎么能因为父亲发脾气，为人子女就可以不孝顺呢？"

还有一次徐温生病，徐知诰和妻子衣不解带，昼夜照顾。半夜里，徐温醒过来，问边上："是谁呀？"

"是儿子知诰，父亲大人。"

听到是徐知诰的声音，徐温大为感动，对这个养子也越发疼惜。

毕竟自己才是正统的继承人，徐知训一开始并没有把徐知诰这个父亲收养的孩子特别放在心上，最多看他不顺眼，多给他一些绊子而已。

真正让徐知训换了一种目光看待徐知诰的，是徐知诰在升州（今江苏省南京市）做出了一番事业，得到了广泛的群众基础之后。

而徐知训自己呢，担任宣州刺史（今安徽省宣城市）时，好的不干，尽做大兴土木、搜刮百姓之事，地方怨声载道，逼得老爹徐温又把他调回身边。

两相对比，世人都喜欢徐知诰，而不喜欢徐知训，这就是大问题了呀，以后谁还认他这个正统老徐家的儿子，服他的治理、听他的差遣呢？

百姓是水，水能载舟亦能覆舟，徐知训同学虽然读书水平不怎么样，这点道理还是懂的。

由此，以前那些暗地里的不爽和小手段，上升为要杀掉徐知诰以绝后患的决心。

第一次动手，徐知训假借宴请之名，邀请徐知诰过来喝酒，安排了人手埋伏在四周准备伏杀。不承想徐知诰的贤名之广，连徐知训身边的人都仰慕他，暗地里通知了徐知诰这件事，徐知诰逃过一劫。

第二次动手，是徐温将养子徐知诰调任润州（今江苏省镇江市）之后，徐知诰从地方回广陵（今江苏省扬州市）觐见吴王杨隆演。这次徐知训联合了一样看不惯徐知诰的二弟徐知询一起动手。还是上次的策略，在宴席外设置伏兵，伺机动手杀之。这回告密的不是徐知训身边的手下了，而是徐温的四子徐知谏。与大哥、二哥对徐知诰一向不善不同，徐知谏和徐知诰素来交好，以礼相待。当时徐知诰也有了心理准备，知道徐知训等人对自己有杀心。因而在宴席上，被徐知谏暗踩脚背示意后，徐知诰当即就假装上厕所离开了，又逃过一劫。

见徐知诰几次化险为夷，徐知训气得暴跳如雷，却没有意识到自己也正走在丢脑袋的路上。

徐温已经是淮南地区的实际掌权人，身为长子的徐知训理所当然地认为自己也就是掌权人二号，整个淮南迟早都是自己的。在他心里，父亲没让自己做吴王，那都是蠢的，如果换了他将来上位，立刻就会踹了杨隆演这个傀儡。

实际上，徐温不换下姓杨的，成为一个名副其实的吴王，其背后有着深层的原因。

杨隆演虽然没有实权，也没有政治建树，而且上一任的杨渥在任时，还干了不少有损民心的事情，但是，南吴太祖杨行密却深得百姓厚爱，实际的影响力还在淮南地区。

在百姓的心中，淮南之主就是姓杨的。

徐知训有了取而代之的心思，却没有看明白天下人心所向，而且在他没有成事之前，就已然对杨隆演毫无敬意，甚至时常做出侮辱杨隆演的举动。这份心性和能力，跟他老爹徐温相比实在差了十万八千里。

徐知训不光对杨隆演不敬，也没把其他老臣看在眼里，对他们呼来喝去，久而久之完全失了人心。

时值徐温任两浙都招讨使，出镇润州，徐知训被留在广陵（今江苏省扬州市）辅理朝政。借着这个时机，老将朱瑾多次劝说吴王杨隆演，找机会除去徐温和徐知训。

朱瑾曾当过徐知训的老师，教徐知训兵法。当时的徐知训就非常蛮横，他看上了朱瑾的名驹，开口讨要，后来竟因为朱瑾没有答应送马，转头派刺客刺杀朱瑾。这件事，朱瑾忍了。再后来，徐知训又强暴了朱瑾的家伎，一桩桩一件件，积怨颇多。

一个人对待自己的老师尚且如此，又能指望他做出什么仁义的事呢？

徐知训这头也觉得有个朱瑾在自己眼前，想做任何事都缩手缩脚，于是找了个由头要把朱瑾外放出去。

这次彻底惹火了朱瑾。他以临别拜谢为由，设宴款待徐知训，并表示要将徐知训之前看上的名马和美人相赠。徐知训已经喝多了，闻言大喜，由朱瑾引入内室。当时，徐知训的随从数百人都被留在室外。朱瑾把门一关，板砖一拍，把徐知训杀了。

朱瑾成事之后，带了徐知训的首级给杨隆演。这个吴王确实没什么本事，吓得直说这件事跟他没关系。朱瑾也死了心了，知道这姓杨的也是个没用的。这位老将便挥剑自刎了。

徐知诰得知消息，急忙赶往广陵，他原本驻守的润州就距离广陵不远，因此比徐温先一步抵达广陵。等徐温听闻噩耗，从金陵赶到广陵时，徐知诰已经平息广陵的混乱。

徐温随后任命徐知诰任淮南节度行军副使、内外马步都军副使，坐镇广陵，辅佐国事。

徐知诰登上了一个更广阔的平台一展拳脚，在他掌事期间，出台诸多利好政策，善待人才，身边聚集了一批贤能之人。其名声和实权渐渐高于远在金陵的徐温。

徐温感受到危机，反复思量，他清楚自己几个亲儿子确实不如这个养子，再加上养子虽然爬得高了，对他的恭顺并无改变，一时之间下不了决心。一直到南吴顺义七年（927），徐温才最终决定让二儿子徐知询到广陵替代养子辅佐吴王。但是这个时候，徐温的身体已经不行了，这番轮换还没执行，徐温就在金陵病故，二儿子徐知询接任金陵节度使。

徐知诰对养父徐温恭顺，不代表他对向来不和的徐知询也要客气。徐知诰抓住了机会，诱骗徐知询入朝来进行交接之事，趁机夺了徐知询的兵权。自此，南吴的军权完全在徐知诰的手中。他替代徐温，成为了淮南地区实际上的王者。

与徐温不同的是，在接下去的十年中，百姓对徐知诰的认同日渐加深，对杨家的爱戴也随着时间的流逝而淡去。徐知诰也就有了从幕后转到幕前的群众基础，甚至周围的闽国、南汉等国都劝其称帝。

南吴天祚三年（937），徐知诰接受吴王禅位，正式称帝，国号大齐，设立二都，西都南京，东都扬州。不久之后，他恢复本名李昪，改国号为唐，史称南唐，奉徐温为义祖。

淮南政权从南吴发展到南唐，符合历史规律，徐温上承杨行密，下接李昪，起到了关键性的过渡作用。当政时期，徐温看清现实，没有贸然称帝，甘愿做淮南的隐形皇帝，保证了淮南地区的长治久安。

李昪称帝后，依然实施仁政，固守疆土，南唐经济发展迅速，综合国力远超周围几个政权。但李昪并无扩疆野心，南唐升元六年（942），吴越遭受自然灾害，李昪不但没有借机侵扰，而且派使者送去了慰问品。他长期实行友好邦交的方针，希望给予南唐百姓更多休养生息的时间。

升元七年（943），李昪因后背疮病恶化，在升元殿去世，长子李璟继位。

李昪从养子做到帝王，堪称逆袭典范，而他的妻子宋氏从一名丫鬟做到皇后，也丝毫不逊色。

宋氏原本出身书香门第，后来成了孤女，无处安身，只能在升州（今江苏省南京市）刺史王戎家做丫鬟。

恰逢徐温聘王戎之女给养子为妻，宋氏被选为王家小姐的陪嫁丫鬟前往李昪府上。王氏体弱无子，将宋氏提为丈夫的媵妾。宋氏一连生育了四个儿子。王氏亡故后，李昪将宋氏扶正为继室夫人。后来，李昪称帝，又封宋氏为皇后。宋氏的长子便是南唐第二位皇帝李璟。

李璟的脑子可比他爹差远了，李昪临终叮嘱他："尽量避免战争，没事别想着往外扩张，你已经有块富裕的土地了，好好把它经营好。"

大概也是李昪了解儿子躁动的性格，知道他不是一个安于现状的主儿，才会有此叮嘱，说完还怕他记性不好，李昪狠狠地咬了儿子的手，要叫李璟长记性。

结果，李璟记性实在不好，转头就忘记了手上的疼，决定往外扩张。要往外扩张就扩张好了，李璟的头脑也不行，没有趁着中原政权动乱，往北发展，反而盯着南方，先后出兵闽国、南楚，虽然最终拿下两国，实现扩张，但过程中用人不当，战事艰难，大大消耗了南唐的国力，从杨行密开始、经历徐温、再到李昪辛苦建立起来的富裕安稳一去不返。等到李璟幡然醒悟，想明白父亲临终时的三令五申，为时已晚，这时候的中原在柴荣的手里迅速崛起，后周虎视眈眈，看向淮南。

后周世宗柴荣三征淮南，不光让南唐丢失长江以北的城池，也彻底把李璟打醒了，削去帝号，改称国主，向后周称臣，史称南唐中主。

从此以后，李璟意志消沉，开始寻觅接班人，准备早点退休，专心研究诗词歌赋。

不过，李璟的运气也着实背。

一开始定为接班人的是李璟的三弟李景遂，结果后周太彪悍了，把李景遂给吓着了，痛哭流涕地求着不要再做接班人，于是李璟的大儿子李弘翼被推上了太子位。

李弘翼想是想当太子，可是眼看叔叔李景遂被当作接班人培养那么多年，忽然换了自己上来，李弘翼心里不踏实呀，日思夜怕李景遂会不会有天反悔把太子位又要回去，一来二去，李弘翼把自己吓死了。

如此一来，李璟只能把目光投向了第六个儿子李从嘉。

李璟虽然儿子生了不少，但是那个时代医学水平有限，除了大儿子，后面能活着长大的一个就是老六李从嘉了。

这个李从嘉继承了他爷爷李昇的优秀颜值，从小就被夸是个漂亮宝宝，性格上像他的父亲李璟，不那么喜欢政治的东西，一心扑在爱情和艺术上。

北宋建隆二年（961），李璟过世，太子李从嘉继位，改名李煜，册封爱妃周氏为后。

这位历史上有名的大周后，容貌出众，精通音律，和李煜男才女貌，在精神世界上和谐同步，郎情妾意，如胶似漆，每日吟诗作画，琴瑟和鸣，更是一起齐心协力整理修复了失传的唐代曲谱《霓裳羽衣曲》，令其重新面世。

好景不长，大周后重病过世了。

李煜又遇到了大周后的妹妹，二人一见倾心，李煜迎娶她为后，史称小周后。小周后棋艺精湛，李煜每日都要与她对弈。

李煜虽是一国之主，他的另一个身份却更为世人传颂，那就是——艺术家。他精书法、工绘画、通音律，涉猎各种诗文，尤其以词最为出众。纵观他流传于世的诗篇，在亡国之前，都以表达爱情生活为主，词风瑰丽、旖旎柔情，可以窥见其有过一段幸福浪漫的婚姻生活。如果他不是一个君王，而是富家子弟，又有如此才华和爱情，估计也会一生无憾，但可惜，他终究是一方之主，是南唐国君。

开宝四年（971），南汉灭亡，大宋已对南唐形成三面包围之势。

李煜被吓得夜不能寐，派遣弟弟李从善带着贡礼前往京城，觐见宋太祖，同时主动去掉国号"唐"，改称江南国主。

赵匡胤笑着应允了，却没有允许李从善回淮南去。

弟弟被扣在开封做人质，李煜却没从赵匡胤的强硬中看明白赵匡胤想要的东西。他以为只要自己夹起尾巴，好好做个小弟，大哥就会放过他。

李煜的这种性格，令南唐的将领非常失望。

与后蜀无人可用不同，南唐当时有许多能力出众、脑袋清醒的文臣武将。可惜，武将们大胆向李煜献出攻防之计，却无一被采纳，其中南唐名将林仁肇更是含冤被杀；而文臣努力谏言强调"建设经济，恢复国力"的奏章，都被李煜所拒，辅佐两代南唐国主的潘佑甚至落得入狱下场，最后自缢殉国。

真正有才干的臣子没被重用，反而是那些只知舞文弄墨、醉心娱乐的人渐渐把持要职，这样的南唐，不灭也难。

与此形成鲜明对比的是大宋那边已经获得江南十九州的详细信息，储备好粮草，组建起一支强有力的水军，一切准备就绪，只缺一个对南唐动武的理由。

开宝六年（973），赵匡胤令人出使南唐，告知李煜："我这边冬天要搞祭祀活动，这次比较盛大，请你务必来参加。"

李煜装死，不敢答应。

赵匡胤一看，好哇，两个月后，再派使臣前往，带着赵匡胤的谕旨，要求李煜进京面圣。

软弱的李煜差点就点头了，后来在臣子们的苦劝之下，又表示："我身体不行，去不了。"

好了，赵匡胤要的动武理由拿到了："诸位看看，大宋叫南唐来朝见，还喊了两回，南唐都不来，如若人人都不听从指挥，队伍以后怎么带？我大宋一向赏罚分明，这次只有跟南唐兵戎相见了。"

开宝七年（974）十月十八日，赵匡胤亲自登上汴水河堤，送别十万大军。

大宋第一个好员工曹彬被授为主将，带兵顺长江而下，攻打南唐；总督察潘美率步骑兵由和州与采石矶渡江，与曹彬会合，攻取金陵；吴越国主钱俶在东边打配合。三方合作，对南唐来一个瓮中捉鳖。

大宋水军大批南下，长江北岸的南唐军丝毫没有感受到危机，以为大宋水军又是正常巡江。南唐水军们甚至和以往一样，向大宋水军致敬，送上好吃好喝的。

十月二十四日，宋军突渡长江，直趋池州。池州守将弃城而逃。宋军占领池州，进而往东拿下铜陵、芜湖、当涂，接着在采石矶打败南唐两万守军。

到这份儿上了，李煜还没当回事，听闻宋军在长江水面上架设浮桥，他听信大臣张洎的话，认为自古以来书上就没写可以在长江架设浮桥，那最后就一定架不起来。

在李煜开心地盼着宋军自己知难而退时，采石矶的浮桥却已搭建成功，宋军顺利渡过天险，水陆并行，顺畅无阻。

在金陵城郊溧水，宋军才遇到一场顽强抵抗。将领李雄原本镇守南唐西部，听说金陵有危险，他留下儿子镇守，自己领兵前往救援，在溧水与宋军相遇，英勇殉国。留在驻地的儿子也坚持顽强抵抗，父子八人全部战死沙场。然而这一门忠烈，竟然没有得到南唐的任何褒奖，李煜忙着吃斋念佛，根本不问朝政。

一直到某一日，李煜心血来潮，登城巡视，看到远处密密麻麻的宋军营寨和旗帜，才知道金陵已被围困数月。

实际上这一路，曹彬都刻意放缓进攻的速度，他一直在等，等李煜幡然醒悟，主动投降，使百姓免受兵戈之苦，士兵不必死于刀剑之下。

李煜见宋军已进逼城下，急忙命大将朱令赟率十万守军前来援救。

朱令赟这个人生性多疑，左右顾虑，若非如此也不会龟缩湖口半年多，而不来金陵救援。

当时，宋军牵制朱令赟的水军人数远远落后，赵匡胤抓住了朱令赟的性格特点，远程遥控宋军砍下树木，伪装成旗杆，忽悠朱令赟。

朱令赟往前行船，见到前方宋军桅杆林立，旗帜飘扬，约莫有百万之数，果然被吓住了，不敢再往前。宋军因此等到曹彬派来的援军，主动向朱令赟发动进攻。

朱令赟利用风向，以火攻抵御住进攻，火势顺风飘向宋军，宋军不得不后撤。

没等朱令赟得意，忽然风向大变，烈焰烧向南唐军船自己，南唐大败，朱令赟自焚赴死。

真是天助大宋！

已经山穷水尽的李煜还在做白日梦，派遣徐铉去和赵匡胤请和。

赵匡胤那句"天下一家，卧榻之侧，岂容他人酣睡"便出于此时，以辩才出名的徐铉被怼得哑口无言。

金陵这头，宋军分为三寨，曹彬遣使者将前线将阵图递呈赵匡胤阅览。

赵匡胤敏锐地发现了宋军北寨的薄弱点，很可能成为南唐突袭破围的目标，但目前军事布局已经大定，结构性的改变已经来不及，而且付出代价太大，唯有挖壕沟以加强北寨的防御能力。

赵匡胤命使者用饭，下令马上备船。使者吃完饭的工夫，快船就准备好了，使者当即上船，破浪南下，次日将赵匡胤的话带到宋军营地。

曹彬不禁感叹："幸好陛下及时发现问题，要不然宋军损失就大了。"立刻下令工程队加紧，深挖壕沟以作防御。

果不其然，南唐军趁着夜色发动突袭，直冲北寨而来，宋军早已做好准备，将之全歼。天明之后，宋军整理敌军尸首，翻到数十块将军令牌，可见金陵城内的兵力捉襟见肘，连将领都出动成为突袭敢死队中的成员。

至此，金陵已经被围一年，城内缺粮，士气低迷，曹彬对李煜多次劝降，但都被李煜拒绝。最近一次，李煜假装答应，说让儿子先去开封投降。

曹彬左等右等，不见李煜的儿子出来投降，再派人去问。

李煜说："哎呀，不要催嘛，孩子的衣服都还没做好呢。"

幸好曹彬是历史上有名的好脾气，宽和仁厚，这要换了其他沙场上来往的汉子，没准一怒之下冲破皇宫，打他李煜一顿解了气再说。

曹彬做了两个安排：第一，给了李煜最后一次机会，告知他，宋军将在十一月二十七日对金陵发动总攻；第二，要求所有部将，纪律严明听指挥，待攻入金陵之后，不得妄杀一人。

曹彬深知赵匡胤攻打南唐，要的不光是南唐的土地，更要南唐的民心。

而李煜仗着金陵城墙高大坚固，认为宋军难以攻下，说啥都是在吓唬他，回答曹彬说："爱打不打，谁怕谁呀，金陵城破，我全家自焚。"

至此，曹彬仁至义尽，十一月二十七日，宋军攻打金陵。

同日，城破。

这次，宋军攻打金陵，几乎没遇到什么抵抗。但是，时光跨越千年，仍然有一些名字值得我们铭记：

史书记载，守将呙彦、马诚信及其弟马承俊率领士兵展开巷战，全部战死；大臣钟蒨穿戴朝服，坐于堂内，城破之时，全族殉国；大臣陈乔曾发誓宁死不降，李煜拉着陈乔的手说一起降宋北行，陈乔挣开国君的手离去，自缢殉国。

而那个说要"全家自焚"的李煜自书降表，袒肉而出，向曹彬投降。

每每读到这段历史，若见一个可笑、可怜、可悲的人物跃然眼前，引人笑叹。

曹彬请李煜回宫穿上衣服，之后派人送他北上开封。

部将悄悄地跟曹将军说："李煜可是说过要殉国的人，万一回去出了什么事，怎么办？"

曹彬莞尔："他既已投降，不会寻死了。"

果然如曹彬所料，李煜性格懦弱，没有决断，胆小怕事，怎么会做出寻死的事来呢？

回到宫中，李煜除了穿上衣服，还干了两件事：

首先，曹彬好心告诉他，在府库珠宝银两还没登记上册之前，可以收拾一些，以便到开封继续过大手大脚的日子，李煜听进去了，包了不少细软上路，还大方地分了许多给身边近臣；第二，李璟和李煜父子两代喜文好墨，老文化人了，字画收藏不在少数，据传其中包含钟繇和王羲之的墨宝真迹，李煜在离开之前，命人一把火将这些真迹付之一炬。

第二天，李煜出发前往开封，从此江南是梦，余生再未踏足。

赵匡胤封他为"违命侯"，呼应了当初大宋攻打南唐的理由。

北方冬长夏短，与江南不同。每每思念魂牵梦萦的故土，李煜悲从中来，化作笔下的"四十年来家国，三千里地山河"。南唐亡后，他的诗词题材更广，含意深沉，字里行间充满了国破家亡的悲凉和悔恨，相比亡国前的情情爱爱反而更上一层楼，对后世词坛影响深远，被广为传诵。

而拿下南唐的第一功臣曹彬在处理完南唐的事务后，重回开封。觐见赵匡胤时，这位大宋好员工没有居功自傲，毕恭毕敬地表示："陛下，微臣去江南办事回来了。"

反而是赵匡胤有些不好意思："哎呀，老曹啊，你出发的时候，我曾经许你在攻克南唐后升为使相。不过我现在想起来，北汉还没解决呢，要等拿下北汉，再封你为使相了。"

老板给员工画大饼，最后没有说到做到。

曹彬波澜不惊，毫无怨言，反而是同行的潘美似乎有什么想法，神色奇怪地悄悄对曹彬竖了个大拇指。

赵匡胤意外："老潘，你这是什么意思呀？"

潘美老实地回答赵匡胤，原来在赵老板给曹彬画大饼的时候，潘美也在旁边，在随后出宫回家的路上，潘美提早给曹彬道贺升迁。当时曹彬就表示，北汉还没解决，先不要谈使相的事。

赵匡胤听罢，哈哈大笑，君臣心意相通，甚是快哉。

除了成功灭掉南唐，还有一个人的来信也令赵匡胤心情甚好。这信的内容是："陛下的生日就快到了，臣准备带全家人一起来京城觐见贺寿。"

赵匡胤欣然应允，命儿子赵德昭作为代表欢迎他。

这个人便是吴越的钱俶。

迎接钱俶的地点，赵匡胤选在他当初做节度使的地方、宋国国号的出处宋州。

从人选，到地点，大宋给予了钱俶最高等级的礼遇。

钱俶和其他亡国君王被迫前往开封不同，他的内心非常平静，做好了再也不能回吴越的心理准备。天下大势，不可逆转，为了吴越的百姓社稷，钱俶希望能用最和平的方式将吴越并入大宋"天下归一"的版图。

钱俶会有这样的觉悟，与吴越三代君王都奉行"善事中国，保境安民"的治国理念息息相关。

吴越的开国君王钱镠，生于晚唐，是一个在那个时期非常吃香的武艺高强的汉子，擅长射箭，脑子灵活，和前蜀第一任老大王建一样贩私盐起家。

古代贩卖私盐犯法，但是历朝历代屡禁不止，因为正规渠道的盐有极高的税，各地价格比盐产出地高出十几倍甚至几十倍不止，在利益驱动之下，就有一批人动起了脑筋，赚地区差价，逃开官方盐税，以谋私利。

晚唐时期，藩镇割据，各地战乱，这种大环境下，朝廷自顾不暇，各地民不聊生，许多人谋寻生路，而盐又是一种生存必需品，任何地方都不能缺少，许多人便铤而走险去贩卖私盐。

唐乾符二年（875），因镇海节度使赵隐太抠门儿了，没给一路跟着自己的小弟们足够奖励，小弟们很不高兴，以狼山镇遏使王郢为首公然造反。石镜都镇将董昌决定招募士兵，前往平乱。

钱镠觉得是个大展身手的好时机，应募投军。贩私盐的经历，让钱同学拥有极强的组织能力，且有埋伏、行兵、熟悉地形环境等一系列优势。董昌一眼看出钱镠是个不可多得的人才，任命钱镠为偏将。钱镠果然不负老板的赏识，出手干脆，用兵巧妙，很快平息王郢之乱。

新的考验紧随而至，黄巢起义军烧杀抢掠，在浙东为非作歹，下一个目标就是临安（今浙江省杭州市）。

董昌手下寡不敌众，心里很虚。钱镠主动请缨，带小队人马，逼近黄巢先头部队的所在地，借用地形突袭对方。敌军没有防备，一时混乱，等反应过来，钱镠已带队撤退。黄巢大军赶到，命人追击。钱镠虚张声势，布下迷阵，让对方以为是一支人数不少的队伍。黄巢心里打鼓，这要真双方开战，还不知道谁得便宜，当即决定放弃临安，转往福建去了。

钱镠因此妙计一战成名，得到淮南节度使高骈的嘉赏，升钱镠为都指挥使，管理临安一带的军队，钱镠的老板董昌也一起升了杭州刺史，成为地方老大，风光无限。谁都喜欢身边能有得力的下属，董昌从此越发看重钱镠。

日子过得好，少不得引来嫉妒，越州（今浙江省绍兴市）观察使刘汉宏看董昌不顺眼很久了，派弟弟刘汉宥攻打董昌。

董昌又一次惴惴不安，"哎呀，这可怎么办？"

钱镠就不是坐以待毙的性格，跟董昌说："老板，不如我去收拾这个姓刘的。"

董昌听闻，额头冒汗，"他很厉害的呀，你要怎么收拾？"

钱镠自信一笑，"您等着。"

不久，一支队伍叩响了刘汉宥营寨的大门。守门将领们一看，自己人哪，这队人带着跟自己毫无差别的兵甲和军旗，再一问话："你哪儿来的？"

钱镠答："刘将军大哥家来的，咱们前不久才见过，大哥你怎么忘记小弟了？"

钱镠摸清了门路，答得滴水不漏。

刘汉宏做梦也想不到，会被钱镠骗开了自家弟弟的大门，趁对方欢迎之际，忽然拔刀，弟弟刘汉宥被杀了个措手不及，奔逃回来。

刘汉宏不服气，认定这个姓钱的不过是狡诈之辈，再给一次机会，绝对叫他好看。

机会不是等上天给的，而是自己创造的。

刘汉宏深谙此道，创造了不止一次机会。钱镠每一次都让他失望，全部获胜，最后斩刘汉宏于会稽。

董昌又一次升职了，刘汉宏的地盘都归他管了。董老板很高兴，把临安给了钱镠打理，自己前往越州，建设新地盘去了。

这一年的淮南极不太平，各地起兵造反的情况好似多米诺骨牌，相继发生。其中，有两个人抓住了机会：一个是南吴太祖杨行密，另一个就是钱镠。杨行密拿下润州，扩大并巩固了对淮南地区的统治。钱镠取得苏常两州，加强了以临安为核心的浙东浙西一带。

钱镠在忙前忙后打理事业的时候，他的老板董昌也在打理事业，只是这个事业显然不切实际，董昌称帝了。

此时的大唐虽然岌岌可危，但毕竟还活着，对于董昌这种行为，做得好，打不下来的，那就是真皇帝；对于做不好，没多久就土崩瓦解的，那叫造反。

钱镠对于自己的老板属于前者还是后者，清楚得很。他笑了笑，领了三万兵马前去"劝"老板："您快收手吧，要不我只能代表朝廷收拾你了。"

董昌的胖是虚的，雄心也是虚的。钱镠一戳就破了，等唐朝令钱镠平乱的圣旨送到，钱镠已经解决了董老板，随即被大唐封为镇海、镇东军节度使。几年后，加封吴越王，统领两浙十三州。有趣的是，一直彼此不对付的钱镠和杨行密在几年后成了儿女亲家，不过这两个人依然想着要吞并对方，今天你挠我，明天我戳你，你来我往，坚持不懈。

小地方有摩擦，钱镠可以奉陪，但大环境上，钱镠万分清醒，吴越这方水土，太小，太弱，远没有可以千秋万代的根基，他奉行"善事中国"的基本国策，不论中原王朝如何更迭，都坚持对中原王朝称臣纳贡。这不是单纯的依从，而是把外交空间主动灵活地掌握在自己手中。因此，吴越才能在与南吴的拉锯战中，以及在后来强大的南唐面前，始终保持稳定的大环境，进而实现先"保境"再"安民"的施政方针，让地方百姓休养生息，发展经济，建筑堤坝，兴修水利，为吴越国之后的发展奠定坚实基础。

接班钱镠的第二代吴越王，是钱镠最喜欢的第七个儿子钱元瓘。他虽然只做了九年吴越王，但基本执行了父亲制定的国策，只是在执政后期，有了一些贪图享乐的心思。不过这没关系，因为他很快就驾鹤西去了，没给吴越国造成什么实质性的损害。

随后上位的第三代吴越王钱弘佐，仿若爷爷钱镠转世，冷静睿智，极富政治头脑，同时他又性情温和，爱民如子。在得知府库粮草丰余之后，钱弘佐当即减免三年税赋，惠及百姓。

后晋开运二年（945），年仅十八岁的钱弘佐力排众议，派兵支援福州。两年后，吴越军打败了进攻福州的南唐军，国内士气大振，又过了九个月，福州成功被纳入吴越版图。

可惜天妒英才，钱弘佐已经在半年前驾崩，年仅二十岁。因钱弘佐的儿子太小，才六岁，钱弘佐之弟钱弘倧被推举上位。

钱弘倧根基薄弱，权力掌握在朝内众将手中，但作为钱镠的孙子，不可能那么尿，必然想把这权力给抢回来。可惜钱弘倧失败了，钱元瓘的另一个儿子钱弘俶被推上了王位。

也正是后来的这个钱弘俶，前后经历后汉、后周、大宋三个中原政权，严格贯彻"善事中国"的祖训，从不懈怠，被中原政权好好地记住了，直夸吴越是个好小弟。

后汉乾祐三年（950），吴越大败又一次打福州主意的南唐军。钱弘俶立刻将喜报呈报后汉，"老大，他打我，但是我没给你丢脸。"

后汉自然高兴，"吴越这小弟呀，他心里有我，尊敬我，赏他。"

后周显德二年（956），柴荣准备出征淮南，下诏吴越出战常州，以牵制南唐军队。钱弘俶毫不犹豫出兵协同。吴越军在战场上表现出色，积极策应后周。

柴荣大为满意，对钱弘俶十分信任。

到赵匡胤时期，大宋刚刚建立，吴越马上就表明了自己的立场："大哥您好，小弟一直都在，这是恭贺您登基的一些小小礼物，望您笑纳。"

钱弘俶为了表达对大宋的尊敬，避讳赵匡胤父亲名字中的弘字，改名为钱俶。

北宋开宝七年（974），大宋征讨南唐。

是夜，钱俶看着几乎同时送到面前的两封书信。

一封是李煜写的：唇亡齿寒的道理你总懂吧，一起抗宋吧，要不然今天大宋打的我，明天打的就是你。

另一封则是赵匡胤写的：弟，见字如见面。大哥我准备灭了隔壁不听话的南唐，你来不来？

现实似乎给吴越国出了一道绝世难题。

但在钱俶眼里，这想都不要想啊。他转手就把南唐的来信递呈给了赵匡胤，"大哥，你看，这小子心思多坏。"

在钱俶眼里，南唐太没有政治智慧了。一直以来，中原指哪里，吴越就毫不犹豫地跟进，其出发点本身就包含了借助中原势力以应对身边一直实力不俗的南唐。

在夹缝里求生存的道理，吴越比南唐懂。在大宋灭南唐的过程中，吴越出兵出钱出粮食，出色地完成了大宋交托的任务。

在南唐被纳入大宋版图的那一刻，钱俶做出了痛苦但清醒的决策，前往开封觐见宋太祖，送上吴越国地图。

而赵匡胤也给予了吴越最高规格的荣耀和尊重。

首先，允许钱俶"佩剑上殿，诏书不名"。在古代，为了防止臣子意图不轨，面圣时都要脱去鞋履，卸下兵器。而在古代，称呼一个人的名字也是极不尊重的行为。赵匡胤允许钱俶佩剑上殿，在诏书中不呼其名字而以官职替代，表达了他对钱俶的信任和尊重。

第二，封钱俶的妻子为吴越王妃。根据礼法，只有皇室宗亲可以封王妃。当时当朝许多大臣表达了反对，认为自古异姓王侯没有封妃先例。但赵匡胤力排众议："没有先例，朕便来做这个第一人。"

转眼冬去春来，钱俶一直没提回家的事，他已经做好了心理准备，和南汉、南唐等亡国君主一样，在开封一直住到老死。

赵匡胤仿佛看出了钱俶的心思，"钱老弟，朕看到了你的奏章，朕要回老家洛阳，你也想一道去看看，这份心朕领了。如今天气渐热，北方的夏天太干燥，老弟你住不习惯的，趁早回南方去吧。"

钱俶受宠若惊，赵匡胤的意思是，不扣他在开封，继续老实做节度使就行了，可……可是以后陛下会不会变卦呢？

仿若看到了钱俶心里的每一个字，赵匡胤微微一笑，"放心吧，有我一世，就有你一世。"

这份承诺，赵匡胤终其一生，确实没有食言。

钱俶感激涕零，深深拜下。几日后，吴越王一家人登上了回程的船只，赵匡胤送他一个大大的黄色包裹，叮嘱他回头再看。

钱俶不明所以，在路上忐忐忑忑地打开包裹，里面满满当当的都是奏章。翻开内容一看，钱俶惊呆了，仿佛劫后余生一般，他对北面郑重地拜了下去，"臣，定永生不忘陛下恩典……"

那满满的奏章，尽数写着一件事：请赵匡胤扣钱俶在开封，永绝后患。

赵匡胤的人格魅力和坦荡胸怀在这一刻彻底感动了钱俶，回到吴越后，钱俶空出北面正位，自己坐于下方，以表达对宋太祖的尊重，并立刻将一份地图送往开封。这一次，是吴越的军事图。

从这一刻起，吴越在版图上真正并入大宋，赵匡胤保留了钱俶的地区管理权。

不论是赵匡胤，还是钱俶，都选择把百姓利益放在首位。这次的和平合并保全了吴越地区的百姓没有卷入战争，南方富庶之首的临安地区因此得以继续蓬勃发展，从而间接给后来宋皇室南迁，定都临安，建立南宋，奠定了基础。

值得一提的是后世流传的《百家姓》，就成书于这时期的吴越国境内。第一个赵字，为大宋国姓，第二个钱字为吴越王姓，孙姓来自于吴越王妃娘家的姓氏，再之后几字皆来自钱俶妾室之姓。它读起来朗朗上口，为国人启蒙读物，是中华民族珍贵的文化遗产之一。

不费一兵一卒拿下吴越之后，大宋的版图距离赵匡胤的目标只剩下北汉和燕云十六州。

开宝九年（976）八月，赵匡胤第三次北伐北汉。那个因为不识字闹过笑话，但深得赵匡胤欣赏的党进被封为河东道行营马步军都部署，为征汉大军的主将，征南汉时立下大功的潘美为都监，与杨光美、牛思进、米文义一起兵分五路，向太原进发。

这一次，大宋做好了充分准备。

赵匡胤不仅要弥补上次没能拿下太原的遗憾，更为收复燕云十六州提前准备好了小金库，预备对占有燕云十六州的契丹辽国先礼后兵。如若大辽同意，大宋便用这笔资金赎回燕云十六州。如果大辽不合作，这个小金库就是宋朝日后发兵征辽，以武力收回燕云十六州的资金。

纵观历史长河，"秦皇汉武，唐宗宋祖"，在担得起千古明君评价的帝王里，赵匡胤绝对排得上前几位。他以豁达和宽仁著称，在位时的决策、眼光、胸怀，无一不超脱个人富贵、一时喜乐，立足于国家社稷的大格局，将大宋建立成为一个不输汉唐的帝国，对于属于中华的国土，必须收回，对于皇土之上的百姓，将战争对他们的伤害降到最低。

党进没有辜负赵匡胤，此次宋军北伐，前方捷报不断，五路兵马全部顺利往北汉推进。北汉已经相当虚弱，节节败退，吊着一口气只等待契丹爸爸来救。

就在北宋军高歌猛进，即将拿下北汉的时刻，五路兵马却忽然停下攻击，静默不动，就似一首慷慨激昂的军乐，在奏到最高潮时戛然而止。北汉的心提到了嗓子眼儿，而大宋的心沉到谷底。

这一次，阻止宋军进攻的不是大辽援军，而是从开封传来的噩耗——开宝九年（976）十月二十日夜，身体一向康健的赵匡胤，突然在万岁殿驾崩，享年五十岁。

第六章

烛影斧声——开启赵光义时代

众所周知，在古代，尤其是乱世之中，做一个政治家面临的风险极高，随时都可能被干掉。就算朝野风平浪静，医疗水平也有限，就算是帝王也鲜有长寿之人。提早准备好继承者，能有效减少权力交接时的麻烦，提高一个王朝或者政权的延续性。因此，许多在位者都会提前思考继位者的人选问题，早早给权力顺利交接做好准备。

在五代十国时期，关于谁是皇位继承人这一点上，有一条潜规则——隐形皇储。

后周太祖郭威时期，封柴荣为晋王，担任开封府尹，一品官衔。作为区分，当开封府尹不具备储君职责的时候，是从一品或者二品。

这办法不同于直接设立太子，而是把继承人放在一个官职上，皇帝活着的时候，彼此为君臣关系。皇帝死了，这个特定职位上的人就可以继承大统。

宋太祖赵匡胤登基之后，延续了这一做法，封二弟赵光义为晋王，担任开封府尹。很显然，这时候赵匡胤心中的继任者人选是二弟赵光义。

那为什么没有选择父死子继呢？赵匡胤明明有儿子。

因为此时，赵匡胤最大的儿子赵德昭才十岁。

而赵匡胤又是通过什么手段上位的呢？是后周太宗柴荣驾崩，其七岁幼子继位，尚不是一个成熟合格的掌权者，才给了赵匡胤取而代之的机会。

有了前车之鉴，赵匡胤经过深思熟虑，决定定二弟赵光义为继承者。

赵匡胤一共兄弟三人，二弟赵匡义，三弟赵匡美。后两个人在赵匡胤即位后，避兄长名讳，分别改名为赵光义、赵光美。

赵光义比兄长小十二岁，全程参与了赵匡胤从武将到帝王的转变过程，也是这一转变有力的支持者、追随者。不论是他的年龄还是经验，都是被作为赵匡胤继位者培养的第一人选。

赵匡胤对赵光义的信任，可以从开国后的一系列军国动作中看出。陈桥兵变，南征北战，赵光义都参与谋划和决策。最重要的京城地方治理的负责人是赵光义。每次赵匡胤亲征离开，都让赵光义留守监国。

除了政治上的信任和栽培，太祖身为兄长，对赵光义有情有义。有一次赵光义生病，需要艾灸，赵匡胤先在自己身上尝试，确认艾灸距离，既不会烫伤弟弟，又能起到治疗效果，然后亲自给赵光义艾灸，直到赵光义好转，他才放心离开。这份兄长对弟弟的厚爱，在有史以来的帝王世家中绝对少见。

兄长厚爱弟弟，弟弟是否对兄长怀有同样的情感呢？

随着儿子的日渐成长，赵匡胤开始培养他们走到台前。吴越王钱镠来开封觐见，赵匡胤令次子赵德昭代表大宋招待吴越王一家。这是赵德昭第一次走到台前，参与政务。

赵光义表面上没说什么，但其内心绝不平静。

不久之后，赵匡胤衣锦还乡，西巡洛阳。

在这次洛阳之行中，赵匡胤提出了一个新的政治构思，而随行的赵光义坚决反对。也许从这个侧面，我们可以窥见在太祖驾崩前夕，赵光义的心态发展到了什么程度。

浩浩荡荡的队伍往西走着，在抵达洛阳之前，最重要的一站是赵匡胤父亲赵弘殷位于巩县（今河南省巩义市）的陵墓。赵匡胤祭拜先父，在陵前嚎啕大哭，到场的臣子无不跟着真情流露。但蹊跷的事随后发生了。赵匡胤登上高台，忽然从侍卫手中拿过弓箭，向茫茫西北方向射出一支响箭，然后遥指着箭落处，告诉诸人："朕死后，就葬在那边。"

听言的随行官员无不惊骇。因为赵匡胤戎马一生，武艺高强，身体一直十分强健。而且自古以来帝王陵地的选择，都有一套严格的机制和流程。赵匡胤忽出此言，到底是什么意思？而对比后来宋太祖的忽然驾崩，又仿佛令人觉得他在冥冥之中觉察到了什么。

这次西行，赵匡胤走得极慢，似乎要将家乡的一草一木、儿时经历的所有瞬间，都再触碰一次、复习一次，纳于心怀。

而后，赵匡胤提出了一个又令所有人都意想不到的事——迁都。

把京城迁到洛阳来，洛阳是中原腹地，地势险要，有黄河之险为天然屏障，又是隋唐大运河的运河中心，交通便利，可以把华北、江淮，尤其是鱼米之乡的物资源源不断运输过来，远比开封更适合做大宋的心脏。

赵匡胤的这番畅想并非一时兴起，为了保卫都城，开封要屯兵数万，这是过去中原王朝政权不稳的因素之一，也给国家造成了沉重负担。

但没想到，这个提议遭到朝中许多臣子的反对。而其中许多人不同意的原因，竟然只是因为迁都麻烦，或者用现代的说法是，这些人在舒适圈里已经懒得出来了。

赵光义同样是反对声中的一员。

赵匡胤耐心给弟弟解释："实际上，洛阳只是一个短期选择，更适合的地方是长安。以山河险峻替代沉重的屯兵，才是天下安定之策。"

赵光义依然不理解兄长，他坚决反对，跪地恳切地说道："山河险峻也未必长久，真正能安邦的是天子的德行。"

也许是不想在家乡与兄弟发生争执，也可能是觉得以后还有时日可以让这个设想获得理解和支持，赵匡胤没有再坚持下去，只是在结束这次对话的时候提醒弟弟："你说的话没有错，但是非要屯兵保卫京城，并不是上策，长此以往，国力民力消耗殆尽，也不过就是百年之内的事情。"

宋太祖的预见一点没错，开封无险可依，拖累大宋，最后在国家乏力之际，遭遇金兵南下，只能痛失疆土，退守临安。

可赵光义没有听进去，后世的北宋皇帝，也没有一个人有这份睿智聪明白太祖的深谋远虑。

又或者赵光义是听懂了的，他坚决反对的更深层原因是，国家的安危在百年之后，但眼前的利益却不能不争。

赵光义已经管理开封十五年，城中布局、军事、情报机构，都有他安排的角色，确保掌握第一手资料和主动权。兄长一旦迁都，赵光义十五年的心血等于付之东流。

再说，万一赵匡胤迁都的真正目的是为变更继承人而铺路呢？

赵匡胤属意为继承人的儿子，既有可能是代表国家招待吴越王的次子赵德昭，也有可能是四子赵德芳，因为赵德芳的老丈人好巧不巧正好担任西京留守，是洛阳地方长官。

所以，赵光义必须坚决反对迁都，以确保自己的继承人身份牢不可破。

从洛阳回到开封不久，大宋出兵北汉，前方捷报一个接着一个。赵匡胤非常高兴，十月二十日晚，他召赵光义进宫，兄弟二人在寝宫内饮酒。

宋太祖屏退旁人，兄弟二人也许要说体己话，又或是商议重要机密。内侍们站在殿外，远远看见烛光影动之下，赵光义时不时离席退避，这可能是在给兄长拿酒，也可能是其他……等到饮酒结束，时间已经很晚了，地上的雪厚厚的。赵匡胤用柱斧戳地，发出声响，同时跟赵光义说话，好像是叮嘱他什么事，叫他"好好干"，又好像是在生赵光义的气，说他"好自为之"，内侍们没有听得非常明确。随后，赵匡胤便脱衣就寝，鼾声如雷。

这就是宋太祖驾崩前最后时刻发生的事情，历史上引发了后世无数联想猜测的千古悬疑——烛影斧声。

等到五更左右的时候，寝殿内没有了声响，内侍入内查看，发现太祖竟已驾崩，急忙告知宋皇后。

宋皇后指派内侍都知王继恩："快去把德芳叫来。"

宋皇后无子，所以对于喊哪一个儿子，是赵德昭还是赵德芳，都不重要。重要的是历史已经多次证明了，帝王驾崩时，第一个赶到的人，大多成为了继位者。宋皇后在关键时刻的第一反应也是父死子继。而她之所以脱口而出要喊赵德芳来，很可能是因为宋皇后是宋太祖第三任皇后，年龄比赵德昭还小，为了避嫌，宋皇后和这个实际上的皇长子往来很少，而小宋皇后七岁的赵德芳就没有这方面的问题，母子之间相对亲近。

但是，王继恩认为封为晋王并担任开封府尹的是赵光义，这才是赵匡胤安排的继承人，所以他没有去赵德芳府上，而是去叫了赵光义进宫。

这不也正是对上了赵光义坚决反对迁都的动机？开封早已在他的秘密部署和监视之下，万一赵匡胤驾崩，晋王府能有把握在第一时间得到信息。

同时，王继恩身上也有疑点。他只是一个小小内臣，竟然敢违反皇后的命令，把另一个继承人领到宫内。这绝不是王继恩领会宋太祖传位于弟的缘故，而是他和赵光义早就勾结到一起。这件事，从赵光义上台后，王继恩一路飞黄腾达便可以看出。

宫内，宋皇后焦急等待着儿子过来，结果见到王继恩身后进来的是赵光义。那一刹那，她的内心犹如万丈高楼坍塌，绝望至极。但，她毕竟是自幼出入宫廷，伴随帝王生活多年，有了极高的政治敏锐度和智慧的一国之母。

宋皇后在绝望之后，迅速调整过来，她悲痛地对赵光义说："我们母子的性命，都托付给官家了。"

在宋朝，官家是对皇帝的特定称谓。

从宋皇后这句话可以看出，她在极短的时间里认清了现实。大宋新的皇帝将是赵光义，也只会是赵光义，她和赵匡胤儿子们的生与死，都在他的一念之间。

宋太祖驾崩的第二天，赵光义登基，成为大宋的第二位帝王，属于赵光义的时代开始了！

仿佛为了避免不必要的怀疑，赵光义让朝中近臣一起瞻仰了宋太祖的遗体。大臣们看到太祖"玉色温莹，如出汤沐"，也就是说赵匡胤的遗体似乎被清洗过。这个细节，特别引人深思。如若整理先帝仪容，本来就有清洗遗体这一道程序，臣子没有必要做此猜想。那如果并没有这个程序，为什么要给赵匡胤清洗遗体？难道宋太祖是非自然死亡吗？那除了会留下伤口的刺杀，唯有中毒这种可能。

史书对宋太祖的突然驾崩的正面描写只有寥寥几句，无法从中窥知赵光义有没有对兄长下毒篡位。但其他一些人身上发生的事，也许可以给予后人一些思考。

比如，南唐后主李煜，赵匡胤不光留他性命，平日待李煜还不错。但轮到赵光义上位之后，李煜万万没有想到的事情发生了。被频繁召唤入宫的不是他自己，而是他的小周后。

赵光义意图凌辱，小周后激烈反抗，因此惹恼了赵光义，他命五六个宫人将小周后强行按住成事。小周后自宫中回来，以泪洗面，衣衫凌乱。李煜自然懂得妻子在宫中发生了什么事，但他无能为力。

接下去，赵光义隔三差五召小周后入宫，每次都要过三五日才放她回来，甚至恶趣味地叫宫中画师将他临幸小周后的画面画了下来。李煜什么也做不了，只能与小周后抱头痛哭，郁郁寡欢的他词句如泣，充满悲凉。

但就算是寄情诗词，也令赵光义怒火中烧，极度不爽。

太平兴国三年（978）七夕，李煜四十二岁生日，宫中赐给李煜一壶酒庆生，李煜不敢不饮。酒后，他与小周后坐在院子里一起赏月，话未出口，已是思乡之情满怀，酸意满腔。突然，他觉得腹痛难耐，浑身佝偻起来，最后毒发身亡，死在小周后的怀中。原来，赵光义所赐的酒中有毒药"牵机药"。

南唐后主被毒死的同一年，原本深受宋太祖皇恩，回到吴越地区的钱俶，收到朝廷旨意，要求他前往开封。到开封后，他便被扣留。

赵光义同兄长不一样，并不乐意大宋和吴越继续保持君臣关系，他要吴越和其他地区一样属中央统一管辖。

钱俶也自知这次不会再有之前的幸运，主动献上吴越十三州土地和户籍人口明细，他每日谨小慎微，不敢有半点纰漏，这般在开封心惊胆战地住了十年。钱俶六十大寿那日，赵光义派人给他贺寿，宴饮至夜幕降临，钱俶同样饮尽了赵光义所赐御酒，当夜毒发身亡。

看完李煜和钱俶，再看赵匡胤的两个儿子赵德昭和赵德芳。

宋太宗上台之后，攻打北汉，顺便跟契丹辽国干了一仗。虽然没从辽国人手里占到便宜，但北汉是实实在在打下来了。然而，辛辛苦苦打了仗的将士回到京城后，一个都没有得到封赏。

赵德昭认为说不过去，跟赵光义说："是不是应该给大家犒劳一下？"他这么说，完全出于好意。

但赵光义不这么想。

不知道是不是做贼心虚，赵光义上位之后，一直觉得民间和朝野里有怀疑他登基合法性的声音，而且在一些人心里，赵德昭是宋太祖在世的儿子中年龄最大的一个，实际上的皇长子最具备继承大统的正当性。

所以赵德昭这话，令赵光义大为光火，认为赵德昭此举是在拉拢将士。他非常生气，脱口而出道："要封赏他们，等你做了皇帝再说吧。"

史书写赵德昭这个人喜怒不形于色，但是听到亲叔叔这么回答，赵德昭当时就非常痛苦，急奔离开皇宫。他并没有居心不良，窥伺帝位，但是那一刻，他百口莫辩，跳进黄河也洗不清楚。

怎么办呢？

唯有一死，以证清白了。赵德昭回到家中，挥刀自刎。

听闻赵德昭的死讯，赵光义大为吃惊，急忙赶到赵德昭府上，抱着侄子的尸体哭泣："傻孩子呀，你何至于要这样！"

可以相信，那一刻，宋太宗的吃惊是真实的，他没有料想到赵德昭会如此刚硬直烈。但赵光义是不是真有那么悲痛，就很难说了，毕竟赵德昭是宋太祖最大的儿子，他一离世，对赵光义来说就是解除了最大的威胁。再者，赵光义若真的非常悔恨自己一句不得当的话而导致亲侄子自杀，应该对赵匡胤其他的儿子更好才对。可赵匡胤死后，宋皇后第一个想到要召进宫的赵德芳，他的结局又如何呢？

赵德昭自刎后第三年，赵德芳过世，年仅二十二岁。历史记载他因病治疗无效而亡，赵光义又一次非常悲痛，亲临哭祭。

赵匡胤膝下四子，除去早夭的长子和三子，唯有赵德昭和赵德芳长大成人，却又都在赵光义登基之后英年早逝。自此，宋太祖一脉对赵光义皇位的威胁彻底解除。

话到此处，宋太祖突然驾崩的真相呼之欲出，赵光义实际上就是做了弑兄篡位之事。

这也就不难理解，为什么赵光义上台之后，立刻做了下列三件事：第一，给所有官员升职，大宋好员工曹彬就在这时升为了使相。第二，大赦天下，甚至将把宋太祖气到摔东西的几个罪人都放出来了。第三，开科举，宋太宗朝的第一届科举一口气录取了三百多人，是太祖时期一次科举录取人数的十倍之多。

这样一来，手里握着权势的，拿着笔杆子的，以前恨太祖的，现在都得感激赵光义。

赵光义的意思很简单，好处所有人都拿了，你们就闭上嘴吧！

可是，名不正言不顺的声音还是流传在世，更是回荡在赵光义的心虚里，他忐忑不安，情绪不稳，急需一个合理继位的凭证。

一个我们都很熟悉的老面孔，在这个时候走到了大家面前——大宋第一名相，以"半部论语治天下"的赵普。

不过，赵普此时已经不是宰相，他和宋太祖蜜月般的亲密信任关系，结束在开宝六年（973），赵匡胤下诏，罢去赵普宰相之位，贬为河阳（今河南省孟州市西）三城节度使。

赵普在为相初期，工作尽心尽力，赵匡胤也对他极为信任。基于这份信任，赵普想做的一些事，即便忤逆了赵匡胤的意思，赵普也会坚持。

　　曾经赵普想提携一个赵匡胤极为不喜欢的人，送上去的奏章被赵匡胤打了回去。赵普再接再厉，第二天继续上奏，赵匡胤继续不同意，到第三天，赵匡胤看到又一次送到手边的奏章，气得撕烂了，拂袖而去。

　　赵普的下一步动作绝了！

　　他将宋太祖撕碎的奏章带回家，重新粘好，又在次日上朝时交给了赵匡胤。

　　当赵匡胤看到这一份残破的、黏合得不太漂亮的奏章，心里的情绪得有多丰富啊！但是宋太祖转念一想，倒是觉得可以看看他推选的人到底能不能胜任，因此应了赵普。

　　类似的事情还有许多，赵匡胤和赵普就算是政见不一而闹别扭，但赵匡胤对赵普的信任和工作能力的认可度都是极高的。

　　但是长期处于高位的赵普慢慢变了，借助赵匡胤的信任恃宠而骄，敛财、专制、结党，这些赵匡胤看不惯、不允许的事，赵普都做了。

　　在敛财方面，赵普在一开始是基于商业敏感度，注意到南来北往的人员有吃住需求。有需求自然就有市场。赵宰相脑子一动，利用职位之便，盘下了人员往来最密集的位置，开设酒店住宿。开业之后，如他预想的一样，生意好极了，日进斗金。

　　有了钱，赵普的想法就多了，堂堂一朝宰相，住得太寒酸不行，他要给自己改善一下居住条件。

　　要知道赵匡胤是一个讲究节俭的人，许多奢靡之物都不允许使用。比如南汉刘𬬮的宫殿里有几千颗珍珠，这些深海珍珠，需要岭南沿海的采珠人冒着生命危险才能采得，名叫媚川珠。赵匡胤拿下南汉后，得知媚川珠的采集过程，立刻下令禁止这种奴役百姓的事情。再比如，赵匡胤自己的女儿永庆公主一日戴了一支点翠的发簪，赵匡胤看到了，告诫女儿以后不要再戴，一旦因为公主戴这些而被京城贵族效仿，京城的点翠价格就会飙升，百姓为了逐利，便会去伤害翠鸟以获得更多点翠需要的羽毛。

而对于建造房舍需要的木材，赵匡胤也严禁使用最好的"秦、陇大木"。但赵宰相的胆子可就大了，明知违反朝廷禁令，仍然派人前往秦岭伐木，投运入京城建造豪宅。用完的边角料，赵宰相也没浪费，转卖出去，大赚了一笔。

从这开始，赵宰相的心境明显开始变了。犯法，在他眼里，并不是一条红线，相反他觉得自己可以有别于其他人，凌驾于法律之上。

这份心境的改变，让他的胆子越来越大，在他担任宰相的后半程，赵普已经专权到听不进异声。每日他办公时，看到地方呈报上来的信息不合心意就丢入瓮中烧掉。

赵普如此专横，很多人看不顺眼，开始找赵匡胤打小报告。一开始，赵匡胤不相信，还重罚了几个打小报告的。但时日久了，宋太祖也意识到，赵普的行为已经触犯到国家利益，动到了社稷根本，不适合再坐在宰相的位置上。

在这个节骨眼儿上，还发生了两件事情。

一个是赵匡胤撞见了吴越王派人给赵普送礼的事。

看着那十几个大坛子，宋太祖问赵宰相："这是啥呀？"

赵普答说："就是一些东边沿海的特产罢了。"

结果打开坛子一看，赵匡胤的眉心都跳了，满满当当都是黄金："呵，真是好特产哪，赵宰相那么辛苦，就拿了吧。"

受贿这种事，也许赵匡胤忍忍就过去了，但这节骨眼儿上，赵普和李崇矩竟然做了儿女亲家。

结亲，本来是一件喜事。可往上一看，赵普是管行政的当朝宰相，李崇矩是管军事的枢密使。这违反了两府大臣不得通婚的禁令，这是宋太祖的大忌。

赵匡胤大为光火，立刻下令："以后除了上朝的大殿里，其他时候不允许这俩小子在一个房间见面。哪怕是等待上朝的时候，也必须在两个小房间等。"

在此之后，朝野里再有人说赵普的坏话，赵匡胤都慢慢记在了心里。开宝六年（973），雷有邻击登闻鼓告御状，找赵匡胤揭发赵普及其下属官员受贿。知制诰卢多逊也一直在赵匡胤跟前说赵普的坏话。

最后在开宝六年（973）六月，赵普被罢相，离开了权力中心，去外地闲抠脚，但他依然密切注意着开封朝中的动向。赵光义自上位之后，一直承受着继位合法性的质疑，这一切自然没有逃过赵普精明老练的眼睛。

赵普给赵光义递话："陛下，有一件事压在老臣心里许久，不知道当讲不当讲……"

赵光义一拍大腿，"哎呀，赵爱卿不要吞吞吐吐的，有什么事就快说嘛。"

听这熟稔的语气，世人不禁好奇，这两个人是关系很好吗？

当然不是。

宋太祖在位时期，他俩很不对付。

赵匡胤最忌讳手下豢养部属，甚至因为太过在意敏感，听信诬告，先是误杀爱将张琼，后来又差点宰了"义社十兄弟"之一的韩重赟。可他最信任的弟弟赵光义却在担任开封府尹期间，真做了私养部属、勾结官员的事，大肆建立自己的势力。当时的当红宰相赵普，自然也是赵光义勾结的目标之一。不过那时候的赵普头一昂，把这事抖到了赵匡胤面前，直言宋太祖应该小心赵光义。于是，赵普和赵光义自此杠上了。

但是，没有永远的敌人，只有不变的利益。此一时，彼一时。身陷质疑的赵光义和想要复位报仇的赵普，这老谋深算的两个人，眼神一对，就得到了彼此想要的东西，化干戈为玉帛。

"当年太祖和您的母亲杜太后过世的时候，太祖和老臣在太后身边……"赵普给赵光义回忆了发生在杜太后临终前的一段往事，大概内容如下——

杜太后问太祖："你是如何得到天下的？"

太祖答说："是托祖宗和母亲您的福泽庇护。"

太后摇头，"不是这样的，是因为后周世宗皇帝柴荣传位给幼子，你才有机会取得天下。这个教训我们必须吸取，你的孩子还小得很……不能重蹈后周的覆辙，像他日你的帝位先传给光义，光义再传给光美，光美再传给你的儿子德昭，这样国家才一直有适合的帝王，社稷才能长久。"

太祖沉默许久才哽咽着答应太后："谨遵母命。"

赵普跟赵光义说："当时，臣写下了杜太后的遗命，藏于金匮，交于宫人保管。"

这就是传说中的"金匮之盟"，此时杜太后已过世，宋太祖已驾崩，唯一的见证者赵普站了出来。这样一来，赵光义继位合法性遭到质疑的问题迎刃而解。

但是，世人不禁要问：赵普你早干吗去了？

要知道这时候，赵光义已经继位六年，如果杜太后真有此遗言，赵普又是抱着什么心态，眼看着赵光义被流言中伤质疑多年呢？

倘若赵普一开始就不打算说出这件陈年旧事，那后面又为什么要提出来？

实际上，赵光义登基之后，关于杜太后遗言的事就已经在民间隐隐流传，也就是说赵光义已经在尝试给自己正名了。而老谋深算的赵普抓住了这个点，就选在赵德芳过世之后才站出来做人证，"金匮之盟"出现的时间点，宋太祖的两个儿子都死了，杜太后遗言的最后，让帝位回到赵匡胤这一脉的可能已经不存在，这才给赵光义解决了继承合法性的问题。

所以赵普站出来的时间点，高哇，真是高！

赵光义高兴地拍拍赵普的肩膀："这么多年，委屈你啦。"

太平兴国六年（981），赵普复出，第二次拜相，基本上就是赵光义感激赵普站出来说话的回报。这一回，赵宰相只干了三年，任期短得就好像是为了完成一桩交易。

赵普所要的是办了卢多逊，报当年罢相仇。赵普的想法，赵光义很懂。

而赵光义要的，赵普也很懂——这赵光美不还在太后遗言传位的范畴之中吗？他还活着的！

赵光义登基之后，为了避讳其名，赵光美改名为赵廷美，此时正沉浸在母亲"光义之后传给光美"的美梦中。

赵光义大为头疼，怎么处理这个三弟？

赵普给赵光义点了个醒："自古帝王传位都是父死子继，当年太祖已经动作慢了，陛下您还要一再耽误吗？"

一场围绕赵廷美的密谋，在两个人的部署之下紧锣密鼓地展开了。有了赵光义的默许，赵普给自己的死敌卢多逊安排了个重头戏。

太平兴国七年（982），宋太宗赵光义准备亲临刚落成的金明池水心殿。有人向太宗告密："赵廷美要趁陛下出行刺杀您，谋求大位。若此招不成，他还会骗陛下您到他府上，到时候再下杀手。"

太宗"不忍"苛责："哎，我这个弟弟呀，我说他什么好呢，算了算了，总不能不顾及手足情深。"

于是，在太宗继位后，被任命为"隐形皇储"开封府尹的赵廷美，被改任西京留守，前往洛阳。

太宗还"不计前嫌"，下赐金银玉帛，以及西京豪宅一座。

赵廷美前脚刚走，赵普后脚就查明宰相卢多逊与赵廷美勾结，想要上演夺权篡位的戏码。

这显然是赵光义最熟悉的配方，自己干过的事，绝不允许其他人再干一次。宋太宗闻讯震怒！

这显然也是赵普安排的一场拙劣的戏，但是朝野从上到下都"深信不疑"。

卢多逊知道自己百口莫辩，不如顺从，保子孙一线生机。他招供自己曾经收受赵廷美许多礼物，派人将中枢机密之事透露给赵廷美，还曾令心腹赵白告诉赵廷美"愿宫车早晏驾，尽心是大王"，意思是希望现任赵光义早点升天，赵廷美上位。而赵廷美也回应他说"亦愿宫车早晏驾"。

人证物证俱全，赵光义开大会，公开商议处理办法。诸位大臣一致表示，这等罪人大逆不道，当斩！

"不行啊，不行啊。"赵光义叹了半天气，"诸位爱卿说得都好有道理，可我是个念情的人哪。"

最终，卢多逊被贬去崖州，全家同往，三年后病逝于崖州贬所。赵廷美被贬居西京住处，不久发配到房州（今湖北省十堰市房县），子女随行，最后病逝在雍熙元年（984）的正月。

赵光义听闻弟弟死讯，悲伤地和身边人表示："廷美这小子呀，小时候就不成器，长大了又干那么多坏事。可朕心里只有手足情深，给他一点小惩罚的时候，还想着以后有朝一日要召他回来，委以重任。想不到他就此病逝了，朕真难过呀！"

后来，一代影帝赵光义又和身边人悄咪咪地说："其实赵廷美不是我亲弟弟，是我家奶妈生的，生下赵廷美后，奶妈后来又嫁入赵姓人家，生下赵廷俊，两个人一个辈分，中间的字都一样……但朕一直把他当作亲弟弟，从没有把这个事公开出来……"

总而言之，就算赵廷美复活了从棺材里爬出来，他也不是我赵光义的亲弟弟，不具备被我传位的资格！

一场正身清异的大戏终于落幕，赵光义让两个稍大的儿子参与中书省事务，为今后接班做准备，不久又将五个儿子全部封王，授予同平章事，相当于五个儿子都在中书省当值，稀释了赵普的相权。

赵普心里明镜一般，识时务者为俊杰，主动递上辞呈。赵光义顺水推舟，同意他离开，封赵普为武胜军（今河南省邓州市）节度使、检校太尉兼侍中，并赐宴，亲自为赵普践行。席间，宋太宗赠诗一首，赵普感激涕零，这一次帝相合作完美地落幕了。

第七章

雍熙北伐——宋辽大战

太平兴国四年（979）新年刚过，赵光义举行朝会，商议攻打北汉之事。此时，南方地区已全部统一，而经历了三次北伐战争之后的北汉气若游丝，赵光义极有信心能够将之一举拿下，向统一华夏的伟业又迈进一大步。

朝会上，该做的表面功夫还是要做。赵光义询问曹彬："老曹啊，你看周世宗柴荣和我大哥太祖都曾亲征北汉，为啥就是没能拿下北汉呢？太原真的坚固如此，难以攻破吗？"

当得到曹彬否定的回答以后，赵光义又道："朕准备攻打太原，老曹爱卿你有什么看法？"

曹彬的回答完全符合赵光义的心意："微臣认为，只要万众一心，粮草兵甲准备足够，就能摧毁金玉其外败絮其中的北汉。"

有人唱红脸，自然也要有人唱白脸。

宰相薛居正站出来劝道："陛下，周世宗和太祖都没能拿下太原，但已经把北汉打得奄奄一息。我们这次若赢了，其实也不算开疆辟土。若如放北汉在那边，北汉也掀不起风浪，没什么危害。既然如此，何不保持现状，以免劳民伤财呀，请陛下三思！"

赵光义思了一下，"嗯，当年太祖打北汉，为的就是今天，我们不能让过去的努力白白浪费，这一仗，必须打！"

"民主"决议做完，下面就是委派任务，一共有五路大军。这次负责北伐的主将潘美，统率其中四路兵马，河阳节度使崔彦进负责攻取太原东面，彰德节度使李汉琼攻打南面，贵州观察使曹翰负责西面，北面则交给彰信节度使刘遇。而大将郭进被任命为太原石岭关都部署，负责带领第五路大军阻击北方契丹的援军。

二月，赵光义决定御驾亲征，还带走了当时的"隐形皇储"赵廷美。宋太宗不愧为老谋深算、深思熟虑之人，绝对不会让自己当年做接班人时候想干的事给赵廷美干出来，不光如此，他还把年纪大些的儿子和除了宰相沈伦之外的重要官员全都带上了。

沈伦为什么没走？

因为他被留下来看家。

厉害的人都带走了，沈伦一个人也干不出什么大事。

赵光义放心地出发了，完全没有想到，会就此拉开宋辽之间长达二十五年的血雨腥风……

这次北伐，赵光义认为宋太祖久攻太原而不下的主要原因是无法长期抵挡住契丹辽国对北汉的援军。因此，单独部署郭进这一路军负责对付辽国援军，后来这支队伍没有让赵光义失望。

宋军来了，北汉果然立刻向辽国发去求援信。

辽国也没有含糊，派南府宰相耶律沙为总指挥，翼王耶律敌烈为监军，带领援军即刻支援太原。

三月一日，宋军已经抵达北部边境要城镇州（今河北省石家庄市正定县），并停留在此，开始清理太原周围的力量，为而后围攻太原做准备。

而辽国援军一路往南奔来，在石岭关撞上了等待多时的郭进。难怪郭进要被任命为石岭关都部署，此地是辽军驰援太原的必经之路，位于代州、云州、宁州、朔州的交通要冲，是历代兵家必争之地，素有太原忻定出入门户之称。

石岭关前有处水流湍急的深沟，先到的郭进时间充裕，把石岭关前后左右都实地考察了一回，最终选择埋伏在这个深沟后。

辽国援军走到这里，眼看水流湍急，对面不远就是宋军队伍，深思熟虑的耶律沙觉得必然有诈，决定先不渡河，结果这个决定让身为监军的翼王耶律敌烈非常不满。他认为宋军不堪一击，根本不用这么紧张，不如直接杀过去。

翼王耶律敌烈和耶律沙就这么吵了起来，没说几句，耶律敌烈不愧是带兵打仗的粗人，能动手就少动嘴，扭头带着人就往宋军杀去。而听令于耶律沙的部队，这时候还在犹豫地原地踏步。

郭进占据地势，居高临下，视野极佳，眼尖的他发现，冲自己杀过来的辽国援军和后面的大部队脱节了。此时不打更待何时？郭进指挥宋军俯冲而下，势如破竹。

辽军措手不及，顿时大乱，冲在前面的耶律敌烈被杀。耶律沙见势不妙，带着残兵溃逃。

郭进怎么会放他们回去？乘胜追击。

幸好辽国在位的辽景宗耶律贤在派耶律沙出发之后，左思右想，觉得大宋这次有拿下北汉的决心不可小视。耶律贤又赶紧派出南院大王耶律斜轸带领第二支援军，出发前往北汉。

这第二支援军恰好接应上正在被宋军追杀的耶律沙。率军的耶律斜轸见耶律沙狼狈不堪，当下拉弓搭箭，令辽军向追击的宋军万箭齐发，耶律沙这才侥幸捡了一条命。两支辽国援军就此合并到一起，急忙退回辽国境内。

打败了辽国援军，犹如给本就自信的大宋军队又打了一支强心针，辽国人我们都不担心，北汉你就乖乖投降吧。

士气低迷的北汉想请辽国再来救助，但这次辽国没有回应北汉。

宋军在太原城外什么手段都用了，放箭、水淹、火攻、拆城墙，饶是北汉心理素质再高也禁不住这样持续不断的打击，再看看辽国这次打定主意不来帮忙，北汉国主刘继元遥看着残破的城墙和四处升起的烽烟，终于接受了老臣马峰的提议——投降。

赵光义接受北汉降表的第二日，刘继元身穿素衣，手捧玉玺，向赵光义俯首称臣，听候发落。

赵光义太高兴了，这个后周世宗柴荣和宋太祖赵匡胤几次三番都无法拿下的北汉，终于匍匐在他的脚下，证明了他是比前两位更出色的君王。

北汉最后还在顽强抵抗的刘继业也被刘继元亲自劝降，改名为杨业，被赵光义安排给潘美打下手，负责接管太原的相关事务。

拿下太原后，为了削弱它的政治地位，赵光义将太原改名为"平晋县"，归到并州管辖。

至此，宋军出发的目的达到了，是时候欢天喜地把家还了。没想到赵光义忽然跟随行诸人说："趁着大家有干劲，咱们顺势把燕云十六州一起拿回来！"

赵光义想一口气吃成胖子，但是大宋的大将们都知道这不现实。往北作战，骑兵非常关键，而大宋的骑兵远不如辽国。见有丰富战斗经验的几个武将不说话，赵光义微露不悦。不过这决定不了大局，自然有善于察言观色、溜须拍马的人来给赵光义抬轿子，把继续打燕云十六州的事给定下。

文臣赵昌言甚至说："取幽州犹如热锅翻饼，简单得很。"

好翻才怪！

老将们知道这一次胜算太小，从大帐中走出来的时候，一个个心情凝重。果然当宣布这件事的时候，本以为可以马上回家的战士们都低下了头。宋军气势低迷，被回家喜悦压下去的疲倦感越涌越烈，即便如此，战士们还是强打精神，翻越太行山，开往华北。

刚开局时，一切还算顺利。因为燕云十六州此时已被辽占领四十多年，区域内汉辽混居，许多汉人仍然向往中原正统。宋军忽然来攻，燕云十六州的军民都没有想到，也就没有做好应战的准备。因此，在前往幽州（今北京市）的路上，许多关城选择投宋，给足了赵光义面子，形势一片大好。

随后，宋军先锋与辽国南下阻击宋军的队伍迎面碰上，辽国方面带队的北院大王耶律奚底完全没料到会这么快遇上宋军，匆忙间，辽军表现极差，被宋军追杀出二十多里，损兵折将，又令宋军士气高涨，仅用四天就打到了幽州城外。

此时，幽州城守将南京留守韩匡嗣正好不在，其子韩德让站了出来。

韩德让祖上是汉人，其祖父韩知古幼年时被俘入契丹，后获得辽太祖耶律阿保机的赏识，官至中书令，成为辽太祖的左膀右臂，娶了另一个辽国大家族萧家的女儿，逐渐带领韩家成为辽国掌握权势的大家族。

韩德让虽然有汉族血统，却是彻头彻尾的辽国将领，他号令幽州军民展开防御战，决不投降！不要小看这名小将，日后也正是他促成了辽国与宋真宗签下澶渊之盟，结束了宋辽两国二十五年的战争。

韩德让在坚守幽州的时候，有一支距离幽州不远的辽军，正在等候时机，反扑宋军。

他们就是由耶律沙带领的、被郭进打得落荒而逃的第一辽援北汉军和耶律斜轸带领的第二辽援北汉军合并到一起的那支部队。目前队伍由耶律斜轸说了算，这是一名不输辽国战神耶律休哥的猛将，抗辽英雄杨业后来正是被他生擒，绝食殉国。

耶律斜轸看准宋军刚打赢了前来阻击宋军的耶律奚底，心气正高，容易骄傲。他派出一小队人马打出耶律奚底的军旗，让宋军以为又遇到了之前的手下败将，等宋军追杀出来，这小队辽军又故意装作不敌宋军，边打边退，一直退到有地理优势的得胜口，埋伏在这儿的耶律斜轸领着辽军主力忽然杀过来，宋军溃散后撤。

这次局部败仗没有引起赵光义的注意，他忙于部署攻幽州事宜，自我感觉良好，以为幽州城孤立无援，破城指日可待。

幽州城内，韩德让的日子也确实不好过。他与将士一同吃住，坚守在幽州城墙上，但城内既有辽人，也有汉人，再加上外面许多地方都已投宋，幽州城内一直有一股投降的声音。一直到另一支援军耶律学古通过挖地道的方式进入幽州城，带来辽国战神耶律休哥就要带援军到来的消息，这才士气一振。

很快，耶律休哥带领的辽国援军就与刚刚小胜宋军的耶律斜轸会合一处。耶律休哥将军力分成三股，第一股由之前败给郭进的耶律沙带领，负责正面迎击宋军，耶律休哥和耶律斜轸分别带领另外两股。

七月六日，在幽州城西高梁河，耶律沙带来的队伍与宋军相遇，展开大战，拉开了高梁河战役的序曲。

接近黄昏，耶律沙不敌宋军，开始撤退。赵光义下令乘胜追击，忽然，前方出现无数火把，耶律休哥和耶律斜轸各自领着辽军从左右冲杀过来，把宋军三面围住。

耶律休哥鸡贼得很，命辽国士兵一人举两支火把。天色昏暗，宋军以为辽军人数众多，赵光义一时都被震慑住，急命人去叫攻幽州城的宋军过来救驾。他这时候还没有发现，自己只有身后幽州城这个方向未被封住，如果幽州城驻军心思谨慎，防御不出，宋军还有整合重来的机会。

可是，幽州小将韩德让没有放过这个机会，宋军竟然忽然不攻城了，那定是辽国援军来了。他大胆打开城门，领兵追杀出去，主动出击。

这么一来，宋军整个就被合围了，天气炎热，长途奔波，主观上不想打，客观上又被敌军团围，宋军士兵心理防线崩溃。局势急转直下，赵光义也蒙了，急奔南逃，生生和大部队分了开来。

过程中，宋太宗屁股中箭，逃跑的姿势和表情都相当难看。但是，宋军也不负英勇之名，这场仗辽军一样损失不小。耶律休哥身中三箭，仍然坚持追击赵光义。这两个人一追一逃，最后还是逃命的赵光义更胜一筹，始终领先，耶律休哥一路追到涿州（今河北省涿州市）才放弃。

而赵光义在涿州遇到了送粮的宋军，终于得以从救他性命的千里马"碧云霞"上下来，换了运粮用的驴车继续南逃，一路跑到定州（今河北省定州市）才知道耶律休哥已经不追了。

这时，宋军大部队退到了涿州，整理队伍，为下一步安排做准备。忽然，大家发现陛下不见了。

这可怎么办哪？是不是被杀了或者被辽军俘虏了？要是这样的话，我们大宋的颜面……

幸好赵光义还有点良心，记得跟涿州联系了一下，诸将才放下心来，原来陛下不但没死，还跑那么快……

赵光义做了临时安排，崔翰和孟玄喆留守定州，李汉琼负责真州，崔彦进驻守关南，然后他半点不敢耽搁地带着剩余将臣继续南下，于七月二十八日回到开封。

高梁河惨败，令原本拿下北汉的快乐荡然无存。赵光义大为不满，严惩了在战役中犯错的几个将领，痛斥满朝文武太不给力了，要对这次失败负全部责任。他似乎完全忘记了是他的冒进才导致大宋损失数万精兵，消磨了宋军对辽军的自信，从此以后宋军面对辽军都有了畏惧的心理阴影。

而赵光义的军事指挥才能也远远不能和宋太祖赵匡胤相提并论，这一点很快就在满城之战中体现了出来。

太平兴国四年（979）九月，宋国的许多人还没有从高梁河战役的失败中恢复过来。辽景宗耶律贤调集十万兵马，燕王韩匡嗣为主将，之前和宋军照面过的熟悉面孔耶律休哥、耶律斜轸、耶律沙都有参加，往南奔杀而来。

赵光义不甘示弱，集结了之前留守镇州、定州、关南共计八万宋军迎战。

两军在满城（今河北省保定市满城区）相遇，宋军往北一看，辽军气势磅礴，尽是一眼望不到头的骑兵。而宋军自己采用的是出发之前赵光义定下的“八阵”阵型作战。与辽军一比，宋军有着明显的疏漏薄弱点，而且赵光义竟然没有授予将士们“便宜从事”的权力。

宋军这头的将领连夜开会讨论办法，如果临阵变型，那是未遵守皇帝的命令，很可能是死罪。但若不变型，宋军必败，也是一死。

两相比较，宋朝这边的大将为难犹豫，最后是其中两员大将赵廷进和李继隆先后表示："如果战败，陛下怪罪下来，我来承担责任。"

宋军才得以临时变化队列，并抓住辽军主将燕王韩匡嗣轻敌的毛病，一路假装投降再突然发动进攻，另一路绕到辽军后方配合夹击。辽军大败，溃逃回辽国境内。

满城之战，宋军险胜，但是赵光义的内心却甚为不满，这些将领不听话，临战变阵，以后他又如何保证他们不会有异心造反呢？

与此同时，宋辽边境摩擦不断，双方你来我往，谁也不服气谁。

宋朝有杨业突袭辽军带来的雁门关大捷，自此辽国见识到了"杨无敌"的本事，辽兵见到杨将军的战旗都躲得远远的。辽国也有"莫州之战"勇挫宋军三路援军的大胜，辽景宗耶律贤还搞了御驾亲征，要挫挫宋国锐气。赵光义闻讯，也宣布亲征。两国之主差点见面，直接干架。

屁股中箭的地方，每年都要疼上一段时间，不断提醒着赵光义高梁河失败的屈辱。

太平兴国七年（982）十月，赵光义终于迎来了一个迎头反击的机会。辽景宗耶律贤病逝于云州（今山西省大同市）焦山行宫，年仅三十五岁，遗诏十一岁的儿子耶律隆绪即位，史称辽圣宗，军国大事听命于其母萧燕燕，也就是历史上著名的辽国萧太后。

辽国也出现了孤儿寡母的情况，与当年后周世宗柴荣驾崩之时何其相似。简直天赐良机，赵光义拍案大笑，在他眼里萧太后乃一介女流，根本不用放在眼里，而且辽国朝野上一定正在上演一场权力的争夺大战。要与他赵光义斗，萧太后首先得确保自己在辽国的统治权才行，不久之后，萧太后和韩德让有私情的消息传到大宋，萧太后甚至毒死了韩德让的原配夫人，这让赵光义更加认为，萧燕燕这个有违道德伦理的女人，必然被辽国百姓唾弃，她把握不住辽国这艘大船。宋国出兵攻辽，既是顺应天命，也会被辽国百姓夹道欢迎。

赵光义这是太不了解萧燕燕，也不了解辽国风俗。

萧燕燕的父亲萧思温一手促成辽景宗耶律贤登基为辽帝，作为回报，耶律贤娶萧燕燕为后。两个人都是辽太祖耶律阿保机的重孙，论关系，其实是表兄妹，所以这是一门亲上加亲的婚事。

萧燕燕出身名门，聪慧果断。耶律贤因儿时经历，落下病根，一直体弱多病，急需一位得力助手，萧燕燕成了最好的人选。在耶律贤的指导下，她迅速成长起来，把军国大事安排得井井有条。辽景宗特意嘱咐，妻子可以用"朕"自称，等同于让萧燕燕的地位与自己一样。丈夫在世的时候，每有大事，萧燕燕都会召集大臣开会，听取各种不同意见，然后做出决定再呈报耶律贤，对于她做出的决策，耶律贤基本上不会再提出意见。得到了丈夫支持，令萧燕燕的决策执行顺利，辽国的军事和经济双双都有提升，这都给萧燕燕带去了声誉和支持，政治道路进入良性循环。

耶律贤过世后，萧燕燕在权谋中翻滚多年，已经是个成熟的政治决策者，不能同柴荣驾崩时毫无准备的符皇后做比较。不过，符皇后的父亲符彦卿有三个女儿，两个嫁给了后周世宗柴荣，一个嫁给了赵光义，符老先生身为两国国丈，倒是可以出一本挑女婿方面的书，定然深受欢迎。

萧燕燕未嫁给耶律贤之前，曾与韩德让有婚约，萧韩两家都是辽国权贵，两个人青梅竹马长大，又有婚约在身，很早就萌生了情愫。后来萧家出于政治利益考虑，取消了两个人的婚约，将萧燕燕嫁给耶律贤，成为皇后，但年少时的情谊就此深埋在两个人心中。

一得知辽景宗病逝的消息，韩德让立刻率领精兵五百、精锐亲信十余，从幽州出发，日夜奔骑赶到萧燕燕身边，自此一直守护母子安危。此举固然是出于稳定大局的目的，但说韩德让心里没有一丝一毫对萧燕燕的关爱担忧，谁又相信呢？

萧燕燕的心也不是石头做的，在她最无助的时候，是韩德让赶来，这份深情她明白，因而才会对韩德让说出"从今往后，请君把我的儿子，当作你自己的儿子对待"这样的话。

宋朝边臣贺令图密报赵光义："这萧太后与韩德让同进同出，共案而食，犹如夫妻，两个人一起商议决定军国大事，辽国上下对他们怨气颇重。"

这若不是辽国方面故意释放的假消息，就是贺令图用汉人的习俗和视角给这段旖旎绯闻脑补了反感的部分。

草原民族生存环境不如农耕民族，人口稀少，物资匮乏，可以生育的女性被视为资产的一部分，因此诞生了"父死娶母，兄死娶嫂"的风俗。汉人不能接受的守寡再嫁，在辽国却是再稀松平常不过的事情。

萧燕燕和韩德让的亲密关系，就连耶律贤和萧燕燕的亲儿子耶律隆绪都不认为是问题。韩德让在世时，耶律隆绪以对待父亲的礼节对待他。韩德让过世后，耶律隆绪按家人之礼为其服丧，将他厚葬在耶律贤和萧燕燕旁边。

孤儿寡母执掌帝国之初，萧太后除了有韩德让的支持，又迅速拉拢了另一个重臣耶律斜轸。耶律斜轸的妻子本来也是萧太后的侄女，两家关系亲近。耶律斜轸赶到后，萧太后马上让儿子和他结拜为兄弟，令关系更上一层楼。耶律斜轸得此殊荣，感激涕零，和韩德让一起向萧太后保证："有臣在，不用担心朝中之事。"

有了两位重臣的保驾护航，萧太后迅速提携辽国第一战神耶律休哥前往幽州，担任南京留守，防止大宋趁辽国权力交接时有所动作。耶律休哥得此重任，对萧太后忠心耿耿，兢兢业业地守护辽国南大门。

同时，萧太后采用韩德让的建议，将诸王妻女召到宫中扣为人质，并要求诸王不得命令不可调动军队，不得相互见面。这一动作有效地防止了诸王趁机作乱。

一系列动作之后，萧太后稳定住了辽国局势。

雍熙三年（986），赵光义发动对辽战争，史称"雍熙北伐"。

吸取了上次的教训，赵光义这次出兵二十万，兵分三路：

东路军由曹彬和米信负责。曹彬为幽州行营都部署，米信任西北道都部署，分别带领一支部队开向幽州。赵光义要求曹彬大张旗鼓、缓行慢走，吸引辽军的注意，使其无暇顾及其他两路兵马。

中路军交由定州路都部署田重进，出飞狐口，直指蔚州，切断辽军增援的道路，给西路军打造一个专心作战的空间。

西路军是此行的奇招，由潘美和杨业带领，西出雁门关，赵光义要求他俩速战速决，拿下燕云十六州里面在太行山以西的云州、应州、寰州、朔州等地。

最后，三路军会合幽州，拿下燕云地区。

赵光义想得挺好，三路大军一开始做得也很好。

东路军出师顺利，首战拿下固安，继续往北推进，取得岐沟关，进而取得涿州。

看顾辽国南大门的耶律休哥经过判断，收缩防御圈，扎根在幽州城。辽国如赵光义希望的那样，判断曹彬这路是宋军主力，正在集结大军过来救援。涿州小镇粮草匮乏，耶律休哥时不时派出小股队伍阻截曹彬的粮草供应。

曹彬那边呢，作为大宋第一好员工，正严格执行赵光义要他"慢慢走""吸引注意"的任务，一边和耶律休哥一人一城，你看着我，我看着你；一边等待另外两支队伍过来会合。

耶律休哥看曹彬迟迟不出手，猜测宋军在等待其他部队过来，立刻加大了对宋军粮草队伍的骚扰打劫。再加上宋军本身粮草调度确实出了问题，时日一久，曹彬这边要断粮了，几万张嘴嗷嗷待哺，曹彬决定放弃涿州，往南撤退，筹措粮草。

这么一来，赵光义不乐意了："老曹你怎么不听话呀，还往南走干什么？雄州是底线了！"

曹彬无奈，在雄州附近驻扎，不再南退，不久和米信完成会合，东路军完成合并，开始慢吞吞地前往涿州。

辽国这边，耶律休哥抓住时机，重新占领涿州；萧太后带着儿子辽圣宗御驾亲征，大将耶律抹只召集全境部队，兵分两路，一路急行去幽州，支援耶律休哥，一路应对田重进、潘美带领的中、西两路军。

在曹彬的东路军"听话"地慢吞吞抵达涿州之前，耶律休哥主动放弃了涿州。等曹彬等人进涿州一看，好个耶律休哥，把粮食都带走了。曹彬南撤本来就不彻底，没有带足够多的粮食，这下缺粮的情况再次出现。与此同时，东路十万宋军已经心生不满，慢吞吞地跑来涿州，又跑去雄州，再跑来涿州，同样是辛辛苦苦出来打辽国，凭什么捷报都给中路军和西路军占了，他们就是空跑呢？

将士们意见很大，曹彬又不能完全把责任推到赵光义身上，在这种焦躁又缺粮的情况之下，曹彬再次决定：南撤，回宋朝境内，补充足粮草再来。最终，也就是这个决定，让赵光义把雍熙北伐失败的责任推到了曹彬身上，他却完全没有考虑曹彬做出这个决定的起因"断粮"是自己的战略安排不当所致。

曹彬下令第二次南撤，正中耶律休哥心意，他等的就是这个时刻，宋军南下的脚步一动，辽军就追了上来，最终在岐沟关追上宋军。

与上次"你看我，我看你"的时候不一样，宋军发现，这次追上来的辽国骑兵犹如潮水一般，迅速地形成了包围圈，把宋军团团围在里面，岐沟关之战打响。

即便宋军奔波劳顿、粮草匮乏，但是面对战备精良的辽国骑兵，没有人畏惧，用血肉抵挡了辽军一波又一波的袭击。

战争一直打到天黑，辽军攻势弱下来，曹彬和大将们商议决定，趁这个时机突围。辽军的精锐全出，全力追击。曹彬、米信等虽然突围成功，但身边的宋军已经所剩无几，大部分被辽军冲散四逃，一路溃逃到沙河，辽军追杀至此，尸体堆积如山，一度导致沙河断流，宋军损失上万，艰难逃回境内……

赵光义震怒，说好了不胜不还，你们这样子，把人老脸打得啪啪的。

这时候，又是远在邓州的赵普给了宋太宗一个台阶，说："好皇帝嘛，无为而治，天下自然归顺。"

赵光义亲自写了回信："嗯，朕也这么觉得，这次的失败主要是几个主将太不靠谱。"

为了挽回一点面子，赵光义要求中路军和西路军："把后面几个州的老百姓一起带回来，叫他们辽国只剩一片空地。"

但萧太后早已命耶律斜轸带着另一队辽军出发，目标就是潘美、杨业负责的西路军。两军在蔚州交战，宋军损失上万，西路军的情况已经很不妙了，再加上中路军已经撤退，只剩下西路军还在燕云十六州，一下成了辽军的活靶子。

老将杨业提出不要和辽军正面杠，西路军最后的任务是要把代、云、朔三州的百姓护送回去，所以他建议："我们应该从代州出发，同时让云州、朔州的人马做好准备，等我们出了代州，让云州百姓先走。到我们去应州的时候，吸引了辽军的注意力时，让朔州百姓出发。然后一边打一边南撤，最后在路上做好埋伏，给辽军最后一击，与此同时，我军和三州百姓全部安全进入宋境。"

但是，这个提议被监军王侁反对，还讥讽杨业懦弱，算什么"杨无敌"。而主将潘美也沉默了。杨业没有获得支持，心知后续是九死一生了，临别之际，他向潘美立了死誓："我不是懦弱，会在战场以死明志。但请你能在陈家谷接应，用强弓逼退追击的辽兵，以免跟随我出发的将士们全军覆没。"

辽军得知是"杨无敌"杨业率军，主将耶律斜轸亲自迎战并定下作战方案，边打边退，把宋军引入埋伏圈，意图生擒宿敌杨业。

宋军寡不敌众，损失惨重，杨业自日中战至日暮，终于杀出一条血路，带着最后的一百人赶回陈家谷，但此时，潘美和王侁已经带兵后撤！

原来，这一场仗打了许久，王侁派人登台眺望，以为契丹军队被杨业打败撤走，为了挣头功，率先带兵离谷。而后潘美听说杨业战败了，也决定带兵后退。

因此，陈家谷空无一人！

前无援军，后有追兵，杨业对身边最后的百余人道："你们先走吧，我来断后。"

众将士哭着异口同声说："我们不苟且独活，将军不回去，我们就不回去，宁愿与将军死在一起！"

杨业缓缓点头，当先返身杀向辽人。

这一战之悲壮，文字无法描述。

次子杨延玉一直护在杨业左右，被敌箭射中落马，被乱马踩踏，先于杨业殉国；七十三岁的老将王贵携弓射杀数十人，弓箭用尽，仍张空拳击杀数十人，战斗到最后一刻；战到最后一人的杨业，策马入林，与辽军周旋，被辽将耶律奚底射中战马而被俘。

辽军极力劝降杨业，做好美食，给予优待。

杨业道："皇上待我不薄，我想要捍边破贼以报答，反而遭奸臣妒忌，逼我赴死，导致溃败，又有什么脸面活着！"说完绝食三日而死。

辽国将他头颅砍下，全国巡展，举国欢庆。

大宋这边，赵光义连削了潘美三级官衔，又把王侁发配金州，可这都换不回大宋的"杨无敌"了。

百姓爱戴这位大宋抵御辽军战无不胜的"杨无敌"，进而传颂演化成为后世的《杨家将》，故事中的两个大反派太师潘仁美和枢密使王钦，其原型就是潘美和王侁。背上这千古骂名，他们不冤枉。但潘美其实并不是玩弄权术、急功近利之人，他的性格，从他收养后周世宗柴荣之子这件事上，可知一二。

赵匡胤登基之后，进入皇宫，看到有宫女抱着一个婴孩，问之，得知是世宗之子。有人提议把孩子杀掉，而潘美沉默不语。

赵匡胤见状，问潘美："你有不同的想法？"

潘美答："于理未安。"

赵匡胤便将这个孩子交给了潘美收养。

潘美给他改姓潘，视如己出，后来柴荣的血脉，只有这一支活了下来。

若潘美是个贪生怕死、爱慕虚荣之人，根本做不出收养这种事来。他在主观上，的确并没有害杨业之心，但他错在身为主将，没有在王侁嘲讽杨业的时候站出来说句公道话，后来在得知杨业战败消息的时候，又没有等到和杨业约定的时间就提前撤兵。

杨业之死，给雍熙北伐画上了句号。这次北伐，大宋付出了二十万宋军折损和诸多良将牺牲的代价，究其根本，是因为赵光义的战略决策失误。自此，大宋失去了收复燕云十六州的军事实力，也打击了宋军士兵面对辽军时候的自信心。之后，辽国几次骚扰边境，赵光义都采取了消极态度，避免和辽军硬碰硬，基本上处于"辽军攻，宋军守"的局面。

同时，因为雍熙北伐的失败，导致边疆武将人才缺失，再加上赵光义认为之前战役中武将"自作主张"坏了大事，开启了文官转武将的先例，将失去杨业的代州交给文官张齐贤镇守。

赵光义更首创了"官职分离"的措施，把给官员什么荣誉、享受什么待遇、实际上做什么差事三件事完全分开来。通俗一点说就是，有的人虽然有名，但不一定有高俸禄，就算有高俸禄，也不一定有实权；有的人有实权，但是他收入和名声都拿不出手。最关键的是，任何官员不管你顶着多大的头衔、拿着多好的收入，最后实操的权力都只有经过皇帝"差遣"才行，也就等于把人事任命的权力紧紧地攥在帝王自己手里。

而赵普也因为雍熙北伐时给了宋太宗多次良谏，在赵光义次子陈王赵元僖的建议之下，于雍熙四年（987）重新拜相，第三次执掌国政。

因为宋太宗进一步加强文官地位，压制武官，整个大宋上下都洋溢着浓浓的"读书"氛围，连不识字的党进都以背几句古语给太宗听为荣。

太平兴国年间，赵光义下令编著的百科全书《太平御览》完成，赵光义自己每日都要读一部分，有时候因为政务繁忙来不及看完，只能将书本摊在旁边，等有空的时候再去补上。身边的人劝他，不要这么辛苦读书，赵光义回答说："书本只要开着，总有好处。"这就是"开卷有益"一词的由来。

第八章

澶渊之盟——二十五年宋辽摩擦终得休

宋辽摩擦不断的同时，大宋的西北、西南也不太平。

在西北方面，广袤的秦陇地区有一支彪悍不输于契丹的少数民族——党项。

党项属于鲜卑族的一支，以部落联盟的形式存在。在唐末，由唐僖宗封党项族平夏部落首领拓跋思恭为定难军节度使，赐国姓李，管辖夏州（今陕西省榆林市靖边县）、银州（今陕西省榆林市米脂县）、绥州（今陕西省榆林市绥德县）、宥州（今内蒙古自治区鄂托克旗）和静州（今宁夏回族自治区银川市永宁县）一共五州，夏州李氏自此成为雄踞西北的地方势力。

后周时期，夏州李氏首领李彝殷被封为西平王。

到宋初，赵匡胤登基，李彝殷即避讳宋太祖父亲名讳，改名李彝兴，并主动称臣，派使者觐见纳贡。赵匡胤很是高兴，问使者："你家西平王腰围多少哇？"

使者答："大腹腰。"

宋太祖道："哎呀，有福气的人呢。"而后命匠人制作一根玉带赐给李彝兴。

到太平兴国四年（979），在任的是李彝兴的孙子李继筠，他积极配合宋太宗赵光义攻打北汉，助阵太原。赵光义很是欢喜。

李继筠过世后，弟弟李继捧上任，主动对大宋表示要献出管辖土地。赵光义龙颜大悦，一方面安排人接李氏之人前往开封定居，一方面安排大将曹光实前往西北担任银川守将。

但是，党项族内并不是每一个人都愿意把祖宗留下的土地拱手相让，李继筠的同辈族弟李继迁站出来，吸引了一批同样想法的人。至此，宋与夏州良好的"君臣"关系发生了改变。

李继迁考虑到己方人少势弱，不与宋发生正面冲突，避走漠北，盘踞在夏州东北一处叫地斤泽的地方。经过一段时间的偷袭、骚扰、掠夺，他的势力逐渐强大。

大宋意识到李继迁是一个威胁，派银川守将曹光实突袭地斤泽，歼灭李继迁，因为实力悬殊，李继迁只带了少量人连夜逃走。

不甘心的李继迁没有放弃，逃跑后仍在不同党项部落中游走、劝说，招募到了一批同样想要壮大党项的族人。这一次，李继迁羽翼丰满之后，用了计策，伪装投降大宋。

曹光实不知是计，带百余人前往受降地，遭遇李继迁伏击，全军覆没。

李继迁让士兵换上宋军的衣服，拿起宋军的旗帜，前往银川。守城将士以为是自己人，打开城门。李继迁混入城内后，忽然发动突击，杀了宋军一个措手不及，很快丢失银川。李继迁占领银川之后，又攻下会州。

赵光义得知消息，大为震怒，派兵攻打李继迁。大兵压境，西北一带的党项部落相继归宋。但是李继迁又一次逃了，还和辽国对上了眼，求娶到辽国义成公主，成了契丹人的驸马。之后大宋数次派兵征伐，每次都能让李继迁脚底抹油逃了。

第三次拜相的赵普认识到这个李继迁就是西北的一块癣，根除不了，时常发作。而宋辽不断摩擦，又屡次发兵西北，屯兵人数已经远胜太祖时期，长此以往帝国将被拖累。赵普建议赵光义对西南实施军事管制和物资收买双重政策，让西北暂时平稳下来。

但还是晚了一步，朝廷要养重兵，财政吃紧，地方百姓被繁重的兵役和无情的赋税压得喘不过气来，其中西川蜀地因是天府之国，自古物产丰富，更是被一而再再而三地加重赋税，最终，淳化四年（993），西川爆发起义，大宋的西南也乱了！

起义从四川青城开始，领头人不是白素贞，他叫王小波，贩茶为生，结果朝廷发现丝绸茶叶生意盈利颇丰，设置博买办，将布帛茶叶的生意垄断，与百姓争利。王小波的茶叶生意经营不下去，无奈喊出"吾疾贫富不均，今为汝均之"的口号，瞬间吸引来数万群众的拥戴。

王小波的初衷是要做地方一霸、推翻大宋的统治吗？从他的口号看，他追求的是得到最基本的生存机会，完全契合普通百姓的诉求。起义军的首战定在彭山，宰杀彭山贪污的地方官员，百姓拍手称快，再加上起义军纪律严明，所到之处不骚扰平民，专门严惩贪官豪绅，各地不断有人响应，起义之火迅速在四川各地燃起。

斗争中，王小波被江源宋军守将张玘一箭射中，重伤之下仍站在阵前指挥作战，最后攻破江源，张玘被乱刀砍死。而王小波也因重伤不治而亡，从一开始就追随他起义的妻弟李顺接任起义军领袖，不久攻下成都。李顺正式建立政权，国号大蜀。

赵光义震惊，没有想到起义会演变成如此严峻的局势，决定派遣大军前往蜀地镇压起义，但又联想到当年后蜀高祖孟知祥就是为后唐攻打蜀地乱军，结果自己做大成了一方霸主的，这次宋朝派谁带兵合适呢？

赵光义眼前一亮，想到了王继恩，也就是宋太祖驾崩，违抗宋皇后意思，反而给赵光义通风报信的那个太监。

赵光义的想法很简单，太监没有后代，称王称霸对他来说没有意义，而他又给了王继恩不少恩典，王继恩定然会乖乖卖命办事的。于是，王继恩被任命为两川招安使，带领大军杀往四川。一切都很顺利，宋军开到哪里，就赢到哪里，王继恩脸上有光。可是赵光义低估了这个太监的贪念，王继恩是不需要做皇帝，可是他所到之处，烧杀抢掠，对百姓造成二次伤害，城池就算被一时收复，也没有取得人心，一等宋军离开，新的起义又开始了，如此灭了这头，那头又亮，始终无法根除问题。

大宋终于意识到问题的根本，赵光义破天荒下罪己诏，承认错误，安抚百姓。

而李顺那边，地方起义军终究比不上王师，最终在剑门关吃了败绩。李顺一怒之下斩杀了三百将士，起义军心寒了，这哪里还是为我们老百姓争公平的人，分明和欺压我们的宋官没了区别。

剑门关的消息传到开封，赵光义很是高兴，那可是四川门户！

宋军一鼓作气，与起义军在成都城展开大战，最后宋军攻破成都，灭敌三万，李顺失踪。之后，起义军在将领张余的领导下继续战斗，但已不成气候，最终在至道二年（996），这场造成大宋西南动乱的起义被完全扑灭，赵光义心里的石头落地了。

这一年，宋太宗已年过五十，屁股上的箭伤不断复发，折磨着他的身心。岁月不饶人，一个不情愿但是必须做的事摆到了台面上——安排继承人。

赵光义一共有九个儿子，除了其中一个早夭，其他八人均长大成人。一般而言，中国历代的传统是由嫡长子继位，很可惜，赵光义皇后李氏所出的正是早夭的那一个，之后她再未生育。

不能立嫡，那就立长吧。

长子赵元佐，自幼伶俐，擅长骑射，有太宗之貌，赵光义非常偏爱这个长得像自己的儿子。

太平兴国七年（982），赵普第二次拜相的时候，赵光义封长子赵元佐为卫王，担任同平章事，跟赵普一起办事，既是分赵普的权，又是为了培养儿子的能力。一同封爵任命的还有次子赵元僖，但赵元僖广平郡王的爵位可远比不上哥哥。由此可见，赵光义对长子的期待非比寻常。

如果一切按照赵光义希望的演变，最后赵元佐会顺利接替他成为大宋的第三代帝王。而为了给自己和儿子们清理障碍，赵光义先后处理了侄子赵德昭、赵德芳，最后对自己的三弟赵廷美出手。报应就在这时候来了，应验在赵光义最喜欢的长子身上。

赵元佐和三叔赵廷美关系极好，聪明如他，应该猜出赵廷美有"异心"完全是他父亲亲手陷害的，在赵光义贬赵廷美去房州时，朝野上下都是落井下石之声，只有赵元佐苦苦为三叔求情。

赵光义内心崩溃，又不能直说。他顶着千古骂名也要把赵廷美搞下去，为的还不是江山今后千秋万代都能掌握在包括你这个傻儿子在内的宋太宗一脉手里，真不懂老父亲的一片苦心。

赵廷美最终还是去了房州，夜深人静的时候，留给他最后温暖的应该就是赵元佐了。

赵元佐一直在想办法搭救三叔，可惜还没有想到办法，先听到了赵廷美病死的消息。

真的是病死吗？还是被赵光义毒死的？

重大的打击之下，赵元佐精神崩溃，心性大变，动不动就动手砍杀身边的人，令赵光义很是失望，但对赵光义的次子赵元僖来说却是一件好事。

赵元僖看到了自己上位的希望，开始搞事情了。

一次，宋太宗心情不错，叫了几个儿子来喝酒吃饭，考虑到长子的病情，就没叫上他。赵元僖却故意到哥哥面前透露吃饭的事，一向喜欢多想的赵元佐被刺激到了，当晚火烧自己的宫殿。

赵光义大为光火，赵元僖还上演了一场兄弟情深，为哥哥求情。赵光义脱口而出：以后都不想再见到这个不孝子，将他贬为庶人。

宰相宋琪等重臣先后上奏为赵元佐求情，赵光义才松口允许赵元佐留在京城，但也被幽禁了起来，赵光义也再不会考虑他为继承人的人选。这一年，赵元佐二十岁。

兄长已经不再是自己的威胁，赵元僖开始左右活动，力图在朝野里找到支持自己的势力。赵普进入了他的视野，赵元僖向赵光义力荐这位元老级的人物，最终促成赵普第三次拜相。

赵普重回权力中心，对外力主以温和的措施处理西北党项族的问题，对内以雷霆手段除了朝野中的一批蛀虫，包括朋党集团、赵光义身边的江湖术士陈利用等。不同于之前拜相时赵普身上"小人"一面的出现，比如对付政敌，中饱私囊，这时候年近古稀的赵普似乎又回到了刚与宋太祖合作的时候，他回归质朴，鞠躬尽瘁，致力于推动大宋王朝往前发展。

淳化元年（990），年老病重的赵普再次上表请求致仕。赵光义舍不得他，同意赵普离开宰相职位，但没有同意他辞职退休。赵普又干了两年，赵光义才恩准他离开，这是最后的告别了，帝王和老臣依依惜别，内心多有触动。

次年，七十二岁的赵普病逝，这在古代已是少有的高寿之人。后人在整理他遗物时，发现了一本翻得发黄的《论语》。这位参与并完成大宋基本框架设计的名相，对后世的影响完全不输王安石、范仲淹等人，值得被人铭记。

赵元僖失去了一个助力，不过没关系，他早跟赵普的接班人吕蒙正处好了关系。吕蒙正是太平兴国二年（977）的状元，天子门生，深得赵光义喜爱信任。这时候，赵元僖也已被封为许王，任开封府尹，根据过往惯例，算是妥妥的"隐形皇储"。

可是赵元僖还想往明面上的继承人位子再走一走，对于这事，吕蒙正没有表态，他身边的一些官员却想占个从龙之功。

淳化二年（991），宋沆、冯拯、尹黄裳、王世则、洪湛等一起上书，请求立赵元僖为皇储。

赵光义很是不喜，他还好好活着呢，立太子是个什么意思？看不起他，觉得他要驾崩了？

老皇帝心里门儿清，这几个人都是吕蒙正身边的人，宋沆和吕蒙正还是姻亲，要说吕蒙正完全不知情、没有参与，赵光义不相信。

宋太宗将这五人罢黜，赶到了大宋最南端，连带着吕蒙正也被革去宰相之位。

赵元僖啥好处也没捞到，赔了夫人又折兵。不过没关系，他还年轻，而老父亲赵光义已经五十三了，身体一直饱受折磨，时间总归站在他这一边。

赵元僖想错了。

淳化三年（992）十一月己亥日，赵元僖和往常一样上朝，忽感身体不适，腹痛如绞，急忙回到府中。

赵光义得知，急忙亲自前往探视。赵元僖的情况已经加重。初时，赵光义喊他，赵元僖尚且能勉强回应，后来就奄奄一息了。

宋太宗看到儿子在眼前气绝，不知道有没有想到被他下毒的南唐后主、吴越王等人。赵光义痛失爱子，悲号痛哭，追封赵元僖为昭成太子。

二儿子死得太过不明不白，赵光义下令彻查。

不查不要紧，一查吓一跳。先是查出了赵元僖的死因确实是中毒，下毒之人乃赵元僖自己的小妾张氏，张氏下毒原本想谋害赵元僖的正妻，结果被赵元僖误食，造成悲剧。然后，又查出赵元僖生前一连串动作，这小子竟然曾想学老爹赵光义对宋太祖的方式篡权上位！

赵光义惊出一身冷汗，痛失爱子的情绪都淡了，罢去了追封给赵元僖的太子之位。

好了，赵元僖生前没有得到的太子名分，死后终于如愿了，结果还没带进坟墓又没了。

之后两年，赵光义都没心情再谈立皇储的事，大臣们个个人精，谁也不敢主动提及去找骂。这个局面一直延续到淳化五年（994），五十六岁的赵光义身体越来越不好，就算不想认命，也必须要把考虑皇储的事提上台面。可是下面那群自以为聪明的，竟然没有一个主动给台阶的。

赵光义郁闷透了，屁股上的旧伤不由得更疼了几分。

这时候，实在急需一个合适的人来把这件事挑破，还好，朝中也不是没有聪明人，就是有点远，之前因为惹恼了赵光义，被打发到外地去了。

宋太宗叹了口气，"算了，叫那小子回来吧。"

后来促成宋辽签订澶渊之盟，让两国迎来一百二十年和平的大宋第二代名相，被宋太宗称为"本朝魏徵"的人，终于要回来了，他的名字叫作寇准。

古语有云"三十老名经，五十少进士"，可以反映古时科举的难度，若能五十岁经过殿试成为进士，就算是年轻有为了。

寇准多少岁考中的呢？

太平兴国五年（980），高中甲科进士，位列探花，成为天子门生的时候，寇准十九岁。

那一年的科举榜出了四位宰相和多位执政大臣，被宋人誉为"龙虎榜"。按照宋朝的规矩，同届年龄最小者为探花郎，年轻的寇准就是这一届的探花郎，年少有为，神童之名传遍大宋。

宋太宗在一帮四五十岁的中年人里，马上注意到了寇准，少年人自信坦然，不卑不亢，又分明有着一份血性和刚直，给帝王留下了深刻的印象。从之后帝王分配的任务也可以看出赵光义对他的满意。中进士之后，寇准被任命为巴东知州，搁现在还是一个刚上大学的孩子呢，但他已经远赴四川，成为一方父母官。

下基层的地方官要做的事情又多又杂，从断案子、除贪官，到调整税赋、水利农事。寇准雷厉风行，积极干练，在任两年，把巴东地区从食不果腹、衣不遮体的贫困地方，发展到"山无旷土，村无游民"，民生大大改善，百姓交口称赞。当他离任的时候，出现了百姓夹道相送的场面，这是自古以来普通百姓对一个好官最质朴最直观的爱戴方式。

被地方好评的官员，自然也会受到朝廷重视。

巴东一别，寇准匆匆前往成安。他在这里干了三年，深入了解民情，务实处理民务，把巴东的成功复制了过来，在这里留下了"迁城留田"的佳话。为了把肥沃的漳河以北土地用于农耕，寇准将县城迁往土地贫瘠的漳河以南。临别之际，那万人送好官的场景再次出现，后来百姓为了纪念他的好，专门建立了寇公厅。

有了两任地方官历练经历之后，朝廷把这个年仅二十三岁的年轻人召回京城。寇准参加了翰林学士院的应召，在宋朝，这是成为宰相等股肱大臣的必经之路，"翰林学士"也是帝王授予心腹人士的称号。

应召之后，寇准被安排为盐铁判官，掌握国库收入的重要职位。四年后，寇准再进一步，成为正三品诏拜虞部郎中、枢密院直学士判吏部东铨，专门负责朝廷提拔官员的考察。二十九岁，跻身两府大臣，成为最年轻的副宰相。

寇准一路平步青云，少年得意，务实的做事风格没有变，脾气里的血性耿直却更胜从前。

一次，寇准仗义执言，惹得宋太宗不快，太宗起身就走，结果没能走成，龙袍叫寇准拉住了。他拽着赵光义，非要天子听完他的话才肯放手，旁边的官员们都为这个年轻人捏了一把汗。幸好赵光义虽然有很多毛病，却还算是个明白事理的皇帝。要不然，自古以来，做寇准此举的官员不少，其中被天子一怒拉出去斩首的也不少。而赵光义冷静下来，还称赞了寇准，说："朕得寇准，犹文皇之得魏徵也。"

可是，寇准赞也因为耿直血性，贬也因为耿直血性。他和太宗身边的老人张逊互不对付，见面就吵架，结下梁子。张逊抓住机会告了寇准一状，说寇准有异心，想谋反自己做皇帝。

原来是寇准在路上遇到了个疯子，对他连呼万岁，又恰好被一个路过的巡逻武官看到。

寇准当然不认，他实在冤枉，而且那疯子说万岁的又不光是对他，还有同行的其他官员。

他气不过，和张逊在天子面前对吵起来。

赵光义盛怒，各打三十大板："张逊年纪大了，退休回家吧。寇准你小子，给我滚出去，别在京城干了。"

寇准第一次被贬，下放到青州，据说宋太宗后来还很挂念他，时常问到青州的情况。终于，在他身体每况愈下的时候，召寇准尽快觐见。

君臣见面，彼此的情绪都不能平静。

天子说："你小子呀，来得也太慢了，朕很是思念你。"

年轻有为的臣子说："微臣在青州亦时时刻刻挂念陛下，可是不得陛下召见，不敢轻易前往京城。"

赵光义屏退左右，给寇准看了自己的箭伤，缓声问寇准立太子的意见。

寇准经历了被贬青州，做事比之前稳重了，他没有正面回答赵光义："为天下择君，不能与妃子、侍从、近臣商量谋划，应该选择众望所归者为太子。"

赵光义沉吟片刻，问："襄王如何？"

这句话令寇准明白，赵光义内心有了人选，他不动声色地回答："知子莫若父，陛下觉得襄王可以，就请做决定吧。"

至道元年（995），宋太祖赵匡胤的遗孀宋太后过世了，赵光义对太祖朝的最后顾虑也没有了。

八月，赵光义下诏立第三子赵元侃为太子，改名为恒。

赵恒这个人，脾性大度柔和，为人谨小慎微，做事低调谦让，他爱好文学，擅长书法，撰《励学篇》，著《御制集》，怎么看都是个不错的太子，将来也会是个英明的帝王。

我们如今常说的谚语"书中自有黄金屋，书中自有颜如玉"就出自他的《励学篇》："富家不用买良田，书中自有千钟粟；安居不用架高堂，书中自有黄金屋；出门无车毋须恨，书中有马多如簇；娶妻无媒毋须恨，书中有女颜如玉；男儿欲遂平生志，勤向窗前读六经。"

但是，这个又多才又好脾气，被朝野上下喜欢的太子，却是当时的一国之母皇后李氏的眼中钉。

因为这个无所出的李皇后，很早就把后半生寄托在长子赵元佐身上，连

131

赵元佐的儿子都是李皇后亲自带的。即便现在赵元佐精神有问题，也不代表他不能做皇帝，等赵元佐继承大统，几年之后，李皇后可以再换自己亲自培养起来的孙子上去。

朝堂上，李皇后的兄长李继隆是大宋名将，征南唐，打契丹，讨党项，战功赫赫，另一个兄弟李继和是殿前都虞候，掌握禁卫军。关键时刻，这两兄弟都是李皇后的有力支持者。文臣方面，还有李昌龄等一批大臣，也是坚定的反太子党。

李皇后手里的牌很多，但在皇帝身边，她还缺一个能第一时间通风报信的自己人。这拉拢的人选早就有了，还是此方面的老手，那就是宋太祖驾崩第一时间跑去喊赵光义的太监王继恩。

"太子人选已经定下，他日登基，所有大臣都一样，公公也没有从龙之功了。"李皇后如是跟王太监套近乎，"如若当时不是你的消息快，又哪里有今日龙椅上的人和公公如今的荣华富贵？那，公公想不想继续富贵下去呢？"

王继恩也不傻，他和太子赵恒确实没什么"合作基础"，于是马上倒向李太后，只有一起把脑子有问题的老大赵元佐扶上台，彼此的下半辈子才能更好。

成交！

李皇后这边部署完成，那头已经病入膏肓的赵光义也在为儿子上位做足准备，那就是把寇准踹下去，换上吕端为相。

奇怪，寇准不是推赵恒为太子的有功之人吗？宋太宗为何不留他继续给儿子保驾护航呢？

主要有两点：

第一，是寇准自己作死。回京之后，寇大人血气耿直认死理的毛病没多久就回来了，里里外外惹了不少敌人，一个个都恨不得把年轻有为的寇大人拉下马。所以一得到机会，都到赵光义面前说寇准的坏话。

第二，是赵光义的顾虑。宰相这么年轻，这么能干，这么强势，太子呢，温柔，好脾气，对谁都客客气气，回头赵恒上位，面对强势的寇准，哪里有赵光义那么有本事能压住寇准哪。赵光义也为儿子捏了把冷汗。

所以，两相作用之下，当冯拯状告寇准专权的时候，赵光义顺势把寇准端了出去，贬去邓州做地方官，然后选了"小事糊涂，大事不糊涂"的吕端上位。

当年，西北不平静的时候，李继迁第一次被端了老窝，老妈和老婆就被大宋抓走了。俘虏在手，这还不是想怎么威胁李继迁，就怎么威胁李继迁。朝野上下都提出，对人质不能仁慈，一定要李继迁好看。唯独吕端坚持善待李继迁的母亲，以谋他日招安之用。

这步棋，到李继迁死后产生了效果。李继迁的儿子李德明做了老大，感慨宋朝善待其祖母，选择了归顺大宋。

从这件事就可以看出，吕端在大是大非上知轻重、有远虑。协助太子登基的事交给老吕，赵光义放心。

至道三年（997），赵光义的箭伤进一步恶化，宣布"不视朝"，不再参加早朝了，但大臣们该干什么干什么，帝国依然可以继续运转。

宋太宗驾崩前夕，吕端入宫探视，发现天子已经进入弥留之际，而太子赵恒竟然没在宫中。

有人封锁了太宗病危的消息呀。

吕宰相不动声色，把情况写在入朝官员手里都要拿着的那块象牙板上，命亲信即刻拿着去通知太子。

就在这片刻的时间，赵光义驾崩了。

王继恩装模作样地哭着跟吕端说："宰相大人，请跟我来，皇后娘娘要与您商议谁来继位的事情。"

王继恩和李皇后已经有了部署，借口商议把吕端锁起来，等扶了赵元佐登基，再放吕端出来，到时候他就算反对也改变不了什么。

听到王继恩的话，吕端十分镇静："陛下已经定了太子，拟好了诏书，我们按照陛下的意思办就行了。"

王继恩没想到会有诏书这回事，不过没关系，他想，只要把诏书拿到，这事还不是自己和李皇后说了算。

王继恩问："诏书在哪里呀？"

"在御书楼。"

吕端说完，王继恩就往御书楼跑去，等他冲入楼内，翻找诏书的时候，身后"啪"的一声，吕宰相把他锁在了里面，以其人之道，还治其人之身。

吕端随后觐见李皇后，李皇后见王继恩没有同来，心里咚咚的，不安地询问："宰相，皇上驾崩了，依照自古以来的传统，都是长子继位，您怎么看哪？"

吕端义正词严："陛下已立太子，没有异议。"

李皇后被怼得哑口无言，身边又没有其他助力，落了下风。

外头赵恒收到消息已经入宫，吕端立刻召集文武百官，觐见新君。

到正式举行新皇登基典礼的时候，吕端大喊一声："等一下。"

他三步上前，掀开珠帘，仔细确认里面坐的真是赵恒，在众目睽睽之下，连新皇帝的衣服都拉开了。吕端看过赵恒的胎记，确定这是如假包换的赵恒，方才从容退下，率领百官高呼万岁。

赵光义把权力交接的大事托付给吕端，真是选对了人！

至此，大宋第三位皇帝赵恒登基，史称宋真宗，即将掀开属于他的历史篇章。

真宗上位的时候，大宋的各方面环境都比宋太祖、宋太宗上位时要好，政局稳定，经济良好。他固然是个脾气不错的人，但也不傻，马上清算了一批反对自己的人。

李皇后现在是李太后了，真宗遵循孝道，没有半点不尊，但李太后的兄长李继隆被削去兵权。

昔日协助自己上位有功的人，真宗也没有忘记，发配在外的寇准被提拔为工部侍郎。但朝野诸事，还依赖真宗上位时候出力最大的吕端，真宗没有马上把寇准叫回京城。

不过，吕端的年纪确实大了，谁来接替他呢？

咸平三年（1000），辽军再次南下，宋真宗亲自前往河北坐镇，指挥前线。眼看过宋太宗赵光义被箭伤折磨多年，宋真宗的内心是忐忑的，磨磨蹭蹭走了许久才到河北，这时候辽兵都退了，大臣们一番拍马，都夸是天子把辽人吓跑了。

宋真宗缓了口气，召寇准到行营觐见，君臣一番长谈，年轻的寇准得到了宋真宗的赏识，但天子对寇准的性格依然有所顾虑。因此吕端过世之后，宋真宗没有马上起用寇准。

时间滑到景德元年（1004），因江西一镇上产的青白瓷质地优良，于是以皇帝年号为其名，"景德镇"这个名字就此诞生，一直沿用至今。

也在这一年八月，辽军再次大军压境，萧太后和辽圣宗亲自率铁骑南下，边关吃紧，宋真宗才下定决心升寇准为相。

诏书下发之前，真宗询问宰相毕世安的意见。

毕世安大力举荐寇准，说："寇准天资忠义，是能断大事之人，微臣不如他。"

真宗又道："都说寇准性格刚强，爱使小性子，这不好办哪。"

毕世安笑答："寇准把社稷放在个人得失之前，不够圆滑，才不得世俗喜欢。今天北面强敌将至，只有寇准可以御敌呀。"

真宗沉吟片刻，终于下定决心。寇准被提拔为集贤殿大学士，和毕世安同为宰相。

此时的寇准刚刚四十三岁，同样年纪的其他人才刚刚考上进士，开启仕途，而寇准已经几番沉浮，陪伴两位帝王，他已在官场走了许多年，接下去还会有许多年。

寇准的出现，给慌乱的朝野注入了一剂强心针，他力主和辽对抗，是主战派的中流砥柱。

因为失去了燕云十六州，河北对辽国来说一马平川，大宋无险可守。为了解决这个问题，宋人发扬中华民族愚公移山的精神，没有险地可守，就制造点困难让敌方痛苦，削弱辽国骑兵机动性强、速度快的优势，以起到抵御的作用。

于是，中国历史上著名的塘泊军事防线工程在宋太宗时期动工了，至道元年（995）之后，辽军南下的路线基本上就被限制在了保州以西没有塘泊的区域。这在一定程度上让辽军受到了阻挠，但是，这次辽军的出兵显然与以前不同。

雍熙北伐之后，辽国经常南下骚扰，抢掠一点是一点，能占什么便宜占什么便宜，但没有一次像这次这么大阵势，君王亲征，行兵如飞，遇到城池，辽军知道宋军会固守不出，干脆绕开了大名府等城池，继续南下，直奔开封，大有长驱直下，夺取中原的意思。

朝野里意见不同，真宗心里也不踏实，参知政事王钦若和枢密院陈尧叟甚至提出了迁都之策，主战派的寇准极力反对，说道："竟然有人想出这种馊主意，其罪当诛！"

寇准举了五代十国时候的例子，当时辽军甚至已经打下开封，最后却又为何退回北方？因为百姓不肯臣服！所以如果皇上能够亲临前线，将士百姓必然大受鼓舞，会为陛下守住天下。但陛下若是先跑南边去了，百姓被抛弃，人心涣散，敌军再趁势而来，这天下就拱手相让了呀！

真宗眼皮吓跳了好几下，"呵呵，寇宰相说得好有道理，让朕再想一想。"

寇准不急，皇上要想，那就慢慢想。

而且，在主战这件事上，寇准不是一个人，老相毕世安也支持寇准的态度，无疑又让真宗多了一份放心。

再加上边关一日五份急报，真宗终于下定决心前往澶州。

十一月，亲征的诏书颁发。

寇准把嘀咕着要迁都的几个大臣全部调走，省得他们拖皇帝后腿。

同时，寇准又让大将高琼跟真宗说："皇上，您身后的队伍里都是咱们的人呢，大家一想到跟着您去跟契丹人拼命，心里都想着一定要打赢。"

真宗因此加快了前往澶州的速度。

结果走到半路，开封传来噩耗，真宗的四弟、留守开封的雍王赵元份忽然重病。真宗忙派参知政事王旦回去顶上。

王旦也忐忑，问真宗："陛下，您这一去，要是十来天没有音信，怎么办？"

真宗沉默良久，回答："立太子。"

之后，在军队和百余官员的护送下，真宗抵达澶州南岸。

澶州古城，跨黄河而建，南岸北岸各有一座城池，因此辽军如果打下澶州，也就能渡过黄河，直奔开封。

真宗到澶州南岸，辽军已经抵达北岸城外，甚至在澶州城内就可以听到辽军的声音。

宋真宗因此不想前往北岸。

寇准再三请求："唯有陛下渡河，主动迎战，才能鼓舞士气，否则亲征就半途而废了！"

可是，毕竟不像宋太祖和宋太宗有多年戎马战场的经验，耳听对面辽军的战鼓声和吼声，真宗犹豫不决。

这时候，又是大将高琼站了出来："陛下，我身为军人，愿意以死殉国！"他跪在真宗身边，"跟陛下出发的将士们，父兄妻儿俱在开封，绝不会抛家弃子，迁都逃去江南，但是会为了陛下和身后要守护的家人，拼死一搏！"

真宗被高琼的话触动了，高琼抓住机会，将真宗拉到了澶州北城巡视。当代表天子的黄龙旗出现在北城城楼上时，北城军民高呼万岁，声音直冲云霄，连城外的辽军军营都为之一震。

真宗之后未再去过北岸，寇准留下来负责前方。真宗日遣宦官多次询问寇准的情况，得知寇大人云淡风轻，谈笑于城楼之上，真宗的心无疑更踏实了。之后，辽军前锋来到城前，寇准调兵遣将，又获小胜，而且寇准每下军令，用词严肃有力，将士们因此都有了必胜信念。

寇准，无疑是一位文能治国、武能调兵的能人。

紧接着，又发生了一件有利于大宋的事。

负责南攻的辽军主将萧挞凛在澶州城外，像以往一样巡视地形，宋军守城将领看到对面辽军动静，命人拉动床子弩。

这床子弩由两张弓或三张弓组成，发动时候需要数人甚至百人一起操作，把弓弦威力加大，射程达到六七百步远，是当时防御战的顶级武器之一。

宋军这边，其实并不知晓对面出巡的是辽军的哪一个人，守将想用床子弩震慑对方，命士兵对准辽军最前方一人发射。

长箭呼啸而至，正中萧挞凛。

当晚，萧挞凛重伤不治而亡。

三天后，萧挞凛的棺灵被拉到萧太后面前，萧太后扶棺痛哭。

辽军号称二十万，但深入敌境，长途跋涉，已十分疲倦。而见到对面宋军皇帝亲自督阵，澶州城内士气高涨，坚守到底的意愿强烈，辽军已经开始对是否继续坚持作战产生了动摇。这时候，萧挞凛的离世，加重了辽军营内的消极情绪。萧太后与近臣们商议，决定和宋朝和谈，意图在谈判桌上多捞些好处。

十二月中，辽军派人给宋军送去一封信。

这写信的人挑选得极好，是宋朝被辽俘虏的将领王继忠。他是真宗藩邸时的旧人，在去年的宋辽交战之中不见，真宗以为他已战死沙场，悲痛不已，追封其官衔，优抚其家眷。没有想到，王继忠竟还活着，被俘关在辽国。

王继忠在信中说，辽国有议和的意愿，希望天子明其诚意，接受和谈。

真宗本来就不喜穷兵黩武，听闻辽国要议和，一颗心放回了肚子，身边的大臣们也异常兴奋，纷纷认为应该议和，从此不再打仗就再好不过了。

唯有一个人坚决反对，那就是寇准。除了萧挞凛的离世，其他辽军的情况都在寇准的意料之中。他清楚辽军已没有再往南进发的拼劲，而且宋军在辽军身后捷报连连，辽军正急着回去灭后院的火。宋朝就不一样了，军民一心，情绪高涨，正是收复燕云十六州，永保安宁的大好时机。

值得一提的是，在辽军身后打胜仗的人不是别人，正是杨业第四子杨延朗。他本来只有一万人马，任河北缘边都巡检，也就是边防巡逻的总负责人。在辽国兵临澶州时，他曾向朝廷递交意见，想要带兵绕到辽军身后，与澶州的宋军夹击辽军。真宗没有采纳。没有得到朝廷回复的杨延朗，最后决定主动给剑拔弩张的澶州减轻压力，率兵北上，攻克辽国名为"古城"的军事要塞。

杨延朗的行为，扎扎实实地让萧太后感受到了压力。

而真宗之所以致力于止戈，还百姓以安稳，除了他柔和的性格和对国事的思考，还因为大宋第一好员工、大将曹彬病重时，君臣之间的一番谈话。

曹彬跟宋真宗表示："宋灭不掉辽，辽也灭不掉宋，唯有和，才是长久之计。"

曹彬的话，再加上这时候，真宗想调动宋军在辽军背后的十万军队，结果对方完全没反应，各种因素综合在一起促成了真宗的主和。

说起来，这十万宋军的指挥官王超也是个老将，辽军南下，他缩在定州不出来也就罢了。等真宗和辽军对峙的时候，真宗叫他出来配合配合，王超仍然不动，十万人放着只能看，就这水平，还指望反过去把燕云十六州拿下？

真宗觉得，寇准你做梦呢吧。

在这样"各自觉得自己不行了，但表面上还装得很强"的背景下，宋辽双方坐到了谈判桌前。

宋朝这边当然不能派寇准去，他那个耿脾气，怕会在谈判桌上跟辽国人打起来。大臣曹利用被委以重任。

按照既定惯例，第一轮都是狮子大开口。辽国表示要拿回后周时期被世宗柴荣拿走的关南十县。大宋怎么能接受呢？要么等价交换，你把燕云十六州还给我。

双方你来我往，渐渐摸到对方的底线，辽国想要一笔补偿款，宋国则不能接受割地，那么关键就在补偿款的数目上了。

曹利用问真宗："咱们的底线是多少？"

真宗反正是不想打，答说："只要不超过百万就行。"

寇准可不答应。等真宗一转头，寇准把曹利用叫过去："你记住啊，谈到三十万，要不我砍了你的脑袋。"

曹利用就捧着这根底线去了，谈完回来，真宗在吃饭，让身边的宦官出来问曹利用最终数字，曹利用手指比了个三。

宦官回去答复真宗。

真宗一惊，"三百万，这么多呀。"但略略一想，又自我安慰，"算了，只要能不打仗，三百万也可以。"

后来，曹利用当面回禀真宗，说最终谈下来的是：三十万一年。

真宗大喜过望："曹爱卿，这事你办得好哇！"

澶渊之盟最后签订的条款是：

一、宋辽是兄弟之国，辽帝年幼，尊宋帝为兄，后世也按照年龄大小来定。

二、宋每年"助"辽银十万两，绢二十万匹，在雄州交割。

三、宋辽以战前的白沟河为界，相互撤兵，以后不再相互骚扰。

四、在边境上开市，展开贸易。

也许有人会担心，签订合约之后有一方反悔怎么办？尤其是辽国，是游牧民族，万一回头又因为缺粮食或者遭受什么自然灾害再打过来呢？

这个情况，在当时自然谁也不能打包票。但幸好，辽国在萧太后和韩德让的努力下进一步汉化，经济和生产都有了长足发展，百姓的生活好了，谁又喜欢打仗呢？

辽宋双方在之后一百二十年中未再交戈，而且成为了礼尚往来、互有使者的友好邻邦。后来在辽国发生饥荒时，宋国主动在边境放粮赈济灾民。而宋真宗驾崩时，听闻消息的辽圣宗亦集合大臣为其默哀。这是真正的化干戈为玉帛。

从主战到成盟，寇准的作用都无可替代。若不是他的坚持，宋朝没准儿真的会走出南迁这一步，那么南宋建立的时间将会提前，整个民族的历史也会随之改写。若不是他的坚持，和谈条款里宋朝的损失不会这么低，岁币三十万，只占当时大宋 GDP 的百分之一左右，宋朝也因此得到了和平的红利，得以长久发展，迎来不久之后的仁宗盛治。与辽国握手言和之后，党项族失去依靠，西北问题也迎刃而解。

澶渊之盟，对大宋乃至对整个中国，都有积极的正面影响。

第九章

封禅泰山——真宗的举国癫狂

与辽国议和的成功，令宋真宗赵恒很是高兴。大戏落幕，世人不会忘记寇准的功绩，但鲜少有人注意到真宗的努力和远虑，签订盟约只是第一步，后面还有执行和落实到位的问题。

比如，盟约约定，宋辽两国以白沟河为界。实际上，宋辽双方长期在这片区域混居，并没有设定界碑，划分区域，这就给后期盟约实施造成了麻烦。

牧草丰美时，辽国牧民想进入大宋一侧放牧，他们亦知此举不妥，给宋边关士兵赠送了礼物，希望能得以批准分一块区域给他们。

边关将这件事上报给朝廷，真宗批示："已经划定了两国边界，还过来放牧算什么呢？责令边臣将这件事写入文书，附上合约，告知对方牧民的首领，绝不可以。"

大宋要和辽国做好邻居，可是这种不清不楚的事情多了，后患无穷。确保边境线的清晰和严格执行，既是坚定执行合约，也是维护大宋的国家利益。

另一方面，边关鸡毛蒜皮的事情许多，若事事上报等待中央决策，未免让辽国看不起大宋事事"出自朝议"，真宗也下放了边境事务决策的权力，不要紧的事情，有章程可依的事务，边关酌情回复辽国便是。

又比如，盟约之后，两国往来，遇到婚丧喜事等大事，互相告知，派遣使臣。但这事到具体发生的时候，许多细节都是第一次遇到，没有古法可依。

澶渊之盟第二年，辽国萧太后派使节去大宋给宋真宗贺寿，使团由左金吾卫上将军耶律留宁、左武卫上将军耶律委演带领。宋朝方面委派李宗谔为馆伴使，负责这次的接待，从开始的郊外迎接到朝贺后的答谢宴会，既要高于附庸小国的来使，又不能显得把辽国奉为上宾，规格要折中、适宜。

接待时，李宗谔见耶律留宁等人都带着佩刀，认为不符合宋的规定，令他们解除武器，再进入宫殿。辽国方面当时也没有觉得不妥当，照做了。

后来真宗知晓这个插曲，说："契丹人随身带刀，是他们的风俗，以后不用再要求他们根据我们的规定做，自便就是。"

这个意思传达到辽国使团，耶律留宁等人先是惊讶，而后感动。

大宋对辽国这般推心置腹，换来辽国的真诚以待。到萧太后寿诞的时候，大宋派出使节孙仅贺寿。

孙仅进入辽境，一路有辽国官员接待，道路一侧摆放辽国美食，一侧摆放宋国美味，请宋使团随意选用。辽国方面还下了文书，路上宋国使团跟辽国百姓发生物资交换，辽国百姓不得收取宋使团的钱财，否则论罪杀头。而后，辽圣宗亲自到幽州接见，并多次设宴款待孙仅。孙仅回程的时候，辽国给他准备了丰富的礼物带回大宋。孙仅只接受了其中"丰约中度"的部分，也就是既不过分奢华又不过分低贱、比较符合中道的数量和价值的礼物，这种模式后来成为宋出使辽的既定模式。

另一方面，两国虽然修好，可是害人之心不可有，防人之心不可无。

根据盟约，新的防御要塞不能修筑，但已有的防御要塞并没有谈及，也就是可以继续保留。真宗下密诏，要求边境部队注意修整相应设施，瞭望台、士兵的居住环境、战壕，日常皆要注意保养，损坏的及时修葺，军队人员不足则要及时招募，淘汰老弱病残，补充上新鲜血液，坚持培养精锐部队。

关于俘虏问题，真宗以盟约时期做划分。盟约之前的，根据旧例留在宋境；盟约发生之后的俘虏，悉数送还辽国。

两边军事行动在明面上已经停止，但暗地里的间谍活动仍然存在。宋朝若抓到辽国间谍，真宗要求妥善照顾，施以怀柔手段。之所以如此处理，主要考虑的是辽国若抓住宋国间谍，指责过来的时候，宋方也能有力地予以回应。你看你也派间谍来，我如此厚待，还没指责你。如此，在道义上占据上风。

国家做出了这样的决策，民间对应的也有发生一些引人深思的故事。

据说，一个武将的儿子在早年交战中投降辽国。盟约之后，这个儿子回到宋国。可武将担心儿子成了辽国间谍。这事情拿捏不准，说不定全家被砍。武将只能将儿子交给朝廷定夺。真宗最后的决定立足于父子之爱，下令放还儿子，从始至终没有调查对方是不是间谍。

从这一系列的政策和事件，体现了真宗身为君王的仁慈与担当。

澶渊之盟后，寇准的声望上升到最高，朝野无人可与之比肩。

真宗对寇准亦保持着敬重。

但寇准性格里的自负狂傲的一面，在这时期也越发鲜明，他自己给自己写了首《蝶恋花》说："四十年来身富贵。游处烟霞，步履如平地。紫府丹台仙籍里，皆知独擅无双美。将相兼荣谁敢比。彩凤徊翔，重浴苟池水。位极人臣功济世，芬芳天下歌桃李。"

由诗可见，寇准的内心是自得的：将相之才，无人可比，帝国能浴火重生，全依仗他。若不然，大宋现在说不定都搬长江以南了，臣子们今日的荣华富贵也不知道还能不能守住，哪儿有资格跟他论高低。

寇准是一个聪明人，但是他在澶渊之盟后的举动，无疑是一点也不聪明，甚至是愚蠢。

难怪好友张咏觉得寇准才学不足，隐晦地劝他读一读《霍光传》。寇准翻到"不学无术"的时候，笑说原来张咏是要说这四个字，却没有明白好友是在劝他低调谦虚，不要任性妄为。

论辅佐帝王的才华、判断大局势的能力，寇准确实有，他也不是一个醉心权术的人，反而坦荡耿直到不给人情面。这样的性格在官场上，不吃苦头，不得罪人，又怎么可能呢？

再加上，一直力挺寇准、真正深得真宗信任的老宰相毕世安在澶渊之盟之后没多久过世了。

不论真宗再怎么欣赏寇准，也耐不住朝廷那些看不惯寇准的人三番五次地在天子耳边打小报告。

当初主张南迁的官员之一王钦若，就是打寇准小报告的第一人。王钦若固然也是个有才华的人，负责过编写宋代四大名著之一《册府元龟》，在亳州任地方官员的时候，坚持为百姓说话。但他和寇准相反，是个工于心计、巧弄权势的人。为后人知晓的最大一件事情，就是陷害寇准。

因为在澶渊之盟前，寇准骂提南迁的官员"其罪当诛"，主张迁都金陵的王钦若就记恨上了寇准。

景德三年（1006）初的一天，朝会结束，真宗目送寇准等人离开。

王钦若抓住机会问真宗："您这么敬重寇相，是不是因为觉得他对社稷有功？"

真宗说："那是自然。"

王钦若神秘一笑："澶渊这件事，陛下不以为耻，反以为寇准是对社稷有功之人，这是为什么呀？"

真宗意外："哪里来的耻呀？"

王钦若道：《春秋》有说，城下之盟是为耻。澶渊之盟不就是城下之盟吗？兵临城下，您贵为万乘之国的君主，何等尊贵，竟然与敌军签署了城下之盟，何其耻辱啊！"

王钦若善于揣摩真宗的心思，他挖空心思为寇准量身打造的污蔑，果然令真宗产生触动。

见真宗面色一变，王钦若抓准时机，进而又说："赌博的人快要输了，到最后拿出全部一搏，就是孤注。寇准他就是个赌徒，而澶渊之举时候的陛下您，就是寇准的孤注。那时候的陛下您真是万分危险哪！"

与辽军一河之隔时候的心惊胆战再一次袭来，真宗不得不承认，他内心深处无数次想过万一辽军真打进来，他要怎么办，大宋又要怎么办？

王钦若的这番话，到底是触动了真宗，自此真宗对寇准的看法带上了偏移。在相位上才坐了一年半的寇准，很快就被免去相职，知陕州去了。

接替寇准相位之人，是之前真宗前往澶州时急匆匆被派回去顶替重病的雍王、行留守之职的那个王旦。

王旦是太平兴国五年（980）的进士，行事认真严谨。他奉命到达开封之后，径直进入禁中，命人不得传播相关消息，稳定住了人心。真宗从澶州返回开封，京中贵胄世族出城迎接，王旦家的子弟也在其中，等听见身后有骑兵阵仗之声，才见到王旦，得知他早回到了京城。

王旦固然也是一代名相，看破王钦若的媚上和功利，推迟了王钦若拜相的步伐，却远没有寇准的刚硬凌厉，做不到将王钦若贬黜外地、令其远离真宗。

王钦若后来执政，跟身边人说："因为王旦，我晚了十年做宰相。"但，作为一个比真宗还要懂真宗的人，现在的他已经崭露头角，开始走向大宋历史舞台的中央。

真宗有一个心病。

心病的起因依然是大宋的宿敌辽国，辽国竟然也认为自己是"大中国"，是炎黄二帝的后代"轩辕后"，他们的统治受到上神的保护。澶渊之盟后，辽国自称北朝，将大宋称为南朝。

也就是说，辽国并不认为自己是有别于中原人的外族，相反他们觉得自己也是受到上苍和神明青睐的"大中国"人。这对后世乃至世界的影响非常巨大，例如俄语称中国为 Китай，翻译过来就是"契丹"。

那么辽和宋的统治者，明明是两个完全不一样的民族，哪个国才能代表中国呢？谁才真正被神明保佑，拥有符合"天道"合法性的江山社稷呢？

这个问题，其他人可以不想，但作为大宋天子的真宗却必须思考。自古以来，华夏就说天子是"天选之子""受命于天""顺应天命"，因而才荣登大位。真宗必须要从天道和神学中，寻找到自己和大宋远胜于辽的"符合天道"的合法性。

王钦若对礼仪很有研究，本身就信仰道教。真宗从澶州回来以后，深信能这么顺利解决两国矛盾，一定是老天爷和祖宗保佑，任命王钦若负责祭祀大典等礼仪活动。王大人察言观色，发现了真宗在神学事务上的热衷，把相关的活动办到了真宗的心坎里。王钦若很快就成了真宗的心腹。

当然，发现天子热衷于此的人，不会只有王钦若一个。景德四年（1007），就有官员上书，请真宗封禅。

封禅的意思是祭祀天地，是古代帝王祭天地的典礼，又可称为封祀、封峦、封岳。历史上最有名的封禅是秦始皇，跑到了最为险峻的、五岳独尊的东岳泰山，在山顶上筑圆坛以报天之功，在山脚下的小丘之上筑方坛以报地之功。

这种国家级别的祭祀活动，汉武帝、唐玄宗都做过，甚至真宗的爹赵光义也心向往之，封禅的准备工作都开始做了，后来因为宫中大殿屡遭火灾，太宗觉得自己"功德"不到位，不符合"天道"，又下诏暂停封禅事宜。

宰相王旦看到上启封禅的奏章，试探着问真宗："封禅之礼，古来就进行得不多，而且不是太平盛世，岂能有足够的财力、人力做这么大规模的典礼？"

真宗听出了宰相话中的反对，淡淡地说："朕还没那么大的德行，怎敢轻易谈论封禅这种事。"

不过，真宗的心思是动了，旁听的王钦若心思也动了。

这俩特别能谈得到一起的人，事后就又有了一番对话。

真宗问王钦若："城下之盟的耻辱，要怎么洗刷呢？"

王钦若以退为进，先给了个不可能完成的回答："我们打过去，拿回燕云十六州，就可以雪耻了。"

真宗还真思考了一下，然后说："河北的生灵都需要休养生息，朕不忍心让他们再赴死。爱卿你还有其他建议吗？"

王钦若就是在等这句话，答道："陛下不忍用兵，那就应该做一件大事，足以镇四海、服天下，向所有人展示我们有不能匹敌的功业。"

真宗便问："是什么样的大事？"

王钦若答："封禅！"进一步又说："当然，封禅需要等天地降下举世罕见的祥瑞才能做。"

真宗初听这个建议，自然一阵失望，举世罕见的祥瑞又不是说有就有，还不知道要等到何时。

王钦若就是如此会揣摩真宗，等真宗失望的情绪出来，才适时地用想好的对策来接应。

"怎么得到天赐祥瑞呢？自古就有人为的祥瑞呀。若天子把这些祥瑞昭告天下，那么人造的祥瑞和天赐的祥瑞就没区别了。"王钦若给真宗举例子："陛下您看，古时候的'河图''洛书'，未必就是天降的，而是圣人设计了神道奇迹，以此来教化天下而已。"

真宗就这样一步步地被王钦若"点透"了，两个人决定这就把"祥瑞"给搞起来。

这首先第一件事，是处理掉朝中反对的声音。其实大部分真宗都不怕，唯独忌惮宰相王旦，而王旦之前的态度也显示他不赞成封禅。

真宗和土钦若围绕着"怎么把王旦先拉到自己的阵营来"，做出了部署。

王钦若先上，找了个契机和王旦单独提及真宗准备搞人造祥瑞，进而封禅，其出发点是要和契丹之前搞的祭天对应，显示我们这一头才具备"天神的庇佑"。

王旦虽然可以理解真宗的苦心，可是士大夫学习孔孟之道，认为这些都是"怪力乱神"之事，王钦若越是积极，王旦越觉得这事离谱。

王旦也知道和王钦若说没有意义，他打算回头劝劝真宗。可是没等王旦行动，真宗就行动了。

真宗找了个理由把王旦留下，设宴款待，席上真宗夸了王旦表现不错，君臣相谈甚欢。离席时，真宗给王旦留了一壶没开封的酒做礼物，说道："此酒佳酿，带回去与家人一起享用吧。"

王旦谢恩，带回家打开一看，满壶都是珠宝，他就这样闭嘴，不再反对真宗搞"神道设教"。

按照王旦的为人，之所以不再反对，当然不是因为看到这些珠宝就贪欲上头，而是他意识到了一个重点——宋真宗是真的想搞"神道设教"，因此才亲自贿赂自己最看重的官员。如果再反对下去，那么他的结局就显而易见了。

你不支持可以，自有支持的人来坐这宰相的位子。

王旦的内心固然不认同"神道设教"，可是他更舍不得手里的权势。

景德五年（1008）正月初三，真宗在崇政殿召见百官，向他们讲起自己去年做的一个离奇的梦。

一场大戏，就此拉开。

真宗如此介绍这个梦的内容："那梦里，朕平时昏暗的房间忽然非常亮堂，一个戴星冠、穿红衣的神仙出现，叫朕在正殿布置道场，持续一个月，然后上天会降下《大中祥符》三篇天书给我，妙用无穷，不要泄露天机。"

真宗当然"不敢泄露天机"，所以就没和诸位大臣说起。但是做梦之后，他就开始吃斋，依照神仙说的建造道场。一个多月过去了，没见天书出现。

他说："哎呀，我也不敢随意撤掉道场，所以就继续摆着。结果没有想到，刚刚皇城司来报说，在左承天门上垂下了黄帛，想必那就是天书了。"

已经是真宗"神道设教"阵营的王旦，马上就接话道："那真是可喜可贺的事情啊，陛下与辽和睦，万物生灵不用遭受战乱，天下太平，五谷丰收。这是一件大功德。如今，神仙的话应验了，可见是上天在保佑大宋。我们现在就去敬迎天书吧，上面也不知道写了什么，开封的时候让左右回避。"

真宗很是坦荡："不用回避，如果天书写了朕做得不对的事，朕就应该虔诚悔改，没什么不能给别人看的。"

群臣簇拥着真宗来到左承天门下，真宗命内侍架梯子，上去把天书取下，王旦恭敬下拜，接过天书再交给真宗。

真宗也拜了拜，然后把天书接过来放在木辇上。

天子和群臣步行护送天书到道场，由知枢密院陈尧叟打开，里面最开始写了二十一个字："赵受命，兴于宋，付于恒。居其器，守于正。世七百，九九定。"而后有三卷内容，第一卷表彰真宗的德行，第二卷勉励真宗再接再厉，第三卷祝福大宋被天神保佑。

随后，天书被供奉起来，君臣一起吃斋。

这件事很快就传遍朝野，众臣免不得纷纷恭喜真宗。真宗随即宣布大赦天下，改元"大中祥符"，安排五天的庆祝活动。

这庆祝太隆重了，所以全开封乃至全国的老百姓都知道了上天降"天书"给了大宋。

好兆头哇！盛世呀！

接二连三的祥瑞就此上演。

大臣们纷纷上书和真宗说："陛下，封禅吧！"

真宗还推让了一下："封禅这种事，历朝历代很少做，实在难以答应大家。"

百姓也纷纷向朝廷表达愿望："封禅吧！"甚至结队往开封走，向真宗表达民意。

真宗为难地搓手手，"哎呀呀，这么大的事，怎么好轻易去做。"

百姓说："我们大宋已经受天命五十载，天下太平，华夏安泰，天降祥瑞，可见陛下的盛德，理应去泰山报答天地神祇。"

真宗依然没有点头，毕竟皇帝要去，和上天要皇帝去，这是不一样的。

直到四月，天书再次降临。

宰相王旦带着各地前往开封的百姓、僧人道长、百岁老人、满殿文武大臣，一共两万多人，接连五次上奏，锲而不舍地请求封禅。

真宗终于下诏："于今年十月前往泰山封禅。此举不是为了求仙求福，而是为报答天地诸神。"

王钦若被指定负责这一切的准备工作，前往泰山所在的兖州安排相关事宜。泰山提前戒严，为天子的到来做准备。

五月，真宗再次梦到神仙，说到六月上旬会继续在泰山赐予天书。王钦若与他"心有灵犀"。到六月的时候，果然有木工发现黄色的飘带，上面写着真宗的名字。王钦若就在发现天书的地方建造道场，并派人将天书送往京城。

紧接着连王钦若都梦到了神仙，他跟真宗禀告说："神仙让臣多建一座庙亭，还指了方位让臣记住。最近臣因为要监督工程，到一处叫作'威雄将军祠'的地方，看到神像、祠庙所在的地方，都与臣梦里的一模一样。臣请求用工程结余的款子，在这威雄将军祠边增加一座庙亭。"

真宗自然答应。

自从王钦若到了泰山，泰山就时不时发现祥瑞。一会儿挖掘到醴泉，一会儿发现苍龙，一会儿说泰山每日都有灵芝生出。

至于封禅过程中的细节，每一个都被拿出来反复讨论、研究。到了六月，相关的细节才完全拟定好。真宗认真阅览，又标注了细节让官员再做讨论。

同时，这么大的举国性质的活动，契丹如果想歪了，以为大宋在背地里准备打仗就不好了。

实际上，辽国确实也有调兵遣将、粮草运转的痕迹。

河东转运司上书询问真宗："陛下，是不是我们也调兵，以防万一？"

真宗答曰："本来辽国就是误会了我们，如果我们再加强军事行动，反而更加剧了他们的顾虑。所以我们什么都不要做。"

而后，真宗派特使带着礼物专门去辽国，通报大宋将在十月封禅这件事。

辽国回答得也很大气："大宋要办自己的大事，可以不通知我们。送来的礼物，我们也担心违背当初两国签下的盟约，不敢接受，予以退回。"

真宗赞辽国人："异域之人果然遵守誓言哪！"

到了七月，封禅用的玉牒和玉册出现了问题，玉器匠人表示时间太仓促了，来不及完工。

宰相王旦表示："玉器来不及做，不如用其他类似的东西替代。"

从这个细节可以看出，王旦其实根本不相信这些虚幻的"神仙托梦"和"天降祥瑞"，他只是在配合真宗罢了。相比之下，王钦若的"尽心尽力"就令真宗觉得贴心得很。

真宗不同意王旦的建议，下令让工匠们赶工，力求在十月之前完工。

有一个老玉匠回忆起来，宋太宗时期曾要做东封大典，后来虽然叫停了，但当时的玉牒已经做完。

真宗于是高兴地让人将先帝时期做的玉牒找出，完全符合要求，就定下了用这个玉牒。

在真宗眼里，这个插曲本身也是一种"祥瑞"和"上苍眷顾"。

十月，封禅大典如期举行。

泰山顶上，前一夜还狂风大作，等到真宗登上山顶时，忽然风停，一片祥和。

当晚，真宗宿于山顶。

第二日，真宗盛服祭奠上天。

昊天上帝为主，然后是太祖太宗的配座，最下是真宗，他在这一刻是昊天上帝的臣子，以谦卑的姿态向上天和神灵们恭敬祷告："我真宗必定以仁守位，以孝奉先。谨以这些美玉锦帛、五谷牛羊等物品敬献上天，以示诚意。"

刻有誓言的玉牒、玉册由王旦放入玉柜，再放入石磌，封存在泰山之中。

当日，真宗下山，宿在山下奉高宫。次日，用类似的流程祭祀地祇。

以前的太祖朝、太宗朝以及最近各地敬献的奇珍异兽，全部在山下放生，天上太阳出现叠着的光晕，五色云彩环绕在天际，泰山周围的百姓都有看到，不禁高呼万岁，欢呼声直冲云霄。

"封禅大典"圆满完成，真宗终于完成了这项天地认可政权合法性的仪式。他大赦天下，举国欢庆三日。

真宗成为中国历史上最后一位封禅的帝王。

大典之后，皇家车队浩浩荡荡，一路返回开封，一路赐宴，还专门绕道去祭拜了孔子。各地纷纷呈现"祥瑞"，又开始有新的请愿，请真宗祀汾阴，祀西岳……

真宗"扛不住"民意，又"顺应"天意，于是新一项"神道设教"开始了，中国信仰的神佛那么多，哪一个不是天神？哪一处不需要天子去虔诚祷告、祈求福祉呢？

真宗已经停不下来，他身边的人、各地的官员百姓也一样，全国陷入癫狂的状况。各地大兴道教，印刷收藏道教书籍，建造道观。

与此同时发生的是国库越来越空虚，无数钱财珍宝投入到了疯狂的宗教活动之中，仅是东封泰山就耗费八百余万贯钱，后来西祀汾阴耗资更增二十万贯。

其实，在最开始，真宗并不是这样的。

决定封禅之前，他担心国库不能承担一次封禅的费用，特意询问管财政的代理三司使丁谓，得到丁谓肯定可以承担这件事的回答，真宗才放心，又让丁谓仔细做好相关预算。

各地不断进贡奇珍，组织请愿的百姓到开封时，真宗下令："进贡的奇珍，各地都会效仿，反而是一种麻烦。现在已献上的，要用高于市价的价格给百姓，并告诉各州百姓，不要再做类似的事情。"

以往，将士们出发去打仗，朝廷会发放锦缎之类，让将士们盛装出行。准备封禅大典时，官员提议也这么做，让仪仗队看起来更加庄严。真宗琢磨这样太多浪费，要能节省就节省，否定了这个提议。

出发去封禅的时候，计算了路上的费用，真宗选择了比较远，但是成本更低的线路。

大中祥符三年（1010），真宗已下令各地不要再组织到开封来请愿，可是各地的热情还是难以压制，三万多人前往朝廷请求祭祀汾阴后土。

真宗担心国库不够，起先不予同意。

三司使丁谓看出了真宗的心动。

之后，真宗到龙图阁，翻阅到一本唐代财政方面的档案《元和国计簿》，丁谓趁机跟真宗说："唐代时候，江淮地区运送到长安的粮食是四十万石，而现在运到开封的有五百余万石。国家的财政情况非常好。"

真宗夸他："爱卿财政管理做得非常好哇。"

丁谓让真宗以为国家有很多钱可以花，解决了真宗继续搞"神道设教"的后顾之忧。

之后，各地再来请愿的时候，真宗的态度就软化了，说："朕为各地百姓祈福，如果能获得天地祝福，那么什么舟车劳顿朕都不怕。"

之后，他下诏明年春天到汾阴后土祭祀。

许许多多的细节可以看出，真宗的初心并不是要把国家拉入困境，也并不想把太祖太宗两朝好不容易积攒起来的家底挥霍掉。

但是随着事态的发展，真宗已经无法分清这祥瑞和这样的盛世是"人造"还是"天赐"的。也许他心底里是明白的，可他不愿意从这场梦里醒来。围绕在他身边的王钦若与参知政事丁谓、三司使林特、龙图阁学士陈彭年、皇城使刘承珪组成的"五鬼"，阿谀奉承，投其所好，把这场举国癫狂推向高潮。

值得一提的是，20 世纪 30 年代，封禅大典的玉牒在泰山出土，一共两卷，一卷是唐代李隆基的封禅玉牒，一卷是宋真宗赵恒的封禅玉牒，牒上所刻乃两位帝王的真迹，这是我国现今为止出土的仅有的两卷玉牒。当时的中国正处于军阀混战的时代，玉牒曾一度失踪。20世纪70年代，玉牒再度现世，现存于台北故宫博物馆。

第十章

狸猫换太子——刘太后听政

真宗天天忙着"神道设教"，朝野上下不是没有反对的人，但是声音太过渺小，什么也改变不了。

大中祥符八年（1015），两朝元老张咏，在病逝前递交的最后一份奏章上提醒真宗："陛下不应该建造玉清昭应宫，这种行为会用尽天下之财，伤及民生根本。都是贼臣丁谓迷惑哄骗陛下，臣祈求斩丁谓，将他的头放在国门下谢罪天下，然后用臣张咏的头放在丁家的门上，作为臣主张杀丁谓的谢罪。"

张咏到死都一直在等待真宗的回应，可惜，真宗实行的政策是：没反应。

对于这些反对的声音，他就当听不见，既不虚心采纳，也不追究责任。

玉清昭应宫是真宗下令修建的一座道馆，大中祥符二年（1009）动工，地址选在皇城西北天波门外，地基要求深至五米，工程量巨大，耗费巨资。

大中祥符七年（1014），劳民伤财的玉清昭应宫落成，奢华程度据说赶超秦始皇的阿房宫。

皇帝都这样了，宋朝竟然还没完蛋，不得不说，是因为有一批有责任心的官员，如张咏，如王旦。

真宗把"神道设教"玩脱了，变成了一场举国疯狂。宰相王旦虽然也参与了封禅大典的狂欢，但是在后来事情越发荒诞之后，成为帮凶的王旦内心痛苦，隐忍在相位，下定决心做好本职，他撼动不了"五鬼"，也不搭理"五鬼"。

丁谓是推动玉清昭应宫建造的始作俑者之一，王旦对他极度反感。玉清昭应宫建成后，门口设置饭食，供游人免费取用。后来因饭食质量太差，投诉到丁谓这边。

丁谓到宰相办公的地方，问王旦如何处理。

王旦不回答。

丁谓再三问，王旦不语，若没有听见问题一般。

丁谓恼火，质问王旦："宰相为何不答？"

王旦道："此地是讨论军国大事的地方，并非与人理论馒头、夹子等伙食的地方。"

丁谓因此对王旦怀恨在心，多次在真宗和其他人面前诋毁王旦。

所幸真宗对王旦依然信任，说道："王旦在朝廷多年，朕了解他的为人，东封之后，已告知他一些小事可自行裁决。你们听他的安排就是。"

玉清昭应宫落成第二年，京城突然出现大火，左藏库、内藏库都被波及，无数锦帛、文物毁于大火。

既然所有人都疯狂地追寻道教，寻找天迹神示，那么，天可以降下祥瑞，也自然能降下警示。根据这种理解，这场大火是不是属于后者？

宰相王旦上表请罪，但真宗认为错在自己，下了"罪己诏"，后来大火原因查明是从荣王赵元俨的府邸先开始，火势巨大，蔓延向四周。

真宗要降罪涉事的人，王旦站出来反对："陛下已下罪己诏，何以再怪罪其他人呢？大火虽然是从荣王府起，但又怎么肯定是人为，而不是天降预警呢？"

最后，所有人都被赦免。

但是，参与到了"神道设教"一系列活动中，是王旦终身的懊悔，即便是身为宰相，他也无法阻止整个时代的热衷，只能冷静又无奈地看着事态发展，孤独支撑大局。

天禧元年（1017），王旦病重，真宗命人用轿子将王旦抬入皇宫，讨论未来宰相的人选。

真宗问道："爱卿现在情况这样严重，万一出现不测，朕把天下事务交托给谁呢？"

王旦先感谢了天子的信任，然后表示，任命宰相这种事还是应该天子自己做决定。

真宗问了几次，王旦都不回答，真宗没办法，只好拉出心中的人选来一个个问王旦，王旦依然不答。

真宗无奈："爱卿你倒是说说你的意见哪。"

王旦才勉强支撑着自己，坐直身体，举起朝笏，回答："臣愚见，宰相之职，只有寇准。"

真宗自是极不喜欢寇准，这家伙太过任性偏执，不管在哪里，都有人告他的状。所以，听到王旦说寇准这个名字，真宗很是失望："就没其他人了吗？"

王旦道："其他人，臣不知道。"

王旦和寇准没有私人恩怨吗？在王旦心里没有，不过寇准觉得有。

寇准被贬后，曾私下托信向王旦求官，王旦回答不接受私人请托。这事让寇准非常恼火，事后说了王旦不少坏话。

但是，王旦可以用客观、理性的态度去认可寇准的才能，确是能担当起天下职责的人选，因而认真地向真宗推荐寇准为相。

后来寇准再次为相，入宫觐见真宗时，才得知王旦推荐他的来龙去脉，对王旦不禁愧疚佩服。

这是王旦能为帝国发展做出的最后努力了，咽下最后一口气之前，一代名相王旦和家人说："我没有别的过错，唯独没有谏言天书这件事，是一辈子无法抵消的罪过。等我死后，给我剃发，穿上僧衣，用这种赎罪的方式殓葬吧。"

王旦过世后，寇准再入中枢，执掌相印，可惜真宗的身体已经不行了。

大中祥符九年（1016）夏天，宋朝境内多地出现蝗灾，来势凶猛。

各地官员却还在粉饰太平，有的说蝗虫因为害怕皇帝的神威，纷纷自杀；有的说蝗虫似乎知道这是天佑的土地，后悔不该来，到太湖自尽；有的说神仙在帮助，蝗虫飞着飞着，被一股神奇的力量击毙；还有的说蝗虫被天地感化，变善良了，只喝水不吃庄稼。

真宗派身边的宦官去调查官员说的是否属实，宦官回的话比官员说的还要天花乱坠。

灾情到后来隐瞒不住，蝗虫飞到开封上空，遮天蔽日，真宗虽然痴迷信道，却是心系百姓和以天下为己任的帝王，他立刻下诏灭蝗，同时前往道观，乞求上天保佑。

这场蝗灾到天禧元年（1017）结束，但真宗的身体在长期的担心和惊恐之下，开始频频出现问题。

天禧三年（1019），真宗祭祀南郊，回宫后忽"得风疾"（中风），开始语言混乱、记不清楚事情，然后迅速发展到半身不遂，只能卧床。但国家大事却不能没人决断，皇后刘娥于是从幕后走到了国家管理的前台。

真宗原配妻子是潘美的第八女，当时真宗赵恒尚在藩邸，由太宗赵光义为其聘娶。潘氏辞世时，年仅二十二岁，一生无所出。真宗即位后，追封她为庄怀皇后。

潘氏过世后，赵光义又做主，给儿子续娶了宣徽南院使郭守文第二女。太原郭家是名门大家，郭氏谦约惠下，厌恶奢靡。真宗即位后，册立其为皇后。郭皇后前后育有三子，其中次子赵祐曾被封为太子，长到十岁时夭折。景德四年（1007）郭氏病逝，时年三十二岁。

五年后，大中祥符五年（1012），刘娥被立为皇后，是真宗的第三位皇后。真宗的前两位皇后都是大将之女、名门之后，可他真爱之人，只有这第三位皇后刘娥一个，二人相识相爱的时候，真宗和他的第一位妻子潘氏甚至都还不认识呢。

刘娥出生在太原，祖父是后晋、后汉时任右骁卫大将军的刘延庆，父亲是宋太祖赵匡胤时的虎捷都指挥使刘通，后来刘通任嘉州（今四川省乐山地区）刺史，带着家眷前往四川，不久病故，身后无子，妻子庞氏只能带着尚且年幼的刘娥回到娘家。

母女俩寄人篱下，但庞氏没有放松对女儿的教育，刘娥长大之后聪慧伶俐，姿容出色，她跟随表兄龚美离开蜀地，到京城一带谋生。龚美做银匠，刘娥一边摇着播鼗（一种类似拨浪鼓的乐器），一边唱歌，走街串巷为其卖货。但生意不好做，龚美遂决定卖掉刘娥。

这时，真宗赵恒刚被封为襄王，任开封府尹，麾下有一个指挥使叫张耆。张耆觉得刘娥不错，将她引荐给真宗。

性格果断、聪慧美丽的刘娥，一下吸引住了赵恒。这两个人，不光一见钟情，而且心灵契合。赵恒处理日常事务，刘娥在旁红袖添香，遇到难题的时候，刘娥可以引经据典地和赵恒讨论，给赵恒以启发，而刘娥发表的看法也非常符合赵恒的价值观，赵恒庆幸觅得如此知音，两个人爱得难舍难分。

但刘娥的出现和受宠，却惹得一个人不高兴了，这便是赵恒乳母秦国夫人。秦国夫人生性严肃，觉得刘娥日日和真宗黏糊在一起，有魅惑之嫌，绝非良人。于是，在宋太宗赵光义询问儿子日常生活的时候，秦国夫人把刘娥的事情和天子说了。

赵光义不能容忍儿子被一个来历不明、出身低微的民间女子迷惑，令赵恒逐刘娥出王府，随后为赵恒聘潘美之女为妻。

赵恒不能违抗父命，但也舍不下刘娥，将她秘密安置在张耆家中。张耆是整件事里最有眼力价的一个，看出赵恒对刘娥的感觉绝非一般。所以，刘娥在张府时，张耆对刘娥极为恭敬，他也不敢居住在自己府邸了，搬出去住在别处。而赵恒则经常前往张府，和刘娥私会。

等到赵恒登基为帝，刘娥便被接入皇宫，景德元年（1004），她被封为美人。两个人爱得如胶似漆，可是有一个问题，刘娥没有孩子。

没有孩子，怎么给她更高的地位？自己以后如果离世了，她又能依靠谁呢？真宗很是苦恼，一方面是因为真爱，另一方面是因为他知道没孩子这件事的主要问题在自己。

宋真宗热衷于道教，自然也少不了加入炼丹服丹的队伍，以追求长命百岁、延年益寿。结果，长生的目的没有达到，所生育的孩子身体弱活不久的副作用倒是来了。真宗前后五个儿子，全部早夭，没有一个活过十岁。

这时候，后宫里是真宗的第二任妻子郭皇后当家，郭皇后的身体也不太好。在真宗心里，等郭皇后过世以后，再也不可能有人阻止他册立刘娥为皇后。但刘娥出身卑微，没有强大的娘家支持，除了"生儿子"，很难找出更好的理由册立为后。

真宗着急，刘娥也着急，在这样的背景之下，刘娥让身边的侍女也"承宠"，尝试怀孕，就不足为奇了。最后，一个姓李的侍女怀上了孩子。于是，真宗对外宣布刘娥怀上了孩子。

大中祥符三年（1010）四月十四日，真宗的第六子赵受益出生。

天禧二年（1018），赵受益被立为皇太子，改名赵祯，后来成为大宋第四任皇帝宋仁宗。

宋仁宗一直到刘娥过世之后，才知道自己的生母是另一个人。

这个事情演化到后来变成了京剧故事里的《狸猫换太子》，故事里的刘娥成了一个恶毒的女子，用剥了皮的狸猫换走李妃的孩子，并以此说李妃诞下妖物，将李妃害死。

可历史的真相并非如此。

刘娥对李氏非常优厚，李氏后来又诞下一个女儿惠国公主，刘娥让真宗封李氏为才人。惠国公主早夭后，刘娥又让真宗晋封李氏为婉仪。真宗驾崩之后，刘娥让李氏守陵，不论是生活上还是地位上都没有亏待李氏。

李氏出身贫苦，原本有一个弟弟，在她进宫之前给弟弟做了一个鎏囊，说："等姐姐以后过得好了，一定来寻你。"

刘娥知道这件事后，派宦官帮李氏四处寻找这个弟弟，后在街头找到重病的李氏弟弟。刘娥又将事情告知真宗，真宗给这个小舅子安排了右班殿直的职位，是一个小武官。后来到宋仁宗时期，仁宗尚幼，刘娥听政，又提拔他为地方刺史。

李氏失去了孩子，没能亲自抚养儿子长大，但另一方面，儿子放在刘娥名下，才能自幼享受到最好的照顾和教育。她作为少数的知情人，守口如瓶，怀着对孩子最大的祝福，默默注视孩子长大，最后成为一个不错的皇帝，李氏无疑是一个伟大的母亲。

但刘娥的付出也不能被磨灭，她一方面忍受着不能生育的痛苦，一方面把这个借腹得来的孩子视若己出，从生活用度，到身边的乳母侍从，全都仔细挑选，事无巨细都安排到位。若刘娥随真宗外出，必然派人回来仔细过问孩子的情况。而如果在宫中，她会亲自督促孩子的学习，全心全意地培养他成为帝国的接班人。甚至，因为这个孩子到来的时候，刘娥年龄已经不小，她还请真宗的另一个妃子杨淑妃帮忙一同照顾。

明道元年（1032），在欣慰地看着儿子做了十年皇帝后，李氏病重，刘娥又晋封她为宸妃，册封当日李氏逝世，享年四十六岁。

刘娥接受了宰相吕夷简的提议，以皇后的服装，用水银实棺，厚葬李宸妃。

她对李氏是无愧的。

刘娥对真宗，也用尽了一生的全部去爱，她努力学习，走到他身边，担负起一国之母的职责。真宗重病时，她拿出自己的私产为他四处祈福，她不是不能动用国库，但那意义不一样。刘娥为真宗祈福，是一个妻子为深爱的丈夫祈福。

而在真宗心里，刘娥既是妻子，又是知己，更是他依赖信任的人。

真宗朝后期，真宗身体欠佳，面对繁重的政务，心有余而力不足，刘娥陪伴在天子左右，帮忙处理国事，恭谨周密。真宗倚重她，体弱不朝之后，嘱咐臣子："政事多由中宫决定。"

真宗还夸奖刘娥："行为不违规矩，朕无忧也。"

真宗病重后精神错乱，记忆时常发生偏差。有一次，他和大臣抱怨："昨晚上，皇后不知道有什么事情把人都叫走了，屋里就朕一人，哼！"

天子耍小性子一样，还"哼"了一声，表示不满，仿若回到十几岁和刘娥认识时候的那个情窦初开的少年郎。

但是，天禧三年（1019），辛卯，太白星在白日出现，占卜的结论是："女主昌"。

一直沉迷道教、相信神学的真宗，深感不安，生怕是刘娥权力过大，危及赵氏江山。而且，宋朝有史以来，从未有过女子权力过重。于是，真宗向心腹周怀正透露了让太子监国的意思。

周怀正正是当初"天书降临"时，爬梯子上去把天书取下的宦官。

周怀正觉得这个主意太好了，可是真宗一个身体不好的天子，他一个太监，要完成这件事是不可能的，还得让有能力的重臣参与才行。

周怀正欣赏寇准，将这件事透露给了寇准。

寇准于是秘密拜见重病的真宗，大胆地提出在真宗在世的时候，提前完成权力交接，让太子监国。当时太子才十一岁，肯定需要强而有力的大臣辅佐，而寇准又说丁谓是奸臣，无疑代表这个堪当大任的辅臣正是他自己，大宋第一宰相寇准。

这个大胆到有些"自找杀身之祸"的建议，也只有向来自负、强硬又敢做的寇准才会提出来。

真宗听后觉得有道理，史书记为"上然之"。

有了天子的首肯，寇准才放手去做，当时他考虑用杨亿来顶替丁谓，因此把事情提前透漏给杨亿，让杨亿准备撰写相关过渡性的文件。

杨亿也万般小心，总等到夜深人静，呼退左右，才悄悄撰写文书。文书的内容，杨亿如此看重，自然不会透露出去。寇准也知事态严重，不会轻易泄露。可是，手眼通天的丁谓还是知道了。

原本的"五鬼"之首王钦若，这时候已经失宠，丁谓成了"五鬼"中权势最高的一个。他和寇准彼此早有意见。

寇准复相之后，丁谓是他的副手，几个人经常在一起吃"工作餐"。一次吃饭的时候，寇准的胡子沾了汤汁，丁谓讨好地帮他擦干净。

寇准不留情面地呵斥："你一个堂堂朝廷重臣，竟然给上司溜须，合适吗？"

"溜须拍马"一词，由此而来。

丁谓知晓寇准要搞"太子监国"，决定借机扳倒寇准。这时除了寇准，还有一位宰相李迪。

丁谓问李迪："寇相要搞'太子监国'了，若回头陛下身体又好了，怎么办呢？"

李迪不答反问："太子在外可统率大军，在内可代理朝政，有什么问题？"

丁谓随后以"寇准此举是在诅咒天子"为由上奏真宗，欲解除寇准的相职。

这一天看起来身体不错的真宗，却完全忘记了自己和寇准曾有过"秘商太子监国"之事。

真宗很生气，叫翰林学士钱惟演起草罢去寇准相职的文书。

钱惟演的父亲是吴越国主、后来被宋太宗一杯毒酒毒死的钱俶。他的女儿嫁给了丁谓的儿子，妹妹嫁给了刘娥的表兄龚美（后改名为刘美）。所以，钱惟演是坚定的丁谓一派，也是刘娥参与朝政的支持者。

真宗虽然生气，罢去寇准的相职，但又封了寇准为太子太傅。

钱惟演有心推举丁谓接替相位，向真宗进言："如今中书只有李迪一位宰相，恐还需另任命一位才行。"

宋朝一直有一位以上的宰相，这是相权"不集中"的一种手段。天禧四年（1020）六月，真宗任命丁谓、冯拯为宰相。

但是，这件事还是没完结，周怀正决定冒险把"太子监国"的事继续下去，除去丁谓，不让刘娥干政，尊真宗为太上皇，让太子监国。

周怀正的行为看起来很是荒谬，但他是真宗的心腹，又负责教导太子，和太子关系不错，被唤作"周家哥哥"，不论哪一个在位，周怀正的荣华富贵都不会少，而且也没有任何证据证明，周怀正和刘娥之间有矛盾。

可周怀正还是坚持发动"政变"，他找来弟弟礼宾复使周怀信、客省使杨崇勋、内殿承制杨怀吉、阁门祗侯杨怀玉，一起商量并决定在当月二十五日举事。

但是，到约定的前一夜，杨崇勋和杨怀吉心生反悔，跟丁谓告发了这件事。丁谓又找了曹利用商量。

曹利用当初听寇准的话，把澶渊之盟给辽国的岁金降到三十万一年，回来后被提拔，做到枢密副使，是寇准的下属。寇准经常骂曹利用啥事不懂还妄谈国事，次数多了，曹利用也不痛快，跟丁谓走到了一起。

丁谓和曹利用商议之后，由曹利用出面跟真宗做了秘密汇报，真宗当即下令将周怀正抓捕。

寇准虽然没有直接参与后来这件事，但调查下来，周怀正的计划是等太子监国以后，让寇准做辅臣。寇准因此成了受益者，丁谓一派对他反复打压。尽管李迪多次出面劝说真宗，为寇准求情，但寇准还是被贬了又贬，先知相州，又知安州，后知道州。应验了真宗那句"知小儿远处"，寇准被贬得离京城一次比一次远。

令人唏嘘的是，寇准被贬离京，真宗又犯病了。

不记得发生过什么的他，时常问左右的人："为什么好几日不见寇准哪？"

左右畏惧丁谓，不敢据实回答。

乾兴元年（1022），寇准再一次被贬，这一次是雷州（今雷州市，湛江市代官处于雷州半岛上）参军。初到雷州时，他连一处像样的住所都没有，当地官员、百姓都知道这是一个好官，主动帮他盖了安身之处。

次年，寇准病逝在雷州。

古代政台上的一代奇才寇准，他的仕途像被一把锋利的刀一切为二，前半段花团锦簇，后半段没落飘零。

最开始，他是少年探花郎，百姓十里相送的好官，春风得意，而后他第一次拜相，在宋辽两国交战前线饮酒下棋，谈笑间指点天下。但最后的最后，他在一个极南之地，山高皇帝远，当年风云都是一场梦罢了。所幸，那段时光，他似乎走出了内心的枷锁，谈诗作赋，读书写字，登高望远，时常豪饮大笑，不再关心国家大事。

寇准过世后，他的夫人宋氏向朝廷奏乞将寇准的灵柩归葬故里，宋仁宗准奏，拨予经费，可是数目不大，灵柩运到半路，经费已尽，只能就地掩埋。又过十年，宋仁宗为寇准昭雪，他的灵柩才得以归回故里。

寇准一生，成在才华，失在性格。但若他不是那个不在意人心、敢作敢当的寇准，后人又怎么会隔着历史的长卷缅怀他，为他痛心惆怅呢？

"太子监国"这件事后，真宗对儿子也产生了顾虑，毕竟这事严格计较起来也算是"谋逆"，甚至有臣子上奏说太子也应该责罚。

这时候，接替寇准的宰相李迪从容站出来说："陛下，您有几个儿子？"

真宗才恍然清醒过来，他只有这么一个儿子，折腾不起。

但是，对于刘娥过分参与政事，李迪深感不安。

汉朝的吕后和唐朝的武后已是先例，如果将来太子登基，年岁太小，刘后必然会垂帘听政，那又怎么保证刘后不会成为下一个吕后武后呢？

李迪大胆问真宗："如果是这样，何不以法治之？"隐晦地表示，与其将来收拾不了，不如现在就废掉皇后。

后来，这件事被刘娥听到了，似乎对李迪有了意见。

站在刘后独揽大权的角度，这件事李迪没有错，说了一个忠臣该说的话。如果是刘娥狭隘歹毒，因此记恨上李迪，所以在丁谓清除异己、贬走李迪之时，刘娥没站出来帮李迪说话，那么丁谓垮台后，刘娥为何要复用李迪？

李迪回京上朝时，已是太后的刘娥坐在帘后，对李迪说："爱卿不希望我参与国事，认为是一种危害。而今我将天子抚养成人并登基为皇，爱卿认为怎么样？"

李迪答说："臣下蒙受先帝的恩德，如今见天子聪明通达事理，是臣过往时候，不明白皇太后的大德。"

刘娥也很高兴，觉得终于被李迪理解了。复用李迪，任尚书左丞知河阳，升任工部尚书。

可见，历史上的很多男性都不理解女性。

刘娥没有篡权夺位的野心，只是一个为心爱的男人守好天下的女子，那么她当初听见李迪和真宗说要废后的时候，因不被理解而怒火中烧，又有什么错呢？

天禧四年（1020）二月，真宗病情加重，下诏告知大臣，太子仁宗听政，皇后刘娥辅助。

两年后的正月，大宋由"天禧"改元"乾兴"。

真宗在重病的情况下，坚持登上正阳门，大赦天下，减免赋税，鼓励百姓重视农事。

几日后的戊午日，真宗在延庆殿驾崩。

丁谓、王曾、冯拯、曹利用等两府大臣急忙赶到延庆殿，放声大哭。

一个严厉的声音自帷幔后传出："以后有哭的日子，现在，且听事情如何安排！"

刘娥展现出了一个女人在大事面前的冷静和自制。

她宣布真宗的口头遗诏，责令王曾记录。

遗诏的第一句话是："太子继位。"

于是，十三岁的皇太子当即在灵柩前登基，成为大宋第四任皇帝，史称宋仁宗。

遗诏的第二句话是："皇后刘娥为皇太后，杨淑妃为皇太妃。"

杨淑妃就是与刘娥一起抚养太子的真宗的妃子，在这里王曾提出了异议，但其他几位大臣都不赞同他，最后王曾持保留意见。

遗诏的第三句话是："军国大事由皇太后暂时代理。"

注意此处，刘娥亲口所说为暂时代理，丁谓媚上，建议把"暂时代理"的意思去掉，王曾不肯。

刘娥也没有支持丁谓，可见刘娥心里维护的是大宋社稷，并不是一己私利。

宋真宗驾崩后，向辽国派去特使"告丧"。

但特使还未到契丹中京，辽圣宗已然知道消息，不禁失声痛哭，而后又想到两国邦交的事，万一宋真宗这一去，而新上位的皇帝还小，不清楚两国通好的来龙去脉，被一些有心人离间，又怎么办？

这时，宋朝"告丧"的特使赶到，向辽圣宗表示，刘太后也已想到这层顾虑，两国之盟不会改变。

辽圣宗放下心来，让妻子萧氏给刘娥写信慰问，并在辽国境内为宋真宗设灵堂，然后派庞大师团前往大宋吊慰。

刘娥听政之后，丁谓专权了一段时间，竟然胆大妄为到在宋真宗的陵寝上做文章，这件事触及了刘娥的逆鳞。

同时，通过颁布遗诏时候各官员的表现，刘娥看出王曾是一个耿直、认理、可以托付的人。

后来在王曾的协助下，刘娥罢去丁谓的相权，贬丁谓为太子少保，分司西京，离开开封，后又贬到崖州（今海南省三亚市），与寇准当年在的雷州倒是不远了。

面对天之涯的碧蓝海水，丁谓倒是和寇准一样淡然得很，笔耕不辍，看透百态，潜心归佛。

目睹了真宗一朝的刘娥是理智的，她听从大臣吕夷简的建议，将天书从葬真宗的永定陵。

八年后，天圣七年（1029），六月丁未（二十日）夜，玉清昭应宫突然发生火灾，一夜之间几乎全部化为灰烬。

这是真宗生前一场旖旎的梦。

刘娥哭着对众大臣说："先帝极力造成此宫，如今一夕延燔殆尽，幸好还有一二小殿留存。"

枢密副使、给事中范雍听出刘娥有重建玉清昭应宫的意思，抢奏道："不如烧光了的好。"

刘娥追问原因。

范雍答："先帝朝为修此宫，耗尽天下财力人力，岂料会化为灰烬，非出人意。如要动工修复，则民不堪负担，就违背了上天警告的本意。"

宰相王曾、吕夷简等大臣，都赞成范雍的话。

刘娥沉默片刻，认同诸大臣的意见，随后昭告天下，不再修复玉清昭应宫，把剩下的长生、崇寿殿改为万寿观，同时撤销全国所有的宫观使，不再劳民伤财，是黎民之福。

刘娥对仁宗的管教甚为严格。

仁宗因为经常被风痰之症困扰，刘娥下令不许给仁宗吃虾蟹等海鲜。

反而是一同抚养仁宗的杨太妃，会给仁宗吃鱼虾，还跟刘娥说："还是小孩子，你为何要这样苛责呢？"

仁宗年纪小，刘娥也严防他在男女之事上荒诞，选了平卢军节度使郭崇的曾孙女郭氏为仁宗的皇后。

当时仁宗十五岁，郭皇后十三岁，两个人犹如玩伴，相处融洽。

刘娥垂帘听政十一载，始终没有还政给仁宗，一直到明道二年（1033），刘娥辞世，宋仁宗赵祯亲政。

宋真宗赵恒的八弟赵元俨，告知仁宗："你的生母其实是李宸妃。"

原本悲伤的仁宗得知真相，非常愤怒，再加上一些居心不良的臣子不断添油加醋，仁宗差点将刘娥的娘家满门抄斩。后来打开李宸妃棺椁，发现竟然是以皇后冠服厚葬，仁宗才幡然醒悟，以厚礼安葬刘娥，谥号"章献明肃皇后"，同时以皇后之礼厚葬生母李氏，谥号"章懿皇后"。

刘娥在世时，虽然没有还政给仁宗，但她也从未想过自立。

天圣二年（1024），刘娥曾在参加宋廷册封大典时，身穿帝王龙袍。

有多心眼的臣子上书请刘娥"依武后故事"，献上《武后临朝图》，均暗示刘娥称帝。

刘娥将之重重掷于地上，表态说："我不做这种对不住大宋列祖列宗的事！"

纵观历史，多少强势干政的女性，都会提拔自己的娘家，然后等到外戚强大反过来作为达到自己政治目的的依仗。但刘太后的表兄刘美，在太后执政之前就已过世。举朝上下，也就是做了刘美大舅子的钱惟演，和太后算半个亲戚。但钱惟演一个末代吴越国的王子，自身都在朝野里努力减少存在感，怎么会和太后走得太近而惹祸上身呢？

再加上宋代家法对太后干政约束甚严，并设置了宰相、台谏官等制约机制，所以两宋时期虽然前后出现了八位垂帘听政的太后，却未曾出现一次危乱政局。

刘娥，有吕武之才，无吕武之恶。只因为后世《狸猫换太子》的故事广为流传，而被世人看作一个妒忌恶毒、残害忠良，甚至意图谋夺赵氏江山的"奸妃"，实在不公平。

纵观刘娥一生，为妻子，她深爱真宗，为他看护天下；为母亲，她悉心教养仁宗，没有半点私心；为执政者，她主政期间，良策颇多，创建谏院、严惩贪官、兴修水利、完善科举、兴办州学，《宋史》评价她："内外肃然，纪纲具举，朝政无大阙失。"

刘娥，她是一个好妻子、好母亲，也是一个优秀的女政治家。

第十一章

庆历和议——西夏崛起（上）

明道二年（1033），刘太后刘娥过世。

常言道：养儿一百岁，长忧九十九。

刘娥如其他每一位母亲一般，一直到咽下最后一口气之际，都在担心：哎呀，仁宗这孩子行不行啊，能不能照顾好大宋啊，他吃饭香不香呢，万一自己也照顾不好自己怎么办……

因此，刘娥临终留下句话："尊杨太妃为杨太后，垂帘听政。"让共同抚养仁宗的另一位德高望重、仁宗喊之为"小娘娘"的老姐妹，再帮儿子干几年。

仁宗不同意，他都二十三岁了，还是妈妈心里长不大的孩子吗？再说这还不是亲妈。刚知道自己身世的仁宗，在内心深处对刘娥的意见不小。

杨太后本身政治欲望不强烈，也比较疼惜孩子，再加上她手腕远不如刘太后，而且大臣们的意思都很明白——仁宗该亲政了。

所以杨太后乐得清闲，顺水推舟就去后宫颐养天年了。

仁宗大权在握，第一件事就是扫除亲刘太后的势力。

这些上一代用惯了的人，如果不是不给他亲政，怎么会得到刘娥的重用呢？仁宗如是想。

枢密使张耆、枢密副使夏竦等曾经追随刘太后的人马，在这一轮朝堂洗牌中被洗了出去。

宰相吕夷简原本不会被波及，这人身上有几件事给仁宗的印象不错。

第一件是吕夷简曾经建议刘太后，以皇后之服、水银实棺，厚葬仁宗的生母李宸妃。

第二件是仁宗亲政前一年，皇宫曾发生大火，仁宗登上拱宸门接受群臣朝拜，唯独吕夷简没有拜。

仁宗遣人问其原因，吕夷简回答："恐宫中有变，希望能亲见陛下容光。"

仁宗于是挑起帘子，露出真容。

吕夷简确认是天子本尊且安然无恙，方才下跪。

仁宗心想：吕相公对朕倒是忠心。

因为这两件事，吕夷简赢得了仁宗的信任。后来，他又专门和仁宗解释了自己没有力劝刘太后早日还政的缘故。

吕夷简说："担心提出这个意见，太后会疑心是陛下指使臣，由此导致陛下母子离心就不好了。"

仁宗表示理解，遣吕夷简协助清除刘太后亲信。吕夷简能力很强，顺便向仁宗提出多项改革提议。没想到，前头见面还很热络的仁宗，第二天忽然宣布诏书，罢去吕夷简的相职，外放澶州。

吕夷简百思不得其解，皇上怎么这么善变哪！后来才了解到事情的真相。

原来，仁宗那日下朝之后，去了郭皇后那边，随口提了吕夷简不错。

郭皇后很不以为然，说道："你把他想得太好了，你怎么就肯定吕夷简不是依附太后的呢？他不过是比较聪明，做得没让你瞧出来罢了。"

仁宗一想还真是，吕夷简在刘太后手底下做了四五年宰相，能不是刘太后的亲信吗？于是就把吕夷简一起贬了。

那段时间，察言观色的官员纷纷跟刘太后划清界限，抓住仁宗和刘太后并非亲生的空子，一个个和仁宗打小报告，诋毁刘太后时期的政策，把问题归结在刘太后身上。

有一个人勇敢地站出来，发出反对的声音，他的名字叫范仲淹，一个刻苦读书、草根出身、没有任何背景、依靠大宋科举制度走上仕途的年轻官员。

从他开始，那些后人耳熟能详的大宋名士，如欧阳修、司马光、苏轼、苏辙、曾巩……都将逐一登场，绽放属于他们的风华。

当年在刘太后主政期间，范仲淹直接向最高权力发起挑战，上书直谏要太后还政于仁宗，被贬河中府通判。

三年后，刘太后过世，仁宗将范仲淹召回，拜为右司谏，这就是一个专门给皇帝提意见的谏官职位，范仲淹于是可以更多地就朝中内外的国事政策上书直言。

当大多数人把过错推到刘太后身上时，范仲淹力劝仁宗："太后护陛下十多年，如今应掩盖其小过失，而保全其大恩德。"

言下之意，不要再清算刘太后了，应该多考虑十多年的母子之情啊。

仁宗想想有道理，要求大家不要再看过去，往后想一想未来的发展和改善。

这一年，大宋遭难不断，先是旱灾，后是蝗灾。范仲淹上书救灾，却没有得到仁宗的回应。

范仲淹干脆找到仁宗，质问天子："如果宫中停食半日，陛下当如何呢？"

仁宗意识到问题的严重，责令范仲淹救灾。

这时，接替吕夷简上位的张士逊能力平平，再赶上大宋境内大灾不断，确实没办出什么漂亮事。吕夷简在被贬半年之后复相回京，不过他并没有忘记是谁令自己经历这么一个人生小低谷。

很快，吕夷简就等到了报复郭皇后的机会。

郭皇后本来并非仁宗属意的皇后人选。

当初入宫甄选的女子之中，仁宗最先喜欢大臣王蒙正的女儿，刘太后担心如此美貌女子会影响皇帝专注于政务，把这位王姓女子指婚给了自家侄子。

等到选后环节时，仁宗又比较中意宋初老将张美的孙女张氏，想立张氏为皇后。结果还是被刘太后强加干预，仁宗被迫娶了郭氏为后，张氏被封为才人。

红颜薄命，四年后，张氏重病，晋为美人没过几日便过世了，成了仁宗心里的白月光。

仁宗初懂男女之事时，刘太后掌权，对仁宗管束严格，不允许他放纵。郭皇后又爱吃醋，再加上背后有刘太后撑腰，仁宗偏爱其他妃子，郭皇后就找刘太后训斥皇帝。

仁宗以前无可奈何，但现在刘太后不在了，挣脱束缚的仁宗，迎来了迟来的叛逆期，在男女之事上放纵得很，特别宠幸美人尚氏和杨氏。

后宫也是现实的地方，郭皇后失去了刘太后的依仗，又没有仁宗的厚爱，于是尚氏和杨氏也渐渐不把皇后放在眼里，两个人和郭皇后经常发生冲突，甚至当着仁宗的面争执。

一次，郭皇后和尚氏又闹开了，郭皇后扬手就是一巴掌。仁宗护美人心切，挺身而出，结果这一巴掌就结结实实打在了天子脸上，仁宗怒不可遏，决定废后。

吕夷简坚定地站出来："臣支持！"

不过，这一国之母的废和立，属于国家大事，从来不能由着皇帝的性子来。当初真宗想立刘娥为后，还要看大臣的脸色，几次三番都没成功，最后还是刘娥有了儿子才成功为后。

吕夷简灵光一动，说道："臣支持废后的原因，不是皇后德行不好，失手打了陛下。而是皇后为一国之母九年却无所出，在这关乎江山社稷、赵氏未来的问题上，皇后实在失职。"

这话说得仁宗的背脊立马笔直，对，他是为了天下考虑而废后，没什么好心虚的，废后的事就这样提上了日程。

明道二年（1033）十一月，郭皇后被废，册封净妃，居长宁宫。

同时，仁宗下令，严禁官员讨论此事。

范仲淹是不会保持沉默的，身为谏官的职责就是说不许说之事。他挺身而出，与御史台官孔道辅（孔子第四十五代孙）等人在仁宗的内宫垂拱殿外集体上谏："陛下，不能废后！"

仁宗看这么一群人冲过来，个个能说会道，一人一口唾沫都能把他淹死，遂令人赶紧关门，让吕夷简在外面应付。

范仲淹手持门环，大声拍门："陛下，废后之事，为何不听谏言？"

而孔道辅斥责吕夷简说："帝后对臣子来说犹如父母，父母不和，应该劝和，哪有让父亲休弃母亲的道理？"

几个人坚持："大宋几朝以来从没有出现过废后，硬要废后就是有违祖宗之法。"

吕夷简反驳："汉唐也有废后的事情。"

孔道辅一句："为人臣子当多劝天子做尧、舜这样的贤明君主，哪有让君主做汉唐失德之事的？"

吕夷简被怼得哑口无言。

而仁宗一直不能做自己的主，小时候因为刘太后，现在因为这群言官，他的脾气起来了，就是不妥协，不光不妥协，还要立威，叫他们知道什么是天子。

祖训说不杀士大夫，仁宗不能杀他们，那就贬，一个个赶得远远的。

第二日，范仲淹和孔道辅双双被逐出京，范仲淹外放睦州（今浙江省杭州市淳安县），孔道辅谪守泰州。唯恐他俩赖着不走，宫中还派人到家中，监视两人即刻动身。

仁宗又下令言官以后只能单独秘密上奏，不许拉帮结派。盛怒之下，他让已经降为净妃的郭氏入道修行，离宫去瑶华宫。瑶华宫是后宫女子谪居的道观。

之后，仁宗越发沉迷女色，甚至沉迷到朝廷里的官员也着急，那就可见真不是一般的"沉迷女色"了。

滕子京，就是范仲淹《岳阳楼记》里"庆历四年春，滕子京谪守巴陵郡"提到的这位滕子京，他与范仲淹是同年进士，两个人年龄相近，志趣相投，患难与共，是一生挚友。

范仲淹以性子直、敢说出名，而滕子京比范仲淹的胆子还要肥。在仁宗沉迷女色这件事上，滕子京上书直谏："陛下日居深宫，留连荒宴，临朝则多赢形倦色，决事如不挂圣怀。"滕子京遂被贬知信州（今江西省上饶市）。

不过，仁宗很快就体会到了沉迷女色的恶果。郭皇后才被废一年，他就出现了中风的前兆，在一日上朝时忽然晕厥。这情况，他爸爸宋真宗岁数大了以后才出现，可仁宗这才二十多岁。

尚氏和杨氏不能再留了，所有人一致决定，把她们赶出宫，给宋仁宗找个新皇后管理后宫。

开国大将、大宋第一好员工曹彬的孙女曹氏，年十八，奉诏入宫，被杨太后看中，并获得一干朝臣的支持。景祐元年（1034），曹氏被册立为后。

新婚燕尔时，夫妻二人感情不错。曹皇后性禀柔闲，体含仁厚。仁宗勤俭律己，性格宽仁，尤擅飞白书。两个人很能谈到一起。

仁宗这个人，唯一被后世抨击的也就是沉迷女色。其实换个角度，也可以说他其实是个多情之人。所以，没过多久，他又想念起那个脾性刚烈的前皇后郭氏，派人去问候她并赐以乐府。

郭氏推辞，态度怆惋。

仁宗又尝试密召她入宫。

郭氏拒绝："若再见召者，须百官立班受册方可。"也就是除非再立她为后，否则不再相见。

然而这时候，仁宗已经有了曹皇后，所以只能作罢。

景祐二年（1035），也就是仁宗迎娶曹皇后的第二年。郭氏抱恙，仁宗派御医前去诊治。没想到，没过几日，郭氏就过世了，年仅二十四岁。

景祐三年（1036），仁宗追封郭氏为皇后，葬奉先寺。

不过，仁宗的悲伤不会持续太久，他马上就要在一场酒宴上遇到下一个令他心动的女子：因姿容出众、舞姿优美而宠冠后宫十几年的贵妃张氏。

这段时间，范仲淹在故乡苏州做知州，正在积极治理当地水患，兴修水利，并采取"以工代赈"的方式，组织灾民参与水利工程，他写的治水文章《条陈江南、浙西水利》等对太湖治水有深远影响，不仅适用于当时，更为千百年以来治水措施中的上策，惠泽无数后人。

因治水有功，范仲淹被重新调回京城，被任命为开封知府。范仲淹迅速开始治理京城冗官的问题。

早在宋真宗时期，就有官员提出，目前大宋面临着"三冗"问题：冗官、冗兵、冗费。

冗是闲散、无用的意思。"三冗"问题也就是：官员太多，宋初因为相互制约官员的考量，设置的机构臃肿重叠；军队太多，因为要防止出现唐末、五代十国地方藩镇割据的情况，扩充禁军，后期因和辽国多年交战，继续保持着庞大的军队；而官员太多、军队庞大，也就造成了朝廷花费太多。

范仲淹进行了许多变革，在很短的时间内令开封"肃然称治"。而他在整顿冗官时发现宰相吕夷简把持朝纲，把很多亲信安插在重要职位上。

这权力、关系错综复杂，一时之间甚至难以和天子说清楚，但是范仲淹有办法，他绘制了一幅《百官图》，指着上面一个个人，跟仁宗解释这些谁谁谁和吕夷简是什么关系，并连续上书四次，谏言仁宗，官员升迁应当按照合理的顺序，对官员任命不宜任由宰相一人专权。

吕夷简反驳范仲淹："越职言事、勾结朋党、离间君臣！"

自古帝王都忌讳拉帮结派，架空皇权，这事触动了仁宗。范仲淹又一次被贬，这次是出知饶州（今江西省上饶市鄱阳县）。"唐宋八大家"之一的欧阳修为范仲淹鸣不平，也被视为同党，被贬到夷陵（今湖北省宜昌市夷陵区）做县令。

吕夷简的追随者还作了一幅《党人榜》，列出范仲淹的同党，以回应

《百官图》。

然而这件事，反而促成了更多人站到范仲淹这一边，这些人大部分都是和范仲淹一样的草根出身，通过科举制度开始仕途，希望施展政治抱负的官员。甚至有些人，本来不在《党人榜》上，还主动说自己是朋党一员，要求朝廷把自己也贬出京城。

不过，吕夷简这个人并不是丁谓那种极力打压异己之人，范仲淹被贬之后，他没有再追加迫害。

到饶州不久，范仲淹的夫人李氏便病故了，令范仲淹在被贬的失意之外又多添了忧伤。

好友梅尧臣被誉为宋诗的"开山祖师"，他给范仲淹写了一首《灵乌赋》，委婉地规劝范仲淹以后不要总是直言上书，缄默前行，展翅高飞。

范仲淹看罢，一扫郁结，新作一首同名的《灵乌赋》回复："宁鸣而死，不默而生。"

景祐四年（1037），吕夷简因为和另一位宰相王曾互掐，触怒仁宗，被罢去相权。士大夫们又开始了新一轮的上书，为范仲淹辩白。范吕互相反驳，北宋最大规模的党争由此开始。

仁宗每日被大臣们吵得头疼，但是更加令他头疼的事发生了。

宝元元年（1038），西北再次不太平，夏州李氏的李元昊称帝，建国号大夏，史称西夏。

宋太宗时期，西北的李继迁依附辽国，时不时骚扰宋境。到宋真宗登基之初，已经变相承认李继迁所有五州的独立。

宋太宗驾崩后，宋真宗即位，为息事宁人，割让夏、绥、银、宥、静州给李继迁，事实上承认了它们的独立地位。咸平五年（1002），李继迁率部先后攻陷宋朝重镇灵州（今宁夏回族自治区灵武市一带），后又攻取凉州（今甘肃省武威市），宋朝与西域的商道就此被切断，难以获得西域优良的马匹，军事作战能力受到影响。景德元年（1004），李继迁遭吐蕃潘罗支算计，被劲弩射伤，伤重而死，时年四十二岁。其子李德明成为党项族首领。

次年，辽宋签订澶渊之盟，正式议和，党项从此失去依仗，大宋也有招抚之意。李德明顺水推舟，归顺大宋，之后每年向大宋上贡马匹，宋也还以丰厚赏赐。

李德明和辽国的关系也没断，先被辽国封为西平王，后被册封为大夏国王。大宋于是加赐他为守正功臣，后又加封他为中书令。

李德明在宋辽之间两边得利，盘踞西北，奉行"联辽睦宋"之策，同时与吐蕃、回鹘围绕凉州你来我往。

在和吐蕃、回鹘的斗争过程中，李德明基本占据上风，其子李元昊功不可没。

李元昊文武双全，精通汉、蕃文字，通晓佛学，自幼酷爱研读兵书，对治国安邦素有独到见解。

年少时期，李元昊就对父亲的睦宋政策提出异议，不止一次提出不要臣服大宋，宁与宋开战。他认为汉文化侵蚀族人，党项民族本来应当征战四方，而且他们用马匹和宋朝换取回的物品也时常不是需要的物资。有一次，李德明为此生气，甚至把派去大宋的使臣杀了。李元昊劝诫父亲："您将使臣杀掉了，以后有谁肯被我们使用呢？"

这时候，大宋开国大将曹彬的第四子曹玮负责镇守西北，他认为李元昊绝非凡俗，他日必为大宋边疆大患，一语成谶。曹玮还曾多次向朝廷上书希望重视西北的问题，但并未被朝廷重视。

仁宗天圣七年（1029），李元昊迎娶辽国兴平公主为妃，与辽国加深了政治利益捆绑。

明道元年（1032），李德明去世，终年五十一岁。李元昊继位。辽宋两边都派遣使者，给予李元昊封爵和赏赐。但李元昊对此都不感兴趣，称帝这个想法在他心里盘踞已久。他和左右大臣说："先王大错特错了，我们如此强大，根本不需要对其他人称臣。"

上位第二年，李元昊就完全控制了河西走廊，开始做称帝之前的准备工作——在党项族内去除汉化。

首先，不允许再使用唐、宋"赐"给党项族的李、赵等姓氏，李元昊以身作则，给自己改姓"嵬名氏"。下令党项部族的男子不再使用汉人的发型，要剃光头顶，穿耳戴重环饰，三日内不服从"秃头令"，改回党项部族发型的，格杀勿论。衣服也要改回党项族的传统服饰，官员、庶民衣服颜色都不相同，以别贵贱。

其次，创造党项族自己的文字，即后世所称的西夏文。精通多国语言，又擅长佛学的李元昊亲自参与了西夏文的设计工作，随后要求全境推广。在与宋朝往来的文书中，要汉文、西夏文两种文字各书一份，对辽国也一样，契丹文和西夏文同时使用。另外，他对涉及"祭祀、吉凶占卜"等的礼乐制度也做出了改革，有不遵守者，格杀勿论。

最后，完善政府机构设置和军事制度。升兴州（今宁夏回族自治区银川市）为兴庆府，定为都城，设置类似宋朝的中央与地方官制体系。整顿军队方面，之前是党项族各部自行组织部队，每次斗争都需要获得部落支持才能行事，李元昊要求各部族十五到六十岁的男子，每二人出一人，成为一支由王室直接统领的部队，就此拥有了国家级的常备军。

在称帝之前，李元昊就频繁派出军队骚扰宋境，摸排宋朝的边防部署，顺便掠夺物资，为日后与宋开战做准备。

称帝之后，李元昊要求宋朝正式承认他的政权。

宋朝自然不同意承认李元昊的帝位，下诏"削夺赐姓官爵"，重金悬赏李元昊的首级。在宋朝廷内部，基本都是主战的呼声，大宋如此富裕，军队上百万，何愁对付不了一个小小的西夏？

大宋的反应完全在李元昊的意料之中，他是个能做就不多说废话的人。

西夏与宋边界有一条自东北向西南方向延伸的山脉，是天然的"国界"，自李元昊称帝之后，两边各自依山脉密集部署军事阵地。李元昊通过不断派兵骚扰宋境，基本摸排清楚了宋军的军事部署。

就在大宋朝廷内在吵吵嚷嚷的时候，李元昊设计好了作战方案。

延州（今陕西省延安市）是宋朝西北边境的军事要地，同时也是西夏出入的要冲。李元昊把延州定为目标，决定出击。

当时，大宋在陕西的军事负责人范雍和夏竦，一个驻守延州，一个驻守泾州（今甘肃省平凉市泾川县）。

康定元年（1040），李元昊放豪言让范雍等着，他马上就杀过去。

范雍严阵以待。

结果，李元昊耍心机，几次出击，几次佯败。范雍觉得不正常，李元昊如果这么弱，哪里敢和大宋叫板。他希望宋廷可以增兵西北，但朝廷觉得一直收到前方捷报，证明范雍你可以呀，完全没必要再增兵了。

在这样的背景下，李元昊实施第二步计划——瓦解金明寨。

金明寨是延州门户，守将李士彬是西北世族名将李继周之后，而李继周曾经大破夏军。李士彬号称铁壁相公，手下有守军上万，但他本人残暴不仁，下属多不满。

李元昊一面贿赂李士彬的下属，一面多次故意败给李士彬，让李士彬俘虏大量西夏兵。几次胜仗之后，李士彬洋洋得意，以为自己特别了不起，又听从范雍"以德怀远"的建议，将西夏俘虏收编入自己麾下。

李元昊认为时机已经成熟，正式攻打金明寨，与大批收买的内应和俘虏里应外合，李士彬大败，逃跑时内应还故意牵了一匹劣马给他，之后被李元昊俘虏。

金明寨失守，在延州的范雍往城外望去，西夏兵马阵势浩大，绵延到天际，吓得范雍派都监李康伯和西夏议和。

李康伯严词拒绝："求和不行，除非你把我斩了！"

范雍没办法，只能召集人手守卫延州。

这时候，一支兵马正驰援延州，这支队伍由鄜延、环庆副都部署刘平，鄜延副都部署石元孙，屯驻保安的鄜延路驻泊都监黄德和三路人马组成。

李元昊恶计连连，但不能否认他确实是军事奇才。西夏原本声称攻打土门，驻守庆州的刘平与驻守延州的宋太祖赵匡胤的"义社十兄弟"之一的石守信之孙石元孙，分别带兵驰援土门。

刘平与石元孙刚会合，西夏趁大宋调兵，延州防御薄弱时，又掉转矛头打延州。

刘平与石元孙最先收到延州防御的消息，匆忙带着几千骑兵掉头救援。他行军极快，到了集合地点没有见到其他人马，又掉转往回走了二十里，方才和黄德和等人会合，勉强凑成步骑一万余，以刘平与石元孙队伍为前军，黄德和队伍为后军，往延州进发。

在距离延州不远的三川口，驰援队伍撞上西夏军队，西夏号称十万人，双方人数悬殊，但宋军前军战士冷静应对，摆开防守阵型。

双方展开厮杀，西夏军异常勇猛，进攻不断，前一波打完，带着同伴尸体退下，后一波进攻又来。宋军虽然人少，死伤惨烈，亦始终守阵地不退。刘平身先士卒，在战斗中中箭，仍坚持指挥作战。

结果，宋军后军的黄德和竟贪生怕死，先行后撤逃跑，刘平之子刘宜孙拉住黄德和的马，央求黄德和回军，黄德和不听。

前面的宋军见状，人心溃散，乱作一团。西夏抓住时机发动猛攻。

刘平的部下延州西路都巡检使郭遵是一员猛将，手持九十多斤的铁鞭铁枪作战。见此情形，郭遵主动殿后，扶送宋军后撤。他大呼杀贼，独自一人杀入西夏战阵，杀得西夏军人仰马翻，西夏军无法抵挡，连连后退，试图用铁索阻拦他。郭遵将铁索统统打断，西夏人又调来弓箭，万箭齐发，郭遵的战马中箭倒地，郭遵被西夏人围住，乱刀砍死。

宋军边战边退，与西夏军激战三天后，退到西南山，刘平收整残兵，与西夏对峙。

李元昊派人伪装宋军送文书给刘平，被刘平识破，斩了来人。

李元昊又派人在阵外对刘平喊话："你要么投降，要么受死！"

刘平一概不回应。

李元昊恼羞成怒，带领骑兵发动攻击，此时的宋军早已精疲力尽，没能坚持太久，被西夏军全部歼灭。

三川口战役结束，宋军大败，延州危矣。消息传到开封，朝野震惊，谁也没有想到宋军会输，而且输得如此惨烈。

万幸这时北方大雪，西夏军队准备不足，李元昊见好就收，选择退兵，延州才没沦陷。

逃跑的黄德和厚颜无耻地把责任推到刘平身上，说是刘平降敌导致宋军战败，刘平在京城中的家属二百多人因此被捕入狱。

仁宗命文彦博调查此案，后又令陕西都转运使庞籍一同调查真相。

黄德和同党甚多，重金收买了刘平的仆从做人证，而从前线逃回的、可以证明刘平没有投降的前线士兵还不见了踪迹，幸好，跟随刘平作战的将领卢政侥幸没死。

仁宗亲自过问，卢政力证："刘平没有投降！"刘平才得以昭雪，家人被释放，庞籍将黄德和腰斩，以告慰这场战争中牺牲的英勇将领。

三川口惨败后，宋朝廷急需人才，五十二岁的范仲淹被重新重用，调往延州，成为陕西经略安抚招讨使夏竦的副手，负责鄜延路。继寇准之后，大宋又迎来了一位能文能武的名士。

一同成为夏竦副手的韩琦主持泾原路，他与范仲淹是至交，对待西夏的态度一样坚决，但在作战方案上却持完全相反的主张。

韩琦认为应该主动出击，给西夏以痛击，立大宋之威，并制订了一系列反击作战方案；范仲淹则认为此时刚经历一场大败，不是反击的时机，应当先治理军队，增强防御能力，以待战机。

韩琦的建议最终获得了夏竦的支持，但夏竦也担心做错抉择，所以派经略判官尹洙同韩琦一道回京请示仁宗。

仁宗认为这个时候的大宋帝国急需一场胜仗扭转气势，于康定二年（1041）正月，正式批准韩琦的方案。

尹洙于是转而找范仲淹，要他和韩琦一起出兵攻打西夏。

范仲淹当即拒绝。

尹洙苦劝不成，气道："韩琦说兵家应将生死置之度外，你如此谨慎，真不如韩琦！"

范仲淹拂袖而起："大军一发，千万性命悬于一线，这种将生死置之度外的看法，我不认为有何高明之处！"

宋朝前线还在拉锯下一步动作，西夏却不想再给他们争论的机会了。

康定二年（1041）二月，李元昊再次率领十万大军南下攻宋，直抵好水川口。

好水川，位于今宁夏回族自治区隆德县以北的六盘山下。六盘山横贯陕甘宁，乃是关中平原的重要屏障，"泾渭分明"一词中泾水的发源地。好水川是六盘山主峰西麓山根下，一条自东而西的水流。其源头泉眼，水涌甘洌，经久不涸，俗称好水泉，因此川也得名"好水川"。

李元昊率大军而来，声称要攻打渭州。

韩琦在当地征募士兵，派因夜袭白豹城一战出名的任福为大将，耿傅为参军事，泾原路驻泊都监桑怿为先锋，率军出击。

临行前，韩琦和任福做了周密的部署安排，并再三叮嘱任福必须按照部署行事："如果违命，即使有功，也将定罪处斩。"

但他们千算万算却没有想到，李元昊本来做的就是诱敌深入的计策，把主力埋伏在好水川口，另一支军队出发诱敌。当这支部队遇到任福带领的宋军后，立刻假装败退。先锋官桑怿率领部队追击，任福等大军在后接应。

在追击的路上，宋军发现西夏军沿途丢弃了一些密闭的盒子，里面发出咕咕声响。士兵奇怪，将盒子砸开，原本装在里面的鸽子随即飞出，直冲上天，这正是李元昊设计的宋军进入埋伏圈的信号。

西夏主力于是从六盘山中冲出，宋军甚至来不及摆开阵势，大战就开始了。

混战持续半日，任福下令突围，没能成功。先锋桑怿此时已力竭战死，任福身受十多处箭伤，仍带领众人殊死抵抗，身边的小校刘进劝说任福投降。任福说："我身为大将，带领军队作战失败，只有一死以报效国家。"随后挥动兵器四刃铁简冲入敌阵，被敌人一枪从左脸刺入，砍断喉咙而死，其子怀亮在内的十六位将领和一万多士兵一同殉国，仅朱观带部下千余人逃脱。

后来才知，任福最后作战的地方距离朱观仅有几里，朱观逃脱时，尚不知道主将已然殉国。

韩琦率领余部返回，因为这支军队士兵主要来自当地招募的勇士，他们的父兄、妻子闻讯赶来，没有人说指责的话，众人号泣在韩琦的马前面，拿着旧衣、纸钱，呼喊亲人的名字，祈祷亡魂与队伍一同归来。

韩琦深感没有颜面见这些父老乡亲，停下马来让百姓们完成仪式，同时抑制不住地恸哭嚎啕……

范仲淹的好友滕子京此时在泾州担任知州，他设牛酒迎犒众将，在佛寺设醮祭祀阵亡将士，抚恤遗族。明明是义举，却在几年后，被人拿出来做文章，害滕子京被贬巴陵郡。

任福等人牺牲的消息传到宋廷，仁宗惊愕悲痛。他还记得这个将领负责庆州的时候，曾上书详解如何针对庆州的地形环境做军事布局。仁宗阅览之后非常满意，嘱咐任福可以放手去做。那份奏章仍在，人却已经永隔。

西夏方面欢欣鼓舞，李元昊的随军参谋张元尤其觉得畅快。他是宋人，考不上功名，投奔西夏，一直是李元昊身边的主战派主力。

好水川之战后，张元题诗讽刺宋国："夏竦何曾耸？韩琦未足奇。满川龙虎辈，犹自说兵机。"你们这些考上功名的人又如何，还不是输给我一个落第举子。

整个大宋都被乌云笼罩。

从结果来看，范仲淹战略防御的策略是正确的，但在当时，谁也没有上天的眼睛，并不能完全说韩琦的策略就是冒进贪功。归根到底，还是宋朝内部没能形成统一的战略，取错时机，给了李元昊阴谋取胜的机会。

好水川大战之后，夏竦、韩琦被降官职，范仲淹也被牵连，宋朝的主战派就此噤声，宋对西夏转为保守防御策略，不久将陕西划分四路，分别是：秦凤、泾原、环庆、鄜延，任命韩琦为秦州知州，王沿为渭州知州，范仲淹为庆州知州，庞籍为延州知州，并各自兼任本路马步军都部署、经略安抚使、缘边招讨使。

第十二章

庆历和议——西夏崛起（下）

好水川之战，说不尽的悲壮凄凉，但边境战事还远未结束，范仲淹一直默默进行着战略防御改革和部署，而这些很快将在后面的战役中发挥功效。

其实，范仲淹到任西北后，就开始着手这项工程。他认为强大的防线，既需要强大的军队，又需要牢固的城池。

军队方面，治军必须先治兵。

当时戍边的军人以从内地调来的禁军为主，长期在边疆，思乡情深，作战意志消沉。范仲淹于是先淘汰军中的老弱病残，再从当地招募士兵作为补充。一来，当地士兵熟悉环境，利于作战；二来，作战地区就是家乡，保卫家乡和家人的情绪令他们战斗意识更为高强。同时，在当地征集民兵，进行与正规军一样的训练，作为军队的后备补充力量。

针对边关贪污、消极迎战的情况，范仲淹赏罚分明，斩首贪污之辈，提拔良将，重赏勇猛士卒。有勇有谋的大将种世衡就由范仲淹一手提拔。另一名大将狄青由尹洙举荐给范仲淹。范仲淹不拘一格招人才，提拔狄青的同时，教他读史书，说："将帅若不知古今历史，就只有匹夫之勇。"狄青因此勤勉读书，精通兵法，后来成长为一代名将，是仁宗朝唯一武将出身的枢密使。

在检阅州兵之后，范仲淹着手改革军队制度，将一万八千人的州兵分为六部，每部设置一将，加强训练，设计使用新颖阵法。作战时，根据"敌之寡众"灵活出战。

军队整肃之后，就是加强防御城池。

范仲淹派遣任福破白豹城，迫使入侵保安军和镇戎军的西夏军撤兵。后来在好水川之战中牺牲的大将任福就是因此成名而受到了重用。

之后，范仲淹又派狄青攻取西界芦子平，再派种世衡兴筑宽州。

宽州在延州东北二百里，原是一座废弃的城垒。若用来抵挡西夏的锋锐，右可稳固延安的形势，左可致河东的粟米，向北可图取银、夏州的旧地。种世衡负责修筑事宜的过程中，西夏人多次出击。种世衡一边战斗，一边筑城。但城中没有泉水，无法长期驻扎。种世衡下令凿地，深挖一百五十尺碰到石头，石工认为石头难以凿穿，种世衡下令再凿，奖励一畚碎石一百钱，终于得到泉水。

城筑成后，仁宗赐名为青涧城，将范仲淹革新后的这支军队定名为康定军。

庆历二年（1042）三月，范仲淹秘密下令长子范纯祐和大将赵明率兵偷袭西夏军，将庆州西北的马铺寨一举夺回。随后，他亲率大军出发，命令每人不光带上兵器还要带上筑城工具和材料。出发时，众将都不知晓此行的目的。等到了地方，范仲淹下令："筑城！"

结果全军只用十日，便建起一座坚固的新城。

此城的北、东、南三面环水，北面依山，易守难攻。与周围白豹城、金汤城等堡寨遥相呼应，构成坚固的战略体系。

仁宗御笔为其赐名"大顺城"。

五十四岁的范仲淹在这里写下千古名诗《渔家傲·秋思》："塞下秋来风景异，衡阳雁去无留意。四面边声连角起。千嶂里，长烟落日孤城闭。浊酒一杯家万里，燕然未勒归无计。羌管悠悠霜满地。人不寐，将军白发征夫泪。"

莫逆之交张载，受范仲淹之邀，登上大顺城墙，写下《庆州大顺城记》，评价它："百万雄师，莫可以前。"

在之后很长的岁月之中，大顺城都将屹立在此，迎击西夏一次又一次的攻击，牢不可破。

好水川战败之后，韩琦开始反思，并认可了范仲淹的防御策略，开始加强城池防御建设。

西夏这边，连续取得三川口、好水川两场大胜，但李元昊的胃口可远不止这么大。自他称帝以后，宋朝停止与西夏互市，致使西夏境内的粮食、绢帛、布匹、茶叶及其他生活日用品奇缺。再加上国相张元以灭宋为志，力劝李元昊扩大对宋战争。这正中李元昊下怀，他认为，要么扩大西夏的版图，要么就狠狠地敲诈宋朝一笔。

张元向李元昊献计："宋之精兵良将聚集宋夏边境地区，而关中地区的军事力量薄弱。所以，西夏应当用大军牵制宋边境的军队，使其无暇顾及关中地区，然后另派一支劲旅乘机直捣关中平原，攻占长安（今陕西省西安市）。"

李元昊采纳其建议，于庆历二年（1042）闰九月，再次进攻大宋。张元为其写下豪气干云的对宋宣战书："朕欲亲临渭水，直据长安。"

十万西夏军兵分两路，一路出彭阳城（今宁夏回族自治区固原市东南），向渭州发动攻击，一路出刘璠堡（今宁夏回族自治区固原西北），钳击镇戎军，诱宋军出击，聚而歼之。

泾原路经略安抚招讨使、渭州知州王沿获悉西夏军的动向，命令副使葛怀敏率军阻击。

葛怀敏带兵到瓦亭寨。两名将领违令往北冒进，进屯瓦亭寨北的五谷山。王沿得知消息，马上遣使赶去劝诫："勿深入，一定要倚靠城堡前进，示弱诱敌，设伏奇袭，攻其不备。"

葛怀敏通知其他部队继续进发，很快到达镇戎军的西南，在羊马城驻扎。在这里，知镇戎军曹英，泾原路都监李知和、王保、王文，镇戎军都监李岳，西路都巡检使赵珣等相继抵达会合。

此时，宋军得知西夏军队已经到达固原西北，几员将领商议作战方案，泾原路都监赵珣认为西夏军远道而来，适合速战速决，建议在马栏城设埋伏，断西夏军的归路，同时固守镇戎以保障粮道，等到西夏军疲惫之时发起进攻。

葛怀敏没听从建议，决定于第二天凌晨对西夏军发动突袭，兵分四路：刘湛、向进出西水口；赵珣出莲华堡；曹英、李知和出刘璠堡；葛怀敏则出定西堡。

结果刘湛、向进一路刚出发不久就遇到了西夏军队的拦截，只好退守向家峡。

西夏军乘胜追击，逼近宋朝主力部队。葛怀敏意识到情况不对，但也无法再做出改变，于是，带领赵珣、曹英等人誓死守在定川寨。

到中午时，西夏军摧毁桥梁，阻断宋军送粮通道和退路，又截断定川寨的水源，围困城中宋军。

军中出现物资紧缺，葛怀敏决定率军主动出击。李元昊则准备逐个击破宋军的方位，西夏军击败河西刘贺的部队，再进攻寨东葛怀敏的部队，葛怀敏这边久攻不下，西夏军转击列阵于寨东北的曹英部队。

这时，老天帮了西夏军，狂风突起，飞沙弥漫。

宋军营阵大乱，陷入混战，士兵们惊骇，争相往城里逃，葛怀敏差点被践踏致死。幸有赵珣带领刀斧手等勇士以门桥为据点，奋力反击，暂时击退西夏军。

到了傍晚，西夏军围城。

葛怀敏与几位将领商计突围，去镇戎军，赵珣认为途中必定会遭到西夏军的截击，主张出其不意，迂回到笼竿城前看情况，其他将领认为不可。

之后天明，葛怀敏下令曹英、赵珣为先锋，刘贺、许思纯为左右翼，李知和、王保、王文等负责殿后，按照阵行东进。卯时，战鼓未响，葛怀敏上战马，有将士觉得不妥当，拦住马劝他三思。葛怀敏执意为之，继续带领大军驱马东南驰二百里，发现撤退的道路已经被彻底阻断。

原来，西夏军队已经绕到宋军后方，与前方西夏军夹击宋军。

宋军被打了个措手不及，陷入苦战，最终葛怀敏等十六名将领战死，九千四百余名士兵牺牲，只有葛怀敏的儿子葛宗晟、郭京、王昭明、赵政等少数人活着撤回来。

定川寨之战，宋军大败。

至此，三川口战役、好水川大战、定川寨之战，宋与西夏的三大战役都以宋军大败结束。

九月，定川寨之战后，李元昊继续挥师南下，进逼渭州，关中震动。

平原辽阔，无险可守，但渭州知州王沿固守城寨，之前新起的城墙起到关键防御作用，渭州迟迟没能被攻下。

西夏军已经深入宋境近两百里，李元昊没有再往下深入，以免战线太长难以支撑。

十月，范仲淹亲率六千军队，从邠州、泾州出发救援渭州。

西夏军和范仲淹几番交手，都讨不到便宜，无奈感叹他："胸有数万兵甲。"

因此，李元昊听闻范仲淹亲率军队前往渭州救援，庞籍也派军队在进攻西夏，决定不再深入，迅速回撤，退出宋境。

十一月，范仲淹的建议被仁宗采纳，恢复设置陕西路安抚使、经略招讨使，由范仲淹与韩琦一起负责泾州，二人同心协力，共同御敌，诚恳接纳来归附的各个部落，深得百姓认同和朝廷倚信，且两个人守卫西北的时间最长，在同　时间扬名，故而被天下人称为"韩范"。

大宋奉行防御战略之后，西夏内部开始出现问题。

李元昊连续三年率兵出征，掠夺回来的物资还抵不上出兵的损耗，各个部落怨声载道，不想继续参与后面的军事行动。而西夏境内又没有发展起自己的生产力和经济，生活所需物资以前依靠用马匹和宋朝交换，但西夏建国之后，宋停止了两国互市。就算老百姓不抱怨，各大部落的首领贵族也忍不住抱怨，好衣服、好茶，要啥啥没有。日子过不下去了，西夏境内很多百姓纷纷逃往大宋。可见，自古以来，不搞好经济，穷兵黩武搞军事，都没前途。

与之相反的是，大宋的经济体量庞大，家底厚，即便西北的驻军人数从宝元二年到庆历二年，短短三年翻了倍，人、马、兵器每一项都是花费，国库支撑得颇为辛苦，可到底是撑得下去的。

仁宗看范仲淹的策略有用，也想开了。西夏掌握了进攻的主动权没错，我们打不过去只能防着，可是对付你西夏，我大宋还耗得起，除非得对付两个……

第二个不能念叨，一念叨就出现了，那就是已经签订了澶渊之盟、明明说好了做好兄弟的契丹辽国。

庆历二年（1042）正月，辽国在边境增兵，在位的辽兴宗耶律宗真派出南院宣徽使萧英、翰林学士刘六符前来索要关南土地。

仁宗头疼得很："怎么辽国还挂念后周世宗时候丢的土地呀！"

辽兴宗的真实目的是要转移国内矛盾。

辽兴宗其实也是个可怜孩子，他是辽圣宗的长子，生母乃辽圣宗的妃子萧耨斤，辽兴宗出生后被交由皇后萧菩萨哥养着。萧菩萨哥与他倒是母子情深，但亲生母亲和他的感情就淡漠很多了。

辽圣宗驾崩后，十五岁的辽兴宗登基，亲妈萧耨斤私藏遗诏，把正宫太后萧菩萨哥踹了，自立为太后，把持朝政，而且不待见这个亲生长子，预谋册立小儿子耶律重元为皇帝。耶律重元把这件事告诉了辽兴宗。辽兴宗不得不暗中策划先发制人。

趁着萧耨斤在行宫、身边没有太多亲信的时候，辽兴宗率领两百近卫将她捆绑，幽禁于庆陵守陵。因感念耶律重元的兄弟情分，辽兴宗册封耶律重元为皇太弟，并许诺日后传位于他。

辽兴宗这头解决了皇位的矛盾，那头国内经济就出现了问题。辽国毕竟不像中原有适合农耕的土地，财政收入严重依赖燕云十六州。澶渊之盟宋岁辽三十万一年，对宋来说毛毛雨，可对辽国来说却是好大一笔收入。

长期不用打仗以后，辽国人口增加，当年的三十万如今用着用着，也就不那么足够了。为了安抚民众，辽兴宗抓住宋与西夏的矛盾，站在道德制高点上指责大宋破坏和平，没有信守睦邻友好的承诺，大宋要重新做回一个好人，就应当把关南十县还回来。

合着大宋必须乖乖挨揍被抢才是一个好邻居呀。

仁宗肯定不答应归还关南这件事，他爸爸宋真宗都没有丢掉的地，要在他手里丢了，以后没法子见列祖列宗了。

仁宗表态："朕不同意这件事，你们谁去和辽国谈一谈？"

那可是杀人不眨眼的辽国人哪，重臣都不知道辽国葫芦里卖的什么药，不敢轻言前往。

宰相吕夷简琢磨了一下，建议："要不让富弼去？"

吕相爷还在任上，脾气也没变，之前刚和富弼闹过一些小矛盾。

欧阳修等人便觉得吕夷简公报私仇，在奏章中引用唐朝大臣颜真卿的事，希望能留下富弼。当年，颜真卿被宰相卢杞排挤，到叛军李希烈处宣读圣旨，被扣押囚禁，后被杀害，终年七十七岁。

但奏章被吕夷简扣下，没能递呈到仁宗面前。

富弼之后上朝，向仁宗叩首曰："自古臣子视君主忧虑为辱，臣不敢做贪生怕死之人。"

仁宗深受感动，委派他接待辽国使者。

富弼展现出了非凡的外交和谈判才能。

辽使萧英等进入宋朝境内，代表大宋皇帝的中使对辽国一众人等进行迎接慰劳，萧英则借口有病不拜。

陪同的富弼见状，问道："我从前出使北方的时候，卧病只能躺在车里，但听到上令赶紧就起来了。如今中使到来，你却不拜，为什么呢？"

萧英闻言惊惧，起来拜过。

《宋史》写富弼与萧英敞开胸怀，坦然相待，萧英大为感动，将辽兴宗的底线透露给了富弼。

富弼后来官拜宰相，自然有他的手腕和人格魅力。但说萧英完全折服于富弼而据实相告，又显得事情太过简单。萧英是辽国权臣，绝不可能如此毫无心机。这两个人不过是在相谈甚欢的表象之下，行外交沟通之实而已。

富弼将从萧英处获得的信息汇报给仁宗。仁宗掂量了辽国的真实要求，答应可以增加岁币，还可以将宗室女子嫁给辽国皇子，缔结秦晋之好。

随后，仁宗提拔富弼为枢密直学士前往辽国做下一步谈判，富弼接受了任务，但推辞官衔说："国家有难，本就应义不容辞，不惧烦劳，作何还要授予官爵？"

富弼动身到契丹，辽国派刘六符到别馆设宴招待。之后，富弼拜见辽兴宗。

辽兴宗见面就先倒打一耙，然后给自己贴金："你朝违背盟约，堵塞雁门，增加塘水，修治城隍，招募百姓为兵，是想要干什么？我这儿的大臣们纷纷要求兴兵南下，我不想大动干戈，和臣子们说不如派遣使者索要土地，索求不成，兴兵南下也为时不晚。"

富弼一点也不客气，反驳道："北朝忘记了真宗皇帝的大恩大德吗？澶渊战役，章圣皇帝如果听从各位将领的建议，北朝军队将一个也不能脱逃。北朝与中原互通友好，作为君主独享其好处，但臣下一无所有。如果要发动战争，则利益全部归于臣下，君主却要承担发动战争的祸患。因此奉劝发动战争的人都只是为自己考虑，自私自利罢了。"

辽兴宗惊讶问他："此话怎讲？"

富弼好好给他解释了一通："晋高祖欺骗上天背叛君主，末帝昏乱，土地疆域狭小，上下离心叛乱，因此契丹能保全军队而战胜他们，但壮士健马物资也失去一大半。如今中国疆域万里，精兵百万，法令严明，上下一心，北朝打算发动战争，确保一定能获胜吗？即使获胜，损失的军队马匹，是群臣负责，还是君主负责？如果互通友好不断绝，岁币全部归君主您，群臣又能享有什么利益呢？"

至于辽兴宗之前给大宋泼的脏水，富弼解释："堵塞雁门，是为了防备西夏的元昊。至于塘水，真宗朝的宋方大将何承矩就开始造了，远在互通友好之前。城隍都是修理好的，让老百姓当士兵也是为了补充军队的缺额。这都不是违背盟约。"

富弼说的这些，辽兴宗无法反驳，只能坚持："要求归还的关南，是辽国祖先的地盘。"

富弼说："后晋送燕云十六州给契丹，周世宗则打下关南，都是不同时代的事情。如果您要关南，那我们就要回燕云十六州，这样难道对北朝有好处吗？"

辽兴宗唱了红脸，富弼离开时，刘六符又来唱白脸，富弼不卑不亢地对辩。

第二天，辽兴宗召富弼一同打猎，又一次向富弼提到："得回关南，辽国才能高兴。"

富弼坚守底线，说："北朝若以获得土地为荣，南朝定会以失地为耻。我们是兄弟之国，又怎能一国荣耀而一国受辱？"

打猎后，刘六符说："您那番有关荣辱的话打动了我们陛下，接下来不如结成婚姻吧。"

富弼给他算了笔账，宋朝长公主出嫁的聘礼也不超过十万，还是一次性的，哪里有像岁币，年年都能入账来得好？

辽兴宗已然心动，在富弼回去时候，说："下次再来，带上你们能接受条款的盟誓书来吧。"

之后，两边又沟通了两次，辽国不要婚约，而要增加岁币。书写国书的时候，辽兴宗还说："南朝将东西给我们时言辞应当说'献'，否则就说'纳'。"

这种咬文嚼字的事最关乎国家荣辱，富弼据理力争。

辽兴宗轻蔑地说："南朝既然害怕我们，对区区两个字何必如此坚持。谈崩了，我们可以率领军队南下，到时候你们就后悔了。"

富弼脸色严肃，始终都不松口。辽兴宗无奈，说这件事搁置，等以后刘六符去大宋时再谈。

富弼回宋后，上奏说到这两个字的问题，表示已经坚决拒绝，请朝廷不要同意。

结果，刘六符来谈合约国书的时候，朝廷竟然将"纳"字赠与辽国。富弼不惧生死，两次入辽国洽谈，恰逢家中大事发生，一次丧女，一次生子，他都毅然不顾，在辽国据理力争，也要坚守住尊严，就这样还被当权者弃如敝履，不当回事。

最后，辽国提出在原有岁币的基础上，增加关南的税赋，一年约十万。宋国爽快答应，以前三十万都是毛毛雨，现在四十万也没压力，不过钱出了，辽国要办事，必须参与调停西夏和大宋。辽国其实看不惯李元昊很久了，这家伙不像他爹那么乖乖听话，对辽的态度十分傲慢。当初把兴平公主嫁给李元昊，辽国把李元昊当女婿对待，结果兴平公主在西夏死得不明不白，辽国派遣人查问原因，西夏拒不回答。辽国准备借此次宋和西夏问题的契机，敲打西夏一番，便欣然答应帮助调停。

辽国看不惯李元昊，焉知李元昊也看不惯辽国。当初，明明哥儿俩好的是辽国和西夏，还一起打劫宋朝，结果宋辽签订澶渊之盟，好处让辽国自己拿了，西夏还是穷光蛋一个，他爹李德明还要两边受气。再看到，辽国最近又敲了大宋一个竹杠，还倒过来对西夏指手画脚，李元昊恼羞成怒。

不过，李元昊也知道西夏不能同时和宋、辽斗，因此，西夏加快了和宋朝议和的步伐，宋朝求之不得。

其实，庆历二年（1042），西夏就递来了议和的橄榄枝。当时，西夏境内暴发旱灾和鼠疫，宋将种世衡用离间计除去了李元昊的右臂重臣野利旺荣。李元昊迫于国内压力，派李文贵出使宋朝，表示西夏打累了，愿意和谈。碰到庞籍不相信能有这好事，李元昊的奸诈大家可领教够了，于是将李文贵扣押在青涧城数月。

李元昊死要面子，不肯去帝号，说自己："如日之方中，止可顺天西行，安可逆天东下？"

但宋朝思来想去，"厌兵"情绪高于一切，还是坐到了谈判桌上，使得谈判没有破裂。围绕着"能不能用皇帝帝号"这个问题，庞籍与西夏使臣李文贵反复谈判，宋坚持要李元昊去帝号，才能将西夏和谈的国书转达宋廷。

庆历三年（1043）正月，李元昊终于同意，自称宋帝之子，派六宅使兼伊州刺史贺从勖携国书出使宋朝。

宋廷册封李元昊为夏国主，在西夏境内李元昊还可以自称皇帝，甚至叫玉皇大帝都没问题。同时，宋朝同意开放榷场，支付银、绢、茶二十五万"岁赐"。

看，宋对西夏用"赐"，何故要对辽用"纳"呢？富弼的内心一定很痛。

四月，大宋派使臣去西夏。

七月，西夏也派使臣到大宋。仁宗亲自接见了他们。

庆历四年（1044）六月，两国和约终于签订，史称"庆历和议"。仁宗认为这是可以比肩"澶渊之盟"的事，应当名垂千古。但这一次，宋朝从上到下都忽略了一个关键细节。"澶渊之盟"和约的第一条就是约定两国国界，为以后领土方面的纷争提供了强有力的支撑，使得宋国与辽国在之后百年中，能够有理可据地处理问题。但，"庆历和议"却没有规定西夏和宋朝之间的边境线，这给之后西夏多次进犯宋境埋下隐患。

但是，至少眼下的大宋朝长舒了一口气，终于解决了一个问题。

三个月后，辽夏战争爆发。

一直挨揍的大宋，终于轮到一回看着别人打架，自己在旁吃瓜。

触发最终矛盾的是在这一年的五月，辽国境内的党项部落叛乱，辽朝派兵前往镇压，李元昊得知，派兵救援党项部落，还把辽朝的招讨使杀掉。

辽兴宗大怒，率三路大军，十万精兵，亲征西夏。

辽军渡过黄河，深入四百里未遇抵抗，最后在贺兰山碰到李元昊的部队，将西夏军打得满地找牙。李元昊服软，主动向辽兴宗谢罪请降。

辽兴宗本来打算见好就收，下面的大臣却觉得我们还能再搞大一点，纷纷劝辽兴宗，一鼓作气，扫平李元昊，以免日后他再生祸患。

辽兴宗考虑之后，觉得这是个扩大辽国版图的机会，于是命韩国王萧惠为前锋，追杀西夏军，活捉李元昊。

李元昊确实处于下风，但打仗方面他的脑子可好使了，再说，这是西夏，他李元昊的地盘。

李元昊用了个损招，一边逃跑，一边放火，把沿途的粮草房舍全部烧毁，一溜跑出去一百里远，也烧了一百里远。

这一招对辽军太有用了，西夏真算是知己知彼。不论是西夏军还是辽国军，以前打宋国的时候，都不爱带太多粮草。因为宋境富饶哇，他们可以一边打，一边打劫补充军耗，甚至打完还能带许多战利品回境用上好些时间。

西夏就不一样了，和辽国一样穷，四周都是草和山，除了能养马放羊，压根儿没怎么发展出成熟的城市和生产。辽国打西夏就跟打自己一样，没啥便宜好占，再加上西夏把最后一点点的"财产"都烧了，十万辽军，十万张嘴巴，马上捉襟见肘。最惨的是辽国的战马，因缺草料，在西夏境内病亡大半。

这时候，李元昊又主动请降，然后在辽军商议接不接受西夏投降的时候，杀了个回马枪。

辽军急忙整军迎击，西夏军败逃，辽军追击。

此处应该也是李元昊的诈败，他熟悉西夏地貌，因而才有之后辽军遇到的狂风大作、沙石乱飞情况。天气忽然变化，辽军以为是鬼神作怪，军心大乱。西夏军趁机反攻，辽军大败，辽兴宗自己都只有数十骑护送，勉强逃脱，狼狈之态，完全不输当年被辽军追着跑的宋太宗赵光义。

李元昊能屈能伸，打赢了之后，又和辽国求和，辽兴宗借坡下驴就答应了。但这件事之后，辽国升级了面对西夏方面的防御部署。又在几年后，第二次发兵西夏。历史再一次重演，在贺兰山下，西夏军把辽军打得满地找牙，辽军大败而归。

总体而言，从庆历四年（1044）起，西夏虽然表面臣服，其实已经与宋、辽形成三国鼎立之势。

而同样在庆历四年（1044），宋朝名相、前后主政长达二十年的吕夷简病故，享年六十六岁。

仁宗辍朝三日，悲哭说："安得忧国忘身如夷简者。"

吕夷简虽被后世评价专权，打击异己，但他也善于发现真正有能力的人才，知人善任，比如提拔范仲淹出知西北。也因为有了吕夷简，宋仁宗和刘太后母子才能以较为温和的方式完成权力过渡，没让小人有可乘之机。其视野长远，是遇大事极能匡正之人。

吕家在大宋朝前后出了三位名相：太宗朝的吕蒙正，仁宗朝的吕夷简，后来吕夷简儿子吕公著在哲宗朝也官拜宰相。吕氏一门后嗣绵延到南宋，所出从政、治学之人不计其数，是宋朝名门。

这样的家族在宋朝之所以谓之凤毛麟角，源于宋朝通过科举选择人才。仁宗甚至督促考官在排名的时候，尽量把官家子弟往后排，把更多机会给寒门学子。

吕夷简退场了，范仲淹的时代要到来了。

第十三章

庆历新政——仁宗盛世背后的荣与痛

和辽、西夏两边的关系进入缓和阶段，作为皇帝的宋仁宗赵祯却不觉得轻松，"冗官、冗兵、冗费"这"三冗"问题，搞得他每天都睡不好觉，琢磨着问题发生的原因以及应对办法。

比如冗兵问题。

宋太祖赵匡胤曾担心需要重兵保护京城，进而国家被沉重的军费拖累，因而考虑迁都。结果大宋开国到他仁宗手上一共才走了八十年，为了养兵就需要消耗每年国库收入的八九成。

这一方面是因为开国以后的南征北战，又遇到辽、西夏以及大大小小的造反，使得国家需要足够的军队。另一方面，是源于宋太祖开国时候的一条政策，因为在五代十国的乱世，有太多闲散人员和流民，容易造成社会问题。赵匡胤把他们纳入军队，以避免这些人成为社会不稳定因素，打家劫舍、起义造反之类。这一吸收，吸收了几十年，军队人数可想而知。

仁宗看着自己的帝国，地大、物博、山多、水好，百姓勤劳，他也勤政，可怎么还这么穷？这位以宽仁出名的皇帝不得不从皇宫府库——皇帝自己的小金库里掏钱出来补贴国家。

仁宗倒不是心疼自己的腰包，而是担忧这个问题再发展下去国家就完了。

景祐三年（1036），范仲淹就曾呼吁改革，认为是腐败导致了严峻的社会问题。结果后来演变成党派之争，范仲淹被贬饶州，欧阳修被贬去夷陵。

几年过去了，仁宗痛下决心要做一次大刀阔斧的变革。穷则变，变则通，通则久。是时候解决开国以来沉积的问题了。于是，宋仁宗又想起了这几个实干派、改革派。

康定元年（1040），欧阳修被召回京，负责编修《崇文总目》。仁宗扩大言官编制，欧阳修向来仗义执言，仁宗亲自任命他为谏官，和余靖、王素、蔡襄，史称"四谏"。

庆历三年（1043），吕夷简年老体弱，离开相位，晏殊接过相权。但其实离不开欧阳修对吕夷简的弹劾。

这一年，虽然西夏和宋朝的和议尚未完成，但西北局势已转危为安。仁宗一口气召回夏竦、欧阳修、韩琦三位西北名帅，分别任命为枢密使和枢密副使。范仲淹第一次跻身两府要员。

朝内名士云集，仁宗准备励精图治。

欧阳修上书说范仲淹有宰相之才，推举好友。仁宗确实想拜范仲淹为参知政事，但范仲淹推辞不就。之后，副相王举正被罢黜，仁宗再次拜范仲淹为参知政事，范仲淹坐上了副相的位置。和当年在辽国入侵时，力挽狂澜、"挟"天子御驾亲征的寇准一样，虽然在副手位置，但是实际上的权力和声望都超过了同时期的主相晏殊。

仁宗多次与范仲淹、富弼等人探讨改革问题，多次催促他们提交改革方案，并为此下诏。在这样的背景下，范仲淹经过反复思考、总结和酝酿，在庆历三年（1043）九月，向仁宗递呈著名的《答手诏条陈十事》，提出十项改革主张：明黜陟、抑侥幸、精贡举、择官长、均公田、厚农桑、修武备、推恩信、重命令、减徭役。

其中前五项"明黜陟""抑侥幸""精贡举""择官长""均公田"都和用人制度有关。

当时官员的问题中，首先是官员升迁制度。文官三年一迁，武职五年一迁，官员有的不做实事，但求无过。其次，古时诸侯有世子袭国，如今又有赐宠待大臣的兄弟子孙官位，遇到太平喜事，广泽圣恩的时候，各地官员都上奏为子孙求官。甚至有的官员任职二十年，便有二十多个兄弟子孙在京城求得官做。第三，科考选人才的形式，过于拘泥辞赋，以笔墨取胜，而忽略考查学子对地方治理、经济、生产等方面的认知和相关能力。第四，是地方长官的委派，不问贤能，不考虑是否可以胜任，官员都等着论资排辈往上升。第五，地方长官的收入之一公田，也就是职田，存在缺乏标准、分配不均的问题，并进一步造成了腐败和与民争利的问题。

对于这些问题，范仲淹建议：一、建议对官员考核和升降做出明确规定，对于有能力、出成绩的官员破格提拔，对于昏庸、无作为，甚至有罪的官员，尽早清理出官员队伍。二、国家开科举才是广纳贤才的正道。皇帝给予官员恩泽本身没错，但要谨慎恩荫。三、兴办学校，修改科举考试为注重策论，来考查学子的政才实习。四、稽查地方官员的政绩，奖贤能，罢昏庸，今后对地方官员的选派，都先进行能力考查，再作委派。五、均衡官员的职田，没有给足的要按等给足，避免他们生活不够，转而压榨百姓，对于不合格官员的职田则要收回充公并进行严厉的惩罚。

之后的"厚农桑""减徭役""修武备"针对民生和百姓压力。宋朝的政权虽然始终稳固，但是一直以来，大大小小的地方起义其实从未停止，都因百姓生活太苦，而不兴农事，不减赋税，无法提高百姓生活水平。范仲淹建议培训地方官员农耕水利方面的知识，把地方经济生产发展纳入官员考核，同时合并减少官员层级，以减少官员人数，相应就减轻了百姓负担。同时针对军队庞大造成的财政压力，范仲淹建议用京城做实验，先招募京城附近的百姓，军事紧张时作为京城防御的辅助力量，军事压力小的时候专注于农桑，这样可以在保证国家军事能力的前提下，进一步提高粮食等的生产能力。若京城实验成功，再在全国推广。

最后的"推恩信""重命令"，都侧重于严肃和谨慎对待朝廷的政策和号令，不能朝令夕改，使得政令和皇恩无法实施到位，并造成国家信誉的损失。

仁宗对这十条改革建议非常满意，在未与其他重要大臣，尤其是没与中书门下众多机构进行讨论商议，未对中央、地方官员做思想宣传等前期铺垫工作的情况下，仁宗就将改革方案昭告天下，全面推广。

不久，韩琦又上书四策："一曰和，二曰守，三曰战，四曰备。"请朝廷力行七事：一、密为经略；二、再议兵屯；三、专于遣将；四、急于教战；五、训练义勇；六、修京师外城；七、密定讨伐之谋。

措施来得如此之快、如此之严，自然触犯了不少人的利益，相关的人事变动也极其频繁。

甚至有一度，为了调查清楚地方贪污、不作为的官员，朝廷下派许多按察使，按察使到各地调查好情况，马上快马加鞭递送结果。范仲淹一手拿着官员登记簿，一手拿着毛笔，犹如地狱里的无情判官，富弼见状，委婉地劝范仲淹："你一笔下去，又有一家人要哭了。"

范仲淹正义凛然地答道："一家人哭总比一州一县的百姓哭要好。"

不只是地方，京城朝野也有很多反对声，其中就包含范仲淹之前在西北的上司夏竦。

夏竦刚回京担任枢密使，是范仲淹和韩琦的上司。而欧阳修等台谏官竟纷纷上书，导致夏竦改任亳州。

国子监直讲石介甚至高兴地写了篇《庆历圣德颂》，夸改革派为"众贤之进"，而把夏竦的改任说成"大奸之去"。

这令夏竦怎么能不恨？

坚定站在范仲淹一边的欧阳修，在庆历四年（1044）向仁宗递交奏折，开篇便道："君子以同道为朋，小人以同利为朋。"

但，谁是君子？谁又是小人？难道说与范仲淹政见不一的人就都是小人吗？原本朝野中居中的一派也被棒打，站到了范仲淹、欧阳修的对面。

欧阳修还在奏章中指出朝廷中有奸邪者尚未除尽，更说两制推荐的御史台官"多非其才"。

这篇文章虽然出自欧阳修之手，却代表了范仲淹整个"朋党"的声音，一时间御史台对朋党恨之入骨，报复的手段也酝酿开来，先烧向范仲淹身边的重要人物滕子京、欧阳修、韩琦、富弼、尹洙、石介等。当时的宰相晏殊是典型的中间派，但身为晏殊女婿的富弼都相继被贬。

第一个被针对的是石介。

此时御史台被保守派控制，宣布破获一起惊天谋逆案，起因是石介写给富弼的信件，有废黜天子仁宗的意思。

后来，这件事被查明是夏竦一手导演，让家中女婢模仿石介笔迹，将代表伊尹和周公的"行伊、周之事"改为"行伊、霍之事"，霍指代西汉废立国君的权臣霍光。

然而在当时，石介和富弼都觉得莫名其妙，可又百口莫辩。幸好仁宗也觉得事情可笑。

但是，谋逆这种事，自古多少天子是"宁可信其有，不可信其无"，就算仁宗觉得再可笑，脾气再好，宋朝也有不杀士大夫的誓言，石介还是被外放到了濮州（今山东省菏泽市鄄城县），并在次年郁郁而终，病卒在任上，年仅四十一岁。

石介虽然死了，夏竦还不依不饶，后来又找时机，污蔑说石介没有死，由富弼帮助逃去了辽国。朝廷将石家子弟关押起来，差点开棺验尸。是杜衍等上百人联名担保，才使石介免受开棺之灾。

对于石介那封信的事，范仲淹和富弼也惶惶不安，自请出朝巡边，分别任陕西河东宣抚使和河北宣抚使。

而在范仲淹任陕西河东宣抚使之前，滕子京也出事了。

自四月起，御史中丞王拱辰和监察御史梁坚，不断上奏参劾滕子京以及良将张亢滥用公使钱，致使二人一度入狱。

公使钱是一种地方小金库，一般不做私用，但当时也没有明确的规定，与滕子京、张亢类似的使用公使钱的例子比比皆是。

御史台指控二人乱用公使钱十六万贯，朝廷随后派人前往调查。

原本，滕子京是在西夏大败宋军时犒劳了将士，祭奠了逝者，无可非议，是个义举。但得知朝廷来调查时，滕子京走了一步错棋，他担心株连无辜，将账本和抚恤名录等全部烧光。如此，罪名反而坐实了。

而张亢，《宋史》说他"好施轻财，凡燕犒馈遗，类皆过厚，至遣人贸易助其费，犹不足。以此人乐为之用"。以往宋太祖赵匡胤还特别给予郭进等边将这方面的特权，张亢这样做又何罪之有？

但是，就算范仲淹不惜辞去执政之职为滕子京、张亢辩护，甚至说自己在西北前线时候，也用公使钱接济过将领，要求将自己一起入罪，还是没能避免滕子京和张亢两个人被贬。

庆历四年（1044）四月，滕子京谪守巴陵郡。而张亢先被降职，几年后又被剥夺兵权，此后仕途坎坷，最终病逝在出知徐州的任上。

庆历四年（1044）八月，欧阳修也被除去龙图阁直学士，任河北都转运按察使。这是他被贬的开始，原本欧阳修可以就此脱离朝野纷争，但性格耿直的他，在见到其他改革派相继被贬后，又站出来仗义执言。

这时候一桩风流案被大肆宣传，令欧阳修名誉扫地。

据说，欧阳修有个妹妹，嫁给一姓张的男子做继室，嫁过去时候对方已经有个女儿，后来姓张的男子病故，欧阳修的妹妹带着继女张氏投奔哥哥，寄居在欧阳修家。张氏后来嫁给欧阳修的堂侄子欧阳晟。按道理是亲上加亲的婚事，而且欧阳晟还是一个官员。结果，张氏与人私通被发现，在公堂之上，张氏供称自己未出嫁时就与欧阳修有染。

这事要发生在范仲淹身上，世人定然摆头说不可能，但欧阳修是自诩"洛阳花下客"的风流人物，他做出这样的事，在当时许多人心里倒成了"理所当然"。

欧阳修这个人长得不好看，个头儿矮小，高度近视，五官有些丑，但他的女人缘一直不差。在高中进士之后，欧阳修娶了老师胥偃的女儿，金榜题名时又迎来洞房花烛夜。胥小姐和父亲一样，中意欧阳修的才华，小夫妻俩婚后也很是甜蜜。可惜，胥小姐一年后就过世了。欧阳修又续娶一位杨氏，结果杨氏进门一年也过世了。欧阳修这次没有马上再娶，过了一段时间单身生活。不过，这鳏居的生活非但不枯燥，反而是欧阳修最风流享乐的一段时光，带他走上这"无处不销魂"生活的还是他的上司钱惟演。

钱惟演的父亲是吴越国最后一代君主钱俶，曾经的末代王子很会享受，而且颇为豪爽，很喜欢带着欧阳修、尹洙等几个年轻人在西京洛阳享受贵族生活，花天酒地，出入官妓场所。欧阳修也在这时，写出了那篇牡丹专著《洛阳牡丹记》和惊艳后世的诗句"洛阳地脉花最宜，牡丹尤为天下奇"。

欧阳修和他的堂侄子媳妇有染的风流案，最后以难以查证告终，可一代风流才子终究百口莫辩，成了德行不堪之人。庆历五年（1045）八月，欧阳修被贬滁州。

在滁州，欧阳修登上风景秀丽的琅琊山，立于醉翁亭。作为诗人，他用欢乐的语气醉情山水，流芳百世。作为政治家，踏上山巅，看着山岚缥缈的四周，他是否悟到了什么？因此，才四十岁，正在壮年的欧阳修，却作了"苍颜白发"这样的自画像。一个明明还年轻的人，心境已老，是对朝廷的失望吗？非也，"禽鸟知山林之乐，而不知人之乐；人知从太守游而乐，而不知太守之乐其乐也"，他以一种乐观、张扬、通透的心态笑对人生的低谷和高峰，发出"世人皆醉我独醒"的感叹。

这次被贬，欧阳修带着夫人薛氏一起上路，薛氏是已故宰相薛奎的四女儿。

薛奎还有一个女婿，就是前面上奏弹劾滕子京的王拱辰。

王拱辰与欧阳修参加同一届科举，是那一届的状元，薛奎看上了王拱辰，将三女儿许配给他，同时也看上了欧阳修，不过欧阳修已经被当时的老师抢先一步定为佳婿。后来，王拱辰的妻子过世，薛奎又将五女儿许配给他。欧阳修为此调侃王拱辰："旧女婿为新女婿，大姨夫做小姨夫。"

王拱辰活到神宗朝元丰八年（1085），在他过世前一年，他的孙女王氏诞下了一个女孩，长大后成为一代女词人，也是婉约派的代表，有着"千古第一才女"之称，女孩的名字叫作李清照。

范仲淹身边的人一个个被贬，庆历新政陷入僵局。

庆历五年（1045）正月，随着御史台的反对声一次比一次高，而改革派几乎全被贬黜，范仲淹自请出知邠州，仁宗准奏，遂罢免范仲淹的参知政事之职，改为资政殿学士，知邠州，兼陕西四路缘边安抚使。

三月，韩琦被贬出朝，罢枢密副使，出知扬州。

至此，主持庆历新政的主要人物全被逐出朝廷，仁宗下令终止推行仅一年的改革措施。当初十条之一就是"重命令"，强调朝廷太多命令朝令夕改，造成恶果。结果这一场可能给宋朝带去跨时代意义的变革，也犹如烟花和昙花，绚烂芬芳，转瞬即逝。

北方的严寒令范仲淹旧病复发，咳嗽吐血，他已经五十八岁，想为地方再做些什么，但是身体无法支撑。同年十一月，范仲淹自请调往温暖一些的地方，朝廷又解除了他四路职务，调他出知邓州。

次年，庆历六年（1046），到巴陵的滕子京保持着"不以物喜，不以己悲"的心态，勤政为民，修筑防洪长堤，重修与武昌黄鹤楼、南昌滕王阁齐名的岳阳楼，并请范仲淹为岳阳楼作记。

范仲淹一夜写成了那篇名垂千古的《岳阳楼记》，每一个字仿佛都是心血凝成，一抒"先天下之忧而忧，后天下之乐而乐"的高尚情怀。

同年，好友、一起被贬的庆历党人尹洙病重。

范仲淹再三奏请，终于获得朝廷同意，允许他把尹洙接到邓州养病。

尹洙内刚外和，博学有识度，尤懂《春秋》，年轻时候喜谈兵事。可到后来，却常常说佛，"非取其所谓报施因果，乐其博爱而已"，他认为佛的"博爱"和孟子的"仁义"相近。

在过世前的两日，尹洙还能如常行走，后来忽然就进入弥留之际，他将家人和两个年幼的孩子托付给范仲淹："跟家里人说，我要走了，不能再照顾他们了。"

尹洙病故，年仅四十七岁。欧阳修为其撰写墓志铭。

又过一年，庆历七年（1047），滕子京因在巴陵政绩出色，调任苏州，上任不到一个月，在苏州病逝。范仲淹为好友作墓志铭，赞好友："君知命乐职，庶务毕葺。"

志同道合的人一个个离世，范仲淹还在奔波，从邓州到杭州，自杭州到青州，皇祐四年（1052），他在去往颍州上任的路上病逝，终年六十四岁。

这位被后世称为"北宋第一名臣"的老人，过世的时候贫困交加，家无余财，只因为他将毕生的积蓄都捐赠了出去。在四年前，被贬知杭州时，他在家乡苏州购买千亩良田，创建中国第一个私人助学机构——范氏义庄。

他在《告诸子书》中说："吾吴中宗族甚众，于吾固有亲疏，然吾祖宗视之，则均是子孙，固无亲疏也。苟祖宗之意无亲疏，则饥寒者吾安得不恤也？自祖宗来，积德百余年，而始发于吾，得至大官。若独享富贵而不恤宗族，异日何以见祖宗于地下，今何颜入家庙乎？"

因为幼年丧父，范仲淹和母亲颠沛流离，再加上个人"先天下之忧而忧，后天下之乐而乐"的情操，他希望能通过义庄救济贫苦族人，给宗族子弟提供读书的机会。

范仲淹和他的儿子们几乎将所有的收入都投入到了义庄，并制定了完善的管理和收益分配制度。义庄后来几经朝代更迭，历经战火乱世，持续了八百多年仍运行良好，到清朝宣统年间，运营到巅峰，有田五千多亩。

听闻范仲淹的死讯，西北地区和他出知时认识过的地方百姓，无不哀痛。仁宗也怅然若失，悲戚唏嘘，追加范仲淹为兵部尚书，亲书褒贤碑，谥号"文正"，这是自宋开始对文臣最高的谥号，而范仲淹是第一个获此谥号的人，因此后世又称他为范文正公。

南宋的朱熹赞他为"有史以来天地间第一流人物"。

而在今日，中华大地上，每一个学子都能背诵《岳阳楼记》。时光超越千年，无人忘记这位前辈崇高的精神和情怀。

庆历新政是仁宗极力想要做的改革，最终却也是仁宗先败下阵来，主动放弃改革。但这不能掩盖他是一位千载难得的"仁君"。

苏辙在参加科举考试的时候，在试卷上讥讽皇帝只知道宠幸妃子，不关心百姓和国家大事。

仁宗听说这事，非但没有生气，还对这种大胆敢说的行为非常赞赏，他对臣子说："选拔敢说之人正是科举的意义之一，要好好提拔这个敢说的人才。"

而那位深受仁宗宠爱的张贵妃，想为伯父求官。仁宗耳根子软答应了，等到上朝时候刚想下诏，谏官包希仁，也就是后世称颂有"包青天"之名的包拯大人，站出来据理力争，长篇大论，反对任用张贵妃之伯父，唾沫星子乱飞，喷了皇帝一脸。

仁宗对此的反应，也只是擦一擦脸上飞来的唾沫，继续听着。

如果说，对官员的和蔼宽容是帝王的素养，那么对待身边仆从也和蔼，甚至为他们着想，就真的可以体现出仁宗个人的温和性格了。

有一次，仁宗用膳。太监端上一碗甜粥，仁宗没吃几口，忽然牙齿咬到一个硬物，是个石子。他赶紧吐了出来，然后压低声音对身边的人说："勿言吾尝食于沙，此乃死兮。"他担心自己吃到石子的事公开后会导致做餐食的厨子被处死。

还有一次，仁宗在花园散步。可能当时跟随的人经验都不够丰富，仁宗频频回头，但是随从们都只在心里奇怪，没人领会到皇帝此举何为。后来，仁宗顶着烈日回到殿内，立刻提起水壶一通猛灌。

妃子好奇地询问："陛下怎么如此口渴？"

仁宗笑道："朕屡屡顾，然未见其将壶，若朕问者，必有人欲诛矣，故遂忍渴还饮之。"

他考虑得太周全了，口渴了没有人主动递水上来，本可以开口让人准备。但仁宗怕这么做，会让随从被责怪。所以，他选择忍着口渴，回到屋内再饮水。

便是如此宽仁的一位帝王，在他在位期间，社会经济文化各方面空前发展，达到北宋甚至中国封建王朝的巅峰。

仁宗曾问包拯历代编户的数目，包拯经过认真考证后回答天子："跨唐越汉，未有若今之盛者。"

仅从宋真宗晚期到宋仁宗执政的这段时期内，国家人口增长了三百七十九万户。单单增长的户数就相当于唐太宗贞观时期的总户数。

财政方面，嘉祐年间的国家税收增长是唐朝最多货币岁入时的四倍。仁宗天圣元年（1023），朝廷发行"官交子"，这是世界上的第一张纸币。

整个北宋，尤其仁宗统治期间都对农桑实行轻赋税政策，甚至出现了仁宗时期开垦的田的数量比真宗朝多，可上交的赋税却更少的情况。

国家的财富主要来自于商税。在真宗景德年间，商税四百五十万贯，而仁宗庆历时，商税猛增到两千二百多万贯。可见仁宗统治期间商业的巨大发展与繁荣程度。当时的商税分为商品在流通贩卖过程中收取的"过税"和商品从店铺中卖出时发生的"住税"。

科技方面，中国的四大发明中的火药、指南针、印刷术都在这时候蓬勃发展。火药在对西夏的战争中发挥了作用。指南针在宋朝开始用于航海，使宋朝拥有当时世上最庞大的帆船舰队。毕昇在宋仁宗庆历年间发明活字印刷术，使宋代典籍得以大规模印刷，其中许多得以保留至今。

除了人口、商业、科技，文化也在仁宗时期实现了大繁荣。"唐宋八大家"中，属于宋代的苏轼、苏洵、苏辙、王安石、曾巩、欧阳修全部活跃在宋仁宗时期。

同时，仁宗也极其重视教育，他封孔子后人为衍圣公，鼓励各州县兴办学校，后世耳熟能详的名士王曾、晏殊、范仲淹、富弼、狄青、欧阳修、王安石、包拯、司马光，以及苏洵、苏轼、苏辙合称的"三苏"等，都对中华文学有着杰出贡献，所写诗词名句能流传千古，至今广为传诵。

也难怪大文学家曾巩自豪地表示："生民以来，能济登兹者，未有如大宋之隆也。"

昌盛繁荣的仁宗时期，有"仁宗盛治"之称。可就是这样一个"仁君""名臣"荟萃、各方面发展闪耀的"盛治"时期，各种各样的起义依然在四处开花，屡禁不止。仁宗在位四十二年，有记录的叛乱六十起，平均到每年都超过一次。

庆历七年（1047）十一月，庆历新政刚结束没多久，发生了贝州（今河北省邢台市清河县）兵变。

这和一般的叛乱造反不同，是由低级军官和底层士兵发起的，有组织，有纪律，具备军事能力，而且兵变的原因往往和不公、欺压有关，通常会引起其他地方军队人员的共鸣而造成更大规模的兵变。

贝州兵变起义军的领袖王则，原本是涿州（今河北省涿州市）农民，后因饥荒流落贝州，投了驻扎当地的宣毅军，当上了小校。他利用民间秘密流传的弥勒教，用"释迦佛衰谢，弥勒佛主事"的谣言，组织了一批农民出身的士兵武装。但是弥勒教的信徒广布于河北、山东一带，王则原本计划次年元旦在河北各地同时起事。后因为教派内出了叛徒，计划泄露。王则闻讯，提前在当年冬至起事。

他们趁着州官们去天庆观拜谒时，打开兵库，夺得武器，打开监狱，释放囚犯，杀了通判，囚了知州，占领了贝州城。

王则自称东平王，建国号安阳，任命了宰相、枢密使等官员，参与起义的人脸上都刺着"义军破赵得胜"的字样。

贝州外，河北体量安抚使明镐赶来镇压起义。

城内有人将书信绑在箭上，射向其营帐中。有了百姓做内应，上百官兵翻墙进入贝州，但随后被起事民众发现，逐出城去。

仁宗得知兵变，而后贝州又久攻不下，极为震惊。

枢密副使、参知政事文彦博自请镇压。

仁宗遂任命文彦博为河北宣抚使兼体量安抚使，明镐为副使，领军围攻贝州。

文彦博一面派兵在城北假装兵败，一面命人秘密挖通城南地道，选派二百多强壮官兵趁着夜色从地道进入城内，杀了城门守卫，引大队人马入城。

庆历八年（1048）闰二月，这场持续六十五天的兵变，被镇压下来。王则被抓处死，贝州改名恩州。

事平当月，仁宗提拔文彦博为同平章事。

文彦博第一次拜相，也不独居功劳，多次推举明镐。

明镐不久被提拔为参知政事，同年六月却患了重病。

仁宗亲自前往慰问，凄惨地说："朕还要靠卿来谋划国家大事，为何这么快就病了！"

次日，明镐去世，享年六十岁。

而文彦博拜相之后，御史台上书弹劾他走"夫人路线"。

原来在文彦博拜相之前，曾经送仁宗的爱妃张贵妃蜀锦中最负盛名的灯笼锦。元宵节时，张贵妃穿着灯笼锦制的衣服，深深惊艳仁宗。

这次弹劾在朝廷上下闹得沸沸扬扬，一句"夫人路线"弄得宋仁宗又是尴尬又是恼怒。最后导致文彦博在皇祐三年（1051）被贬知许州，御史台弹劾他的官员也一样被贬，等于各打五十大板。

次年四月初六，大宋中南又发生了侬智高起义。

侬智高的祖上一直雄踞西原，世代是广源州（今广西壮族自治区）首领侬氏一族。唐末，中原弱而交趾（今越南北部）强大，侬氏依附交趾。因为长期受交趾的压迫，父亲还死在交趾的手里，侬智高起兵反抗，建立政权，称南天国，请求归附宋朝。宋朝不愿在边境生事，不予同意。后来侬智高给大宋递交金函书，大宋也不回应。侬智高怨恨大宋，与广州进士黄师密谋盘踞广西。

皇祐元年（1049），侬智高率五千人起义造反，攻下邕州（今广西壮族自治区南宁市）横江寨，守臣张日新等奋勇反抗，以身殉国。

皇祐四年（1052）五月，侬智高攻陷邕州，建立大南国，建元称帝。他想收邕州司户孔宗旦为己用，孔宗旦不肯，大骂侬智高之后被害死。

侬智高之后连下数城，每到一处，守臣只能弃城逃走。

起义军只用一个月时间就打到了广州，广州知州周魏瓘力战防御。英州知州苏缄招募数千勇士前往救援，意图扼住起义军的退路，并斩杀了侬智高军师黄师的父亲。而转运使王罕也赶到，招募民兵，修筑城墙，加强防御，使得广州城没有沦陷。

眼见宋朝援军相继而至，侬智高撤围退回邕州。

仁宗想要征讨侬智高，但南方素来缺乏战备，缺少将才，虽然命孙沔、余靖为安抚使，率官军讨伐叛贼，但仁宗仍深为忧虑。

这时，大将狄青主动请战出征。

这是一位每每提到北宋中期武将，都不得不提及的人物。

狄青出身寒门，山西汾州（今山西省汾阳市）人，十几岁时与人斗殴入狱，脸上刺字，发配充军。善于骑射，有勇有谋。在李元昊叛乱时，狄青作战在第一线，他身先士卒，经常亲自担任先锋。四年经历二十多场战斗，身中乱箭八次。

尹洙将狄青推举给范仲淹、韩琦。

狄青在范仲淹的指导下发奋读书，由此通晓秦汉以来将帅兵法。他上阵杀敌时，披头散发，喜欢戴一张青铜面具以震慑敌方。西夏军在他手上吃了不少败仗，对他闻风丧胆，称他"狄天使"。

庆历和议，西夏称臣之后，狄青任真定路副都总管，历任侍卫步军殿前都虞候、眉州防御使，迁步军副都指挥使、保大安远二军节度观察留后，又迁马军副都指挥使。

侬智高之乱，狄青主动请缨："臣从军起，除了打仗没有别的报效国家的本事。愿能捉拿贼首，献给陛下。"

仁宗遂任命他为宣抚使，全权负责剿寇事宜。但仁宗又不放心狄青独掌兵权，任命内侍任守忠为狄青副手。

知谏院李兑说："唐之所以灭亡，是因用宦官观军容，导致主帅受到掣肘，所以陛下派任守忠去也没什么意义。"

仁宗于是罢免了任守忠。

结果，谏官韩绛又说："陛下呀，狄青是一个军人，不宜让他专权。"

公说公有理，婆说婆有理，仁宗都为难了，转而问宰相庞籍。

还是庞籍说了句公道话："用人不疑，疑人不用啊，陛下。"

仁宗这才下令岭南诸军皆受狄青统领，并且亲自为他置酒饯行。

这时候，交趾提出愿意帮着一起消灭侬智高，狄青上奏说："用外人的兵马剿我们自己内部的匪寇，对我们没好处。而且一旦允许交趾入境，他们一旦贪得忘义，和侬智高同流合污，我们就难以防御了。因此请陛下拒绝交趾的议题。"

仁宗采纳了他的意见。

从京城到广西路途遥远，狄青在路上下令诸将不要贸然与敌人交战，等待他的号令。但是广西钤辖陈曙不听，率兵八千主动出战昆仑关，大溃而归。

狄青要严明纪律，以儆效尤，说道："不听从军令，所以才会战败。"

狄青将陈曙等三十二人按军法处斩。孙沔、余靖惊愕相看，在场诸将无不胆战心惊，都不敢抬头看狄青，军纪自此改观。

狄青随后下令按兵不动，大军休整十日，众将士都不知道他葫芦里在卖什么药。狄青给大家说明他的安排，明日他将自己担任前军，孙沔次之，余靖殿后，大概傍晚时全军渡过昆仑关。

隔日黎明，诸将依照狄青安排，环立在大帐前等待狄青发布进军令，却久久不见狄青现身，之后狄青派人来叫他们到外面吃早饭，他们才知道狄青昨夜已经趁着夜色渡过昆仑关，此刻已在归仁铺（今广西壮族自治区南宁市东北三十里）列阵迎敌。

狄青和起义军展开恶战。右将孙节与起义军搏杀而亡，起义军士气大振，孙沔等人都害怕得变了脸色，但狄青挥旗指挥他从西夏前线带来的蕃落骑兵，与先锋张玉率领的前军形成夹击之势，整个队伍半点不乱。

最后敌军大败，狄青追出五十余里，生俘五百余人，斩首数千，侬智高的党羽黄师、侬建中等都在其中，侬智高趁着夜色纵火烧城。

天明之后，狄青带军入城，用缴获的金银安抚被起义军俘虏的七千二百多壮丁，并差人翻找侬智高的尸体。有的士兵找到了穿着金龙衣的人，说这就是侬智高。但狄青认为有诈，没有贸然和朝廷邀功。后来果然得知，侬智高由合江口逃往了大理国。

侬智高之乱平息，捷报传到开封，仁宗大喜："狄青能破了这贼寇，都是庞籍的功劳哇。"而后下令由余靖继续追捕侬智高，召狄青、孙沔回京。

作为平定广南的奖励，仁宗打算晋升狄青为枢密使，孙沔为枢密副使。

仁宗委婉地劝狄青把脸上的刺字消去。狄青不肯，而且非常自豪地说："就是要带着这样的刺字，要让天下人都知道国家会善待有能力的人。"

然而，宋朝文贵武贱的氛围已经形成，就算是为国家抛头颅洒热血的名将都不被很好地看待，哪怕这个时代云集了大宋诸多名士，在名士们眼里，狄青依然是被看轻的。

比如，韩琦曾当面折辱狄青，说："东华门外以状元唱出的才是好汉。"

又如这次狄青升任枢密使，宰相庞籍说："这嘉许有点过了。"他和御史台、谏官都认为此举不妥，武将不适合久居枢府。

仁宗没有采纳，五月，狄青升任枢密使。紧接着，台谏侍从要求罢免狄青执政之职的章奏接踵而至。

仁宗朝的枢密使都是文官，唯狄青一个异类。同僚见到他就如空气，百姓却视狄青为骄傲。狄青在枢密院四年，外出时经常被爱戴他的百姓围住。

文官们别的不行，嘴巴最溜，天天用莫须有的罪名跟皇帝打小报告，甚至说出狄青家的狗生了角，是天降凶相这类话。

长此以往，就是宋仁宗也受不了了。

嘉祐元年（1056），开封大水。

狄青为避水搬到了大相国寺，住在佛殿上，民间对此有了议论。文官又站出来，这一次是大名鼎鼎的欧阳修，把事情和阴阳五行挂上钩了。欧阳修和仁宗说："水也是阴，武将也是阴，这分明就是天谴，提醒陛下罢黜狄青。"

仁宗心里没数吗？他又不是真宗，天天搞迷信，不由得嘀咕了句："狄青是忠臣。"

旁边的宰相文彦博冷冰冰接了一句："太祖不是周世宗的忠臣吗？"

可见这些名士也不完美，是人都有两面性，都有认知的不足。

狄青就这样被免去了枢密使之职，出知陈州。

这件事对狄青打击很大，之后的岁月他一直郁郁寡欢。仅仅一年后，这位一代名将在陈州病故，年仅四十九岁。

消息传到京城，仁宗追封狄青为中书令，亲自为他题碑"旌忠元勋"。

也就是狄青知陈州的这一年，韩琦被召还为三司使，随后接替狄青成为枢密使，两年后拜相。

庆历新政时离开的改革派，如今还活着的，陆续都回京了。

在韩琦之前，富弼于至和二年（1055）授职同中书门下平章事、集贤殿大学士，与文彦博一同为相。

欧阳修也在皇祐元年（1049）奉诏回朝，任翰林学士等职务。五年后又遭诬陷，被贬同州。

那日欧阳修上朝拜别天子，仁宗忽然心念一动，生出伤感来。

这一年欧阳修四十七岁，当年的"醉翁"真的进入暮年了。

仁宗叹息道："算了，别去同州了，留下来修《唐书》吧。"

其实，五代时期就已经有《唐书》（即《旧唐书》编成），但仁宗认为有诸多问题。庆历四年（1044），他下诏重修《唐书》。

至和元年（1054）七月，仁宗又催促将修好的《唐书》尽快送上阅览。

欧阳修在接下来的几年，埋头修书，除了《新唐书》之外，又写了《五代史记》，将短暂而纷乱的乱世脉络梳理清晰，留给后人，不忘历史，以史为鉴。

嘉祐二年（1057），欧阳修被任命为科举主考官，主持进士考试。

范仲淹最先提出的科举改革，摒弃高深的措辞和刻意卖弄辞藻，注重策论以及考查学子见识、主张和从政的能力。欧阳修与其主张高度一致，主张罢黜"太学体"这种用奇怪字眼的写作方式，认为"言以载事而文以饰言"，希望彻底扭转晚唐以来不务实的文风。

而且，欧阳修做到了。

当时被欧阳修刷下去的考生们，甚至沿街拦他的马，要与主考官大人对峙叫板，欧阳修都不为所动，态度坚决。

在欧阳修的坚持之下，这一届科举是大宋历史上最为辉煌的一场考试，足以媲美寇准获得探花的那届"龙虎榜"，唐宋八大家中的三位，苏轼、苏辙、曾巩都在这一届考生里脱颖而出。

根据考场批卷的要求，卷上考生名字、籍贯等个人信息都做密封，欧阳修读到了许多令他眼前一亮、惊喜连连的文章，其中他最满意的一篇是《刑赏忠厚之至论》。欧阳修读完，拍案称绝，决定将此人定为第一。但刚做出这个决定，欧阳修又犹豫了，他猜测这篇文章出自得意门生曾巩之手。

欧阳修担心，曾巩已年近不惑，屡考不中，如果偏偏在他做主考官的科举考试中获得第一，世人会说三道四。他自己已经是半个身体入黄土的人，已没名声可以毁，但曾巩的仕途才开始，以后还有很长的路要走。

欧阳修不想影响爱徒的前途。

犹豫再三，他将这份卷子判为第二名。

结果，当所有判卷结束，揭开试卷上密封的名字，这份试卷上的名字苏轼出现在眼前时，欧阳修震惊无比！

竟然不是曾巩！

竟然是苏轼！

就在前一年，欧阳修才向朝廷引荐过苏轼的父亲苏洵。

苏洵科考多次不中，一边苦读，一边游历增长见识，认识了益州知州张方平。这个张方平认为苏洵父子三人都是人才，推荐他们去京城拜会欧阳修。

后来，欧阳修与苏洵一见如故，对他作的《衡论》《权书》《几策》等文章给予了高度评价，并大力向朝廷推荐苏洵，导致公卿士大夫争相传诵苏洵的大作，苏洵之名很快就轰动京城。

而今，苏洵的两个儿子苏轼和苏辙，在这一届考试之中双双高中，又一次在京城轰动。曾巩也没有令恩师欧阳修失望，不仅自己中举，连带着他的弟弟曾牟、曾布及堂弟曾阜四人全部都在进士榜上。这些年轻人就此一考成名，登上了大宋文坛，并在不久的未来绽放光芒，一直璀璨耀眼，为后世传颂。

这一年是嘉祐二年（1057），仁宗已经进入他第九个年号，也是最后一个年号。

此时，不惑之年的天子，身体多次不豫（皇帝病危的代名词），而盛世大宋还没有接班人。这对于大宋以及四十七岁的仁宗来说，毫无疑问是种无法言说的痛。

第十四章

曹太后垂帘听政——短暂的英宗朝

宋仁宗执政期间，宋朝各方面进入巅峰状况，但他的子嗣方面却十分艰难。在位十多年，二十多岁了还没有儿子。臣子们雪片一样送上来希望过继子嗣的奏章，更压得仁宗喘不过气。

实际上过继子嗣的事情，在仁宗父亲宋真宗身上就发生过。

宋真宗沉迷道教，在仁宗出生之前的五个儿子全部夭折。在大臣们的劝说下，真宗在咸平六年（1003），接四弟赵元份的第三子——八岁的赵允让进宫抚养。

赵允让在宫中生活八年，虽然没有完成过继手续、明确身份，但一直是以默认的真宗"养子"的身份存在。一直到大中祥符三年（1010），赵允让被真宗高兴地送回家去了。因为真宗第六个儿子，即后来的宋仁宗赵祯出生了。

如今，仁宗遇到了和父亲一样的问题，更糟糕的是父亲还能从自己兄弟的儿子里挑选孩子过继，而仁宗连亲兄弟都没有。

于是，所有人的目光，又回到了当年的真宗"养子"赵允让身上。

赵氏宗室的子弟当然不是只有赵允让一个。在血缘上，真宗还有其他兄弟在世，赵允让和宋仁宗的血缘关系并不比其他人近。在能力上，真宗几个兄弟都一样是闲散宗室，赵允让最为人称道的是孝顺，不过在讲究孝道的古代，好像这也是他理应具备的素质。说来说去，也唯有赵允让有真宗"养子"这一层身份，其他人无法匹敌。另外，赵允让虽然没福气继承正统，子嗣方面却非常兴旺，一共有五十多个孩子，其中三十多个都是儿子，数量比他所有兄弟的儿子加起来还多。

景祐二年（1035），仁宗松口过继子嗣，派宫中内夫人到赵允让府上挑选孩子。内夫人看了一圈都没有对眼的孩子，正要准备出门上车离开，碰到了在屏风后面匍匐玩耍的赵允让的第十三子。

赵允让的孩子太多了，这个长到虚四岁的儿子还没起名，因此当内夫人问这是哪个孩子的时候，赵允让的家人们只能笑笑。

大概是因为年龄小，又不被家人重视，以及其他某些点符合了内夫人的挑选准则，最后这个孩子被带上了车，接入皇宫。

仁宗给这孩子赐名赵宗实，交给皇后曹氏抚养。

曹皇后因膝下无子，很早把姐姐的女儿高氏接在身边抚养。小女孩小字滔滔，和赵宗实一样年纪。自此，两个孩子彼此做伴，承欢皇后膝下。

景祐四年（1037），仁宗终于迎来第一个儿子——皇长子赵昉。这一年，仁宗已经二十七岁，这对于生育年龄较早的古代人来说，尤其是一个很早就需要为帝国留下血脉的皇帝来说，真的太晚了。

不幸的是，皇长子在出生当日便夭折了。

仁宗悲痛不已。

而六岁的赵宗实呢？

史书记载他话少、内敛，喜好读书，再加上宫廷生活使人早慧，他的内心应该是复杂的。从一开始听闻皇长子出生，自己终于可以回家去的激动，到生活可能随之改变的害怕，以及后来皇长子过世，他的生活一切如旧的叹息。这个孩子明明欢喜又不能表达欢喜，明明悲伤也不能表达悲伤。

宝元二年（1039），仁宗最宠爱的妃嫔之一苗贵妃，为仁宗生下了皇次子赵昕。

小皇子看起来很健康，八岁的赵宗实随即被送回家。

可惜被细心呵护的皇次子赵昕，也只活到了两岁。

大臣们旧事重提，接赵宗实回宫的奏章又起。

仁宗态度很坚决：“朕能生，不急！”

同一年，朱才人生下了皇三子赵曦，后来这个孩子一样没能活过两岁。

在之后的岁月里，仁宗又有过很多女儿，却再没有过儿子。他一生所生十四位公主，也只有其中五位长大成人。

在位四十二年期间，仁宗多次出现不豫，时常昏迷数日，并且出现神志不清、胡言乱语的情况。每次天子的身体亮红灯，朝野上下都承受着巨大的压力。

嘉祐元年（1056）正月，仁宗上朝，在刚卷起珠帘时，突然发病，被扶入宫禁。天子这一次病情危重，持续二十多日，群臣惊骇，人心惶惶。

幸好宰相文彦博当即要求内侍及时通报仁宗的情况，否则以军法处置，并与同为宰相的富弼在宫中轮流值班。两个人如定海神针一般稳住政局，及时压制流言蜚语，稳定人心。但经历此事之后，皇位继承人的问题已经迫在眉睫。

最先坚决上疏立太子的是知谏院范镇。

文彦博责备他上疏之前不与宰相等人商议。毕竟立储是朝廷大事，一般臣子不能随便妄加评论。

五十岁的范镇回答："我已经做好了必死的准备，才写这篇奏章。与你们商议，若你们觉得不应该上奏，那我就不写吗？"

在立储这件事上，还有一个态度坚定的臣子叫司马光，就是小时候砸缸出名的那位。这时候在并州通判任上的司马光，专门写信给范镇，表达对范镇上疏立储的支持。

翰林学士欧阳修也上疏："陛下登基三十余年，没有立太子，这种情况自古都没有过。"

殿中御史包拯、吕景初、赵抃，知制诰吴奎、刘敞等都上疏力请，宰相文彦博、富弼也都劝君立储，早定大计。

仁宗都不听。

范镇三次面圣，和天子当面争论立储之事，又十九次上奏本章，力述立嗣之理。

仁宗压下了这十九道奏章，就是不表态。

范镇在家待罪百日，头发胡子都白了。

仁宗又气又动容，革去范镇知谏院职位，改任集贤院修撰。

庆历七年（1047），三十七岁的仁宗还是没有儿子，不过曾经养在宫中的赵宗实年龄也不小了，他和高滔滔青梅竹马，两小无猜，即使后来各自出宫回到自己家中，感情也没受到影响。

仁宗想起来这事，对曹皇后说："宗实和滔滔都大了，我们为他俩主婚，如何？"

三月，由皇帝和皇后做主，赵宗实迎娶了高滔滔。民间因此有了"天子娶媳妇，皇后嫁闺女"的说法。

小两口感情融洽甜美，高滔滔还在第二年就生下了长子。

想必仁宗都在心里暗暗羡慕这小两口，一面继续跟大臣们较量，不肯松口立储，一面在后宫不断努力，希望造出一个继承人。

至和元年（1054），仁宗最爱的生育了三位公主的张贵妃过世，再无人可以把舞跳到天子的心里去。仁宗不顾曹皇后还在世，追册张氏为温成皇后。曹皇后脾气好，倒也没说什么。

嘉祐三年（1058），这位温成皇后的伯父张尧佐去世。

仁宗发牢骚，对着朝臣道："台谏官员以为朕任用张尧佐，如同唐明皇用杨国忠一样，国家会有播迁之祸。依我看来未必如此！"

户部员外郎唐介马上反驳："陛下一旦有播迁之祸，只怕还不如唐明皇。他有儿子肃宗起兵靖难，恢复社稷。可是陛下能靠谁？"暗指仁宗无子。

仁宗被戳心了，当时面色大变。天子子嗣是个人的事，也是朝廷的事，朝臣为社稷说话，一朝天子也反驳不得。沉默良久之后，仁宗只能回道："立储之事，已经在和韩琦商量了。"

韩琦刚任宰相不久，一直进言请仁宗尽快立储，吸取过往朝代储君不定引起的教训。当时仁宗后宫正有妃子有孕，以此为借口没有定夺。

没过多久，孩子生下来了，还是一个女儿。

这一年三月，宰相富弼由于母亲去世而离职服丧。韩琦少了一个帮手一起给皇帝施压，只能另外找人帮着劝皇帝了。正好手边还真有一个小伙伴适合做这件事。这个小伙伴的名字叫司马光。

嘉祐六年（1061）闰八月，知谏院司马光上书请仁宗立储，列举历代相关的教训。

仁宗让他把奏章交给中书。

司马光一步三回头地请求天子，务必与宰相商议这件事。

韩琦马上接上，命人叫司马光把奏章送到中书去，以便宰相和皇帝就此事做出讨论。

司马光和韩琦说："如果不及时讨论这件事，到某一天深更半夜，宫里忽然拿出一张纸说，立某个人为太子，天下谁也不能吱声了。"

韩琦等人都认同，表示必然尽力。

司马光之后又先后上疏七次。

大家不敢直接说，只能在侧面提醒皇帝，你看哪，您往上的几位都是在五十多岁过世的，您算算您今年多大了。

到十月初，五十出头的仁宗松口，问几个人："宗室中谁适合做太子？"

韩琦趁机说："这事不是臣等可以议论的，请陛下自己定夺。"

仁宗思来想去，还是当初收养过的赵宗实吧，这时候赵宗实和高滔滔小夫妻都已经生了四个儿子了。如果定为皇储，那么再下一代皇储都有人可选了。

可是这一次不干的是赵宗实。

离开皇宫的赵宗实依然是府邸里那个不受宠、没有存在感的人。三年前，父亲濮安懿王赵允让逝世。轮到赵宗实的财产没多少，兄弟和仆从都敢欺负他，占他便宜。借走他的金腰带，换回来一根铜的。下人把这件事告知赵宗实。赵宗实看着那根腰带，说："这就是我的腰带。"

是他好脾气吗？

是他争也争不到。

命里不属于自己，便要想通，不做妄想。

一根腰带如此，一个皇位也如此。

十月，朝廷准备复起赵宗实，担任秦州防御史、知宗正寺，负责宗族事务，以便为后面立储做准备。赵宗实以守丧期未满推脱，又称生病，不肯上任。

宰相韩琦于是向仁宗建议："不如马上就立储，为其正名。"

次年八月，赵宗实被立为皇子，改名赵曙。

诏命到府，赵曙称病，推辞不肯，并且上疏十八次，请求皇帝收回诏命。

王府记室周孟阳是赵曙亲信，赵曙十八封推辞立储的奏章都出自其手。他不解赵曙为何推脱，皇位继承权自古是多少皇室子弟梦寐以求的东西，甚至不惜骨肉相残也要争取。

赵曙感叹："不敢求福，但求无祸。"多次被接入皇宫，许多时间里他都和这个皇位继承权很近，但他依然觉得福祸相依，就算走到那个位置，也前途未卜。

周孟阳劝导他："今日天下都知晓您是那个位子上的人，如果您不去，将来换了其他人做，您又能平安无事吗？"

那头仁宗命人前往劝告赵曙服从命令，这头赵曙被周孟阳一番话点醒，于是无奈决定去做皇子。

离府之前，赵曙还觉得以后还有变数，他最后应该能离宫回来，因此几乎没带行李和仆从，并告诫留下的人："请务必谨慎地守好我的房子，皇上有了后嗣，我就回来。"

他的这个回来，最终没有成真。

仅仅半年之后，嘉祐八年（1063）三月二十九日，仁宗于东京福宁殿驾崩，享年五十四岁。

曹皇后一边禁止宫人出宫报丧，另一边悄悄派人通知宰相韩琦等人。韩琦入宫，请示曹皇后宣赵曙入宫继位。

赵曙进宫之后才知道要做皇帝，掉头就跑，说道："我不敢做，我不敢做。"

韩琦等人一拥而上，抱人的抱人，脱衣服的脱衣服。

赵曙被强行穿上了龙袍。

这种不愿意做皇帝的情况，在中国历史上不说绝无仅有，也绝对是极少数了。

之后负责草拟遗诏的翰林学士王珪因为太过紧张惊恐，一时不知道如何落笔。宰相韩琦面不改色，吩咐道："我来说，你写。"

次日早朝，韩琦宣读遗诏，先帝驾崩，新帝已在昨日继位。

这位新帝就是赵曙，史称宋英宗。

宋仁宗赵祯驾崩的消息传出后，举国上下，上自王公宗亲，下至百姓，甚至乞丐都为其哭号，远在山野的百姓也戴了纸糊的孝帽为他服丧。消息传到辽国，契丹境内无论什么民族的人俱悲落泪。辽道宗悲伤地抓住宋朝使节的手，哀恸地说："四十二年不识兵戈矣，让我给宋仁宗修建一个衣冠冢，寄托辽人的哀思吧。"

为人君，止于仁。

被孔子推崇的"仁"，在中国古代具有非常意义，是对帝王的最高评价，而宋仁宗是历史上第一个以"仁"为庙号的皇帝，且无愧于这个评价。

而宋英宗赵曙，在登基那一刻开始，就一直担心自己坐不稳皇位。

当时的宗室里确实有反对的声音，比如北海郡王赵允弼就跳起来说英宗不配做天子，他是宋太宗身后活得最久的孙子，德高望重，窥伺皇位已久。甚至当着英宗的面，就要闯到帝王宝座所在的丹陛上，又是韩琦冲出来将他死死拉住，才没让变故发生。

可是，英宗还是被吓到了。

四月一日，英宗登基。

四月四日，他就在巨大的精神压力之下发病了，说有人要害他杀他。

四月八日，宋仁宗大敛之日，英宗病情加重，在灵柩前跪拜的时候，忽然一跃而起，狂奔乱号，尽失常态。韩琦当机立断，放下帷幔，抱住英宗，命内侍上前护主，其实是让他们看住英宗不要乱动乱说话，仁宗的葬礼才得以完成。

看英宗精神问题这么大，韩琦等重臣不得不请曹太后垂帘听政。

英宗的病来得又急又重，加上他对在宫中这件事非常反感，性情越发乖张，举止失态，对宦官内侍，动不动就发脾气打骂，甚至对太后和大臣也多有不恭。

有一次，韩琦亲自给英宗送药，被英宗推开，汤药洒了韩相一身，恰好曹太后见到此景，命人快去取衣服给韩琦更换。

韩琦谦恭地表示："无碍，本是臣子分内事。"

曹太后不由得感叹："相国您不容易呀。"

但就算是换上英宗的儿子给他奉药，英宗也一样不理睬，或者发脾气。对于曹太后，更是多次出言挖苦，令她非常难堪。

英宗的问题主要就是心病，他并不想做这个皇帝，甚至与当年支持立他为储的曹太后都有了很深的隔阂。

到仁宗出殡的这一天，英宗理应亲自前往祭拜，但英宗称病不出。在朝野巨大的压力之下，他又拖了四日，才不情不愿地去集英殿祭奠仁宗，而且只是人站在那里，面无表情，一滴眼泪都没有。在当时，为表示孝行，理应在祭奠父亲时痛哭流泪。礼官无法，想了个新词语，曰"卒哭"，以此来掩盖英宗对仁宗淡漠不孝之事。

英宗的病情时好时坏，不好的时候经常打骂内侍，造成他们心怀怨恨，到曹太后那边告状。英宗又一直说一些令曹太后尴尬难堪的话语。两宫因此"失和"。

原本曹太后垂帘时，说好等到英宗身体好转，就会还政。也因为隔阂迟迟没有还政，甚至产生了另立皇帝的想法。

太后哭着跟韩琦等重臣诉苦："皇帝最近越发脾气不好，总是胡说八道。"并和韩琦说了汉代刘贺为帝，没多久因无道而被废去的事情。

如果大臣们接了太后的话，太后定会着手开始换皇帝的步骤。

韩琦回道："臣等在外朝，内朝多依仗太后。如果陛下出了什么问题，太后必然也不安稳。"

太后听了脸色黑下来："相国这话是什么意思？我一直用心照管陛下。"显然因韩琦的话生气了。

韩琦面不改色，说道："太后照顾好陛下，臣等自然也会一起照顾。"

后来出了宫殿，有臣子说韩琦这话讲得太重。韩琦表示为了天下社稷，没什么不能说的。

两宫公然失和，太后有意废帝，于国家不是好事。大臣一面处理政事，一面还要尽心尽力进行调和，做两宫之间的和事佬，这里面出力最大的还是韩琦这位"太平宰相"。

十一月的某一天，曹太后将一份文书送到中书，里面都是英宗不当的行为和言语。

韩琦看完，当即烧了文书，与左右说："就是和平常一样，跟我们说一些陛下心神不宁的情况罢了，不用奇怪。"

韩琦在面见曹太后时，费心地劝解她："陛下如此，都是得病的缘故。哪有母亲因为儿子生病而不能容忍的呢？"

欧阳修委婉地劝曹太后："当年先帝偏宠妃子张氏，张氏气焰何等嚣张，您都为大局容忍了她。天下都赞您是国母风范。如今怎么会容忍不了母子之间的隔阂呢？先帝在位时久，德泽天下，百姓因此拥戴他指定的继承人。如今太后您和我们几个文弱臣子要换皇帝，天下人能同意吗？"一番话先捧了太后，又阐明了利弊和原则。

几人轮番相劝，晓之以理，动之以情，总算稳住了太后。

但皇帝那边如果不改变，曹太后废立的心思还是会再起。韩琦又去劝英宗。英宗开口就说："太后对我也没什么恩情。"

欧阳修引经据典地教导英宗："生育之恩很大，教养之恩更大。您若像东汉章帝那般孝顺太后，朝廷内外的谣言不攻自破。"

韩琦则对英宗说："父母慈爱而孩子孝顺，这是常事，没什么可说的。但若父母不慈爱，孩子依然孝顺，才值得称颂。再说了，天下哪有父母不慈爱，不想疼孩子的事呢？"

面对大臣们温和的劝解，英宗若有所悟，意识到自己也存在一些问题。一直以来，他错误的行动和荒诞的话语导致两宫失和。英宗表示以后会改过，不再犯类似的错，他会对曹太后尽孝，一来消除谣言，二来为亲政铺路。他其实也清楚，唯有亲政勤政，成为真正的天子，他的位子才稳定，才不会存在有人要"害他""杀他"的情况。

英宗之后确实改过，不再对曹太后有不当的言语，再加上韩琦等重臣坚定地拥护英宗，朝野内外的流言渐渐平息，两宫的关系开始好转。

新的一年开始，大臣们费心拟出了"治平"两字作为年号，希望天下太平，期盼皇帝的身体越来越好。

英宗的身体如大家所愿慢慢好转起来，已经可以处理朝政，甚至非常勤勉，经常处理事情到很晚，不知疲倦一般。曹太后却没有还政的意思，表示让英宗再养养身体，过两三年再说亲政的事。

韩琦、台谏等人当然不希望朝廷再出现一个刘娥刘太后那样权倾朝野的女性，纷纷上疏请太后归政。

治平元年（1064）四月，曹太后和英宗乘车出宫，前往相国天清寺和醴泉观祈雨。这是新帝病愈后第一次出城，百姓夹道围观，不时欢呼。

韩琦还把英宗处理的政务批文带去给曹太后看，太后看后表示很是满意。

如此，舆论的压力，百姓的认可，处理政务上无错可挑，都已具备，只等一个适合的时机让曹太后撤帘还政。

一日，大臣们禀事以后，韩琦单独留下，请求太后允准他辞去相位，出灵州郡。

曹太后大吃一惊，转而明白了韩琦的意思，生气道："韩相国是真的要退吗？老身本应居住在深宫之中，却要每日在此听政，又不是自己愿意的，要退也是老身先退吧。"

韩琦明知曹太后这话是讽刺，依旧顺势赞美曹太后还政之举，贤明超过东汉马皇后和邓皇后，并追问："究竟决定何日撤帘？"

曹太后生气地站起来，转身就走。

韩琦一不做二不休，当即大声喝左右宫人撤帘。

大臣们态度坚决，曹太后也知道再坚持没有意义，回到宫中便传出手书，还政于英宗。

此时距离英宗登基已一年又一个月，他终于掌握了大宋朝至高无上的权力。

刚刚亲政半个月，他就处理了一批过去在曹太后身边说他坏话的人，并把对自己继位有微词的大臣贬出京城。但刚刚拿到实权的他还急需立威，正好，眼下就有个事情特别合适。这件事就是怎么称呼英宗的亲生父亲濮安懿王赵允让，作为大宋第一个以过继身份登基的皇帝，英宗亲生父亲的名分问题是一件大事。

其实，英宗刚亲政时候，韩琦就提请英宗讨论这个问题。

当时仁宗驾崩才一年多，急于谈亲生父亲的事确实不太好，英宗表示先缓缓，等满了两年再说。从他后来的举动来看，这其实是在拖延时间，为他追封父亲为皇帝做准备。

治平二年（1065）四月九日，韩琦等人再次提出商议英宗亲生父亲的名分问题，欧阳修起草了《中书请议濮安懿王典礼》。

英宗下诏将议题送到太常礼院，交由两制以上官员讨论，由此一场持续十八个月的论战开始了，史称"濮议"。

朝臣们分为了泾渭分明的两大派。一派以台谏官、礼官为主体，有司马光、范仲淹的儿子范纯仁等，主张英宗应该称濮王为皇伯，理由是英宗已经过继给仁宗了，那么他的亲生父母不再是他的父母，根据濮王是仁宗堂兄这层关系，英宗应该称呼亲生父亲濮王为皇伯。另一派以中书大权在握的宰执大臣为主，如韩琦、欧阳修等，主张英宗应该称濮王为皇考，认为虽然皇帝已经过继给仁宗，但是对于亲生父母也应该称呼为父母。

双方各执一词，引经据典，唇枪舌剑，连曹太后都惊动了，身为仁宗的皇后，她当然不能接受韩琦等人的提议，出了一份手诏，怒斥几个人的"恶劣行径"。

实际上，韩琦、欧阳修不是不知道台谏官坚持的意见才符合儒家思想，但是，手握实权的他们比起一般文人更加务实，他们知道天下已经是英宗的，英宗能不能好好做皇帝比什么都重要。

英宗这头看出苗头不对，舆论形势不站在自己这边，于是决定暂缓商量这件事。

但是，事情不是皇帝想喊停就能喊停的，认为自己占理的台谏官们表示这件事必须马上定下来。

韩琦和欧阳修敏锐地意识到关键还是在曹太后这边，台谏官代表的是太后的意思。欧阳修于是修书一封对太后"晓之以理"，曹太后不知做了哪方面的考量，最后选择了妥协，在欧阳修起草的议定濮王称作皇考的诏书上盖了印章。

这份诏书，英宗没有称濮王为"皇"，但用了"亲"字，并把濮王坟茔称为陵园，也就是将生父与仁宗并列。

诏书下发，在朝野引发了巨大的震动，包括英宗在藩邸时候的幕僚都站出来反对。而曹太后的态度突然软化，令台谏官们一下炸开了锅，表示太后的印章一定是假的。

欧阳修等人则说："你没看到不是太后本人盖的章，就不能瞎说。这就是货真价实的太后印。"

权御史中丞贾黯被解职出京，知谏院司马光被免去谏职担任侍读。到这年十月，在朝的台谏官只剩下三人。

台谏官随即一起弹劾宰相等人，表示"请尚方之剑，虽古人所难；举有国之刑，况典章犹在"，说完司马光请贬，台谏官员集体辞职，表示与韩琦等人的"皇考派"势不两立，只能有一种真理存在。

英宗本来就是站在韩琦这一边的，只是韩琦说出了皇帝的主张罢了。他找韩琦等人商量怎么处理。

欧阳修等表示："御史们认为与我们势不两立，那陛下认为我们有罪，就留下御史；认为御史们不对，就留下我们好了。"

于是，反对称皇考的台谏官全部被贬黜出朝，"濮议"告一段落。

英宗摩拳擦掌，准备励精图治。其实，他除了刚登基时行为荒唐了些，其他时候都表现出了一定的政治才能，而且行事果断、雷厉风行，同时还是一个勤勉的皇帝。

一次，他询问欧阳修："为何都说朝廷不能进贤任能呢？"

欧阳修回答："人才能得到提拔任用的道路太窄了。"

英宗很惊讶："中书推举过来的人才，不都有任用吗？"

欧阳修对英宗的行为马上做了肯定，表示他和韩琦、富弼等人有感皇恩，推荐的人才都是善于管理钱粮刑名的人才，而不是文学方面出众之士。

英宗顿有所悟，国家主要的选用人才的通道太过单一，局限于科举，而科举考试能不能出头依然离不开文学修养。他决定广招人才，之后韩琦等人又推举人来应聘馆阁职位，英宗都允许他们参加考试。在改革方面，英宗的作风远比仁宗大胆。

另一方面，司马光向英宗提议想要整理史书，表示历代史籍浩繁，学者难以遍览。英宗非常赞同。治平三年（1067），司马光把依照《史记》初步完成的八卷《通志》递呈英宗阅览，英宗给予赞赏，鼓励他继续努力，还允许司马光选聘助手，批准他将书局设置在国家级的图书馆崇文苑内，允许他阅览皇家藏书。

司马光主笔，与协修者刘恕、刘攽、范祖禹三人，一起用时十九年，成书两百九十四卷，三百多万字，将中国十六个朝代，一共一千三百六十二年的历史做了整理。成书时，在位的是英宗的儿子神宗，神宗给予此书极高评价"鉴于往事，有资于治道"，赐名《资治通鉴》。

此时的英宗眼前一片光明，在外他正大展拳脚，准备在政治上有所建树，在内他还有一个坚定支持他的高皇后，夫妻二人恩爱和睦。

曹太后曾劝高皇后不要专宠，应当给皇帝立妃，开枝散叶。

高皇后狡黠地回答太后："不是臣妾不想，是陛下不愿意，太后去与陛下商议吧。"

球踢到了英宗这边，英宗又是坦然又是自豪地问曹太后："朕子嗣不多吗？"

他所有的孩子都为高皇后所出，一共八个孩子，四子四女，凑成了四个好字。四个儿子除了一子早夭外，其他都健康好学、聪慧谦恭。

史书总说高皇后强势，所以英宗只有高皇后一人。但若英宗执意纳妃，高皇后再强势又什么用呢？毕竟宋朝的言官谏士也不是吃素的。

如此幸福美满的一家，又偏偏是天家，怎么看都称得上是千古佳话。要说唯一的遗憾，那便是英宗的身体一直不太好。

为免天子忽然驾崩，出现政治动荡，也鉴于先前仁宗立储的艰难，韩琦很早便提出立储。

这又遭到了曹太后反对，太后讽刺他："韩相国野心不小哇。拥立英宗有功，还想拥立下一个，要成为两朝老臣哪。"

治平三年（1067）十一月，英宗再次"不豫"。他已经失语，但神志尚且清醒，仍坚持在病榻上处理国事。

韩琦知道帝国又一次面临君权交替的考验了，要求英宗的长子颍王赵顼不离开皇帝左右，赵顼回答说这是人子之责。

韩琦却说道："不仅如此呀！"真是意味深长。

这一个思虑长远的政治家、大宋的忠臣，想到了曹太后当年想废英宗另立新帝的事，也想到了三年前提出立储时候，曹太后的坚决反对。韩琦是在担心，太后以及其他势力是不是会在这关键时刻有其他动作。

到了十二月，英宗病情加剧。

韩琦带几位重臣亲自到天子床榻边请示："请陛下早立皇太子，以安众心。"然后，把纸笔递给英宗。

英宗随后亲笔写下"立大王为皇太子"七个字。

韩琦阅后，又说："是颍王，烦圣上再亲笔书写。"

在传位遗诏上，字字关键。英宗明白，吃力地拿起笔，又添加了"颍王顼"三个字，一边写，一边泫然泪下。

韩琦随后把翰林学士张方平叫来起草遗诏。

出宫时，文彦博问韩琦："你看到陛下流泪了吗？"

韩琦回道："国事当如此，有何办法！"

次日，在早朝上，宣布了英宗立赵顼为皇太子的诏书。

半个月后，英宗驾崩，韩琦安排人去叫皇太子赵顼火速入宫即位。

这时候，有人发现英宗的手动了一下，在场之人都惊呆了，如若英宗没死，而这边皇太子正贸然即位，岂不是所有人包括皇太子都属大逆之罪。

关键时刻，韩琦再次表现出了非比寻常的决断力，他曾自称"某平生仗孤忠以进，每遇大事，即以死自处"。

欧阳修曾也评价韩琦："临大事，决大议，垂绅正笏，不动声色，措天下于泰山之安，可谓社稷之臣。"

明代冯梦龙推崇韩琦的胆略，盛赞他胆色无二。

当下，在所有人都处于惊慌之中时，韩琦果断平静地说："先帝复生，就是太上皇。"继续安排人去催促赵顼继位。

赵顼入宫后，百官参拜，顺利继位，是为宋神宗。

第十五章

熙宁变法——王安石的改革

宋神宗赵顼,二十岁继位,正处于一个有抱负且可以有所作为的年纪。

他自幼酷爱读书,常常读书到废寝忘食的地步,总要英宗和高皇后派人去反复催促,才放下书本。继位后,他这酷爱读书的习惯也没有改变。诸子百家之中,他最推崇法家,佩服商鞅变法的魄力。他想要一展抱负,提升国家,振兴祖业。在没登基之前,就时常与幕僚探讨国家大事,因为怀着重整国威的雄心,他穿上军装去觐见祖母曹太后,问太后:"您看我穿铠甲好看吗?"

神宗即位第三日,掌管财政的三司使韩绛奏报:国库空虚,自仁宗朝和西夏打仗那次就开始了,仁宗拿自己的小金库贴补国库,但如今已经到了"百年之积,惟存空簿"的地步。

这对于想要重整国威、大有作为的神宗来说,真是当头一棒,他没有想到泱泱大国会穷到这个地步。各种问题越积越多,国家陷入贫困,入不敷出,其根源还是"三冗"问题——冗官、冗兵、冗费。

仁宗庆历时期每年赤字就有三百万贯,到英宗治平时期,扩大到一千五百多万贯。与之对应的是仁宗时期的官员比真宗时期翻了一倍,神宗时期的军费开销是宋太祖时期的五倍之多。为了分散权力而重复建设官僚机构,造成了政策总要多番讨论、难以定论实施,而兵马扩充也没给宋朝带来实力的提升,反而在与辽、西夏的摩擦之中,一直处于弱势。

国家的土地被富人大量占有,利用各种政策手段逃避上税,穷人食不果腹、苦苦挣扎在生存线上,挣扎不了的,就在各地爆发大量起义造反,朝廷进而又需要更多的官员和军队去镇压。

这些问题其实在仁宗时期都暴露了出来，仁宗也试图解决，因而有了庆历新政。但庆历新政本身有不成熟的地方，而且最终也没能贯彻执行。社会问题没能解决，只是被随后的宋与西夏的摩擦掩盖了下去。

国家面临的问题如此严峻，神宗没有惊慌，广泛征询意见和办法，想要找出解决问题的办法，同时马上要求各部门节省开支。

没想到，各部门开销没节约出来，还先搞了点事情出来，主要参与这件事的就是当初在英宗朝"濮议"时吃了大亏的台谏官们，针对的对象也是韩琦、欧阳修等当时获胜的实权派。

欧阳修之前就有一个"与继外甥女有染"的乱伦风波，被贬去了滁州。重返京城之后，他非常注意个人风评。所以当妻弟，也就是小舅子薛宗孺身上出问题时，欧阳修要求相关部门必须对薛宗孺严肃处理。

那头小舅子薛宗孺以为自己犯了事，欧阳修帮衬几句就没事了，没想到因此被免官了，而且还是在欧阳修的要求下发生的。

薛宗孺就不痛快了，说欧阳修不是个好东西，他跟自己儿媳有一腿。

因为之前欧阳修就有过跟继外甥女乱伦的"先例"，不少人都相信了这回事。御史蒋之奇听闻了这件事，就把它捅到了神宗面前，上章劾修。

神宗对这件事很看重，要求严肃彻查，特意把蒋之奇叫到跟前询问始末。蒋之奇本来就是道听途说的，没有任何物证人证，回答得支支吾吾，推说这事另一个官员彭思永也听说了。

神宗于是把彭思永叫来问话。

彭思永竟也说不出始末，只道："这是个人私事，当然拿不出证据，臣等都是风闻奏事。再说，风闻奏事是我们的职责所在。这个欧阳修之前在'濮议'时候，就站在道理的对立面，不是个好人，不应该留在重要职位上。"

神宗都被气笑了，说道："好哇，无凭无据，风闻奏事，职责所在。"然后把两个人贬了，蒋之奇贬监道州酒税，彭思永出知黄州，后改太平州。

这件事就这样结束了，没有像上次风波时候，造成欧阳修莫名其妙被贬谪，可是对欧阳修内心的伤害却比上次更甚。因为，把这件事提到明面上的人正是他一手提拔起来的后辈蒋之奇。欧阳修深感心寒，此后一直上书请求外任，神宗舍不得这位老臣，不予同意。

欧阳修之后，台谏官们又开始攻击韩琦，说他两朝定策，把持朝政，说不定马上要篡权了，应当罢相。

神宗内心气愤得不行，这群拿着国家工资的家伙，不给国家干实事，还净弹劾难得能做事的人才。

气归气，神宗安抚了欧阳修，又要去安抚韩琦。

出乎神宗意料的是，韩琦也想罢相，而且去意已决。

韩琦知道自己的权力确实顶天了，皇帝现在年轻，还依仗他，但以后皇帝成长起来，未必还需要他在眼前碍眼，而台谏官对他的弹劾不会结束，留在京师的日子会是无穷无尽的争吵，与其如此，不如急流勇退，到地方上做一些实事。

韩琦罢相的态度坚决，而在这个当口，西北又见风波，大宋和西夏有了摩擦的情况，于是十载为相、两朝定策的老臣韩琦被紧急派往西北，担任陕西路经略安抚使。这是当年他和范仲淹一起奋斗过的地方，韩琦向天子表示必不辱命。

而有韩琦镇守西北，神宗也放心了，能够放手解决帝国的问题，他知道一场改革势在必行，唯有彻底解决问题的根本，大宋才能发展下去。

英宗首先参考了仁宗朝的庆历新政，认为其中部分措施确有道理，又反思了庆历新政后来演变成内讧的原因，是仁宗没有和大臣们商议就草率下诏实施改革。

对此神宗找来庆历新政时候的改革派富弼，询问如何国富兵强。没想到富弼已经不是曾经年轻气盛的年轻人了，时光和经历让他有了不一样的看法，如今新帝即位，尤其不能大动干戈。

富弼回神宗道："陛下即位之初，当布德行惠，愿二十年间不演兵。"

神宗大失所望，既然朝内无人可以托，只能起用外面的实干官员。

神宗还是颍王的时候，经常与记室参军韩维探讨国家政策等事，韩维曾经极力推崇好友王安石，每当提到什么令神宗惊叹的想法时，韩维总说："这不是我想出来的，这是我的好友王安石说的。"

神宗于是决定重用此人。

王安石，临川（今江西省抚州市）人，年少时，聪明好学，过目不忘，下笔如神，意与日争光辉。稍大一些，与其父游历多处，接触到民间疾苦，开始思考宋朝的社会问题。曾巩特别欣赏他的文章，推举给老师欧阳修看，欧阳修也给予了高度赞扬："翰林风月三千首，史部文章二百年。老去自怜心尚在，后来谁与子争先。"预判之后难有人可以超越王安石的文章。

仁宗庆历二年（1042），王安石参加科举，中进士榜第四名，被授职淮南节度判官。

到任后，许多人都谋求升职，到京城做官。但王安石偏不，他选择在地方苦干，而且也确实做出了成绩，像这样有能力的官员能到中央做事那就更好了。欧阳修、文彦博等朝廷要员都曾为此做过努力。

皇祐三年（1051），宰相文彦博向仁宗举荐王安石，王安石以不想激起越级提拔之风为由拒绝。之后，欧阳修又举荐王安石做谏官，王安石以祖母年高推辞。

直到在地方做了十几年，仁宗嘉祐三年（1058）十月，王安石担任三司度支判官，才到京城。在这个职位上，王安石总结了自己为官的所见所想，写了上万字的《上仁宗皇帝言事书》，向仁宗提出了变法主张。在万言书中，他指出国家正处于经济困窘、社会风气败坏、国防安全堪忧的情况下，认为要解决根本必须改革制度，并且提出了人才政策和改革方案的基本设想。

但这篇万言书并没有引起仁宗和当时宰相大臣们的注意。

五年后，王安石母亲过世，丁忧回到金陵。在之后的四年里，他在家乡兴办学院，收徒讲学。

神宗读过王安石的万言书，非常赞同里面的改革意见，就算王安石这个人实在不好请，年轻的天子也打定了主意要重用这个人。

神宗先单独召见了韩维，问："王安石现在在哪儿？"

韩维说："他在金陵。"

神宗又问："朕要召见他，会肯来吗？"

韩维太了解老朋友了，答道："陛下以礼相请，安有不来之理？不过在手法上不宜操之过急。"

于是，神宗先任命王安石出知江宁，几个月后提拔为翰林学士兼侍讲。

熙宁元年（1068）四月，王安石入京，神宗激动地召见他，并表达了自己强烈的改革意愿。

王安石阐述了自己在政治、财政、军事上的思考，也表示自己同样有改革的想法。

神宗感叹王安石与自己真是志同道合，进而表达自己想要向唐太宗等前辈学习，建功立业，振兴国家。

王安石直呼唐太宗也一般，要学我们就学尧和舜。

神宗连连摆手："太抬举我了，要求这么高，做不到哇。"内心却笑开了花，一再要求王安石必须辅佐他，以成治国大业。

之后，神宗多次召见王安石，商谈改革事宜。

神宗问王安石："世人都说你只知经术，不懂世务，你怎么看？"

王安石说："世人恰恰不知道，经术就是经世务。"

神宗很满意这种"以彼之道，还施彼身"的回答，又问王安石当务之急是做什么。

王安石道："变风俗，立法度。"

王安石吸取了范仲淹在庆历新政时的教训，知道改革一出，反对的声浪必然此起彼伏，到时候他一个人来对付无数个人肯定不足够，所以他很有前瞻性地向神宗提议，要成立一个专门的改革部门。

当时，韩琦正要前往西北外任。神宗也询问了这位元老级人物对王安石的看法，韩琦说："这人做翰林学士绰绰有余，但做辅宰却还能力不够。"

另一个宰相富弼则和王安石政见不合，但不想与他争执，称病罢相。神宗问他说："你走了谁来接替你呢？"

富弼推荐文彦博。

神宗沉默很久，又问："那王安石呢？"

富弼也沉默以答。

神宗很无奈。

熙宁二年（1069），神宗最终还是不顾周围反对的声音，正式任命王安石为参知政事，主持改革事宜，同时成立"制置三司条例司"部门，单独向皇帝汇报工作，一批年轻有为的新鲜血液力量苏轼、苏辙、吕惠卿、曾布、沈括……被陆续提拔重用。

有了神宗坚定支持，王安石的变革新法陆续出台。一场轰轰烈烈的变革就此拉开序幕，史称熙宁变法，也称王安石变法。

最先出台的均输法，源于对国内的经济和货物缺乏统筹，负责物资供应的发运司，既不了解京师实际的物资需求，也没有权力管从东南六路运往京城的物资，能做的事只有用国库的钱买物资到京城，以至于物产丰富的时候，也不敢多采买以备后患，物资匮乏的时候就提高价格去抢购物资，钱不够则提高税收，使得国库的钱被随意浪费，而农户被搜刮压迫，富商则有机可乘牟取暴利。均输法意在节省国家开支，减轻农民的负担，打击不法商贩，了解京师和各地物资的实际情况，以便做出灵活调整。

均输法出台两个月后，又出台青苗法。因为没到青黄不接或者天灾的时候，底层农民只能依靠高利贷等方式度日，长此以往，贫者更贫，甚至失去了赖以生活的耕种土地，而发行高利贷的富户更加富有，贫富差距加大，激化社会矛盾。青苗法的措施就是由国家出面，给农民借贷款项，缓解他们的生活压力，切断富户牟取暴利的渠道。

以上两种措施刚出台，就迎来了反对的声音。

宰执之一的唐介本来就反对王安石担任参知政事，变法出台后又与王安石争论变法措施的错误，神宗这时候站在王安石一边，唐介愤慨不止，结果后背生疽，很快病故了。

时人称当时的五个宰执是"生老病死苦"。生是指王安石，朝气蓬勃，正意气风发地实施新法措施；老是指曾公亮，年近古稀，不在新旧党之间站队；病是指称病不出的富弼；死是指愤而离世的唐介；苦是说赵抃，每每新法出台，必言"苦者数十"。

御史吕诲上疏弹劾王安石"误天下苍生"，神宗正在改革的兴头儿上，指望着王安石拿出更多办法，遂将弹劾的奏章还给了吕诲。吕诲拿出了台谏官最后的抗议手段，皇帝不听我的，好，那我走，自请出朝。神宗留下了这份自请没有回应。王安石让人传话吕诲让他改任知制诰，吕诲根本不领情，就是要走得远远的。王安石也生气了，请求神宗重贬吕诲。神宗并未采纳王安石的意见，他知道吕诲也非出于私利，派吕诲担任成都路转运使。

在青苗法出台之前一个月，一直称病表达对王安石不满的富弼终于得到神宗的批准，外任亳州。

当知道青苗法出台之后，富弼表示不会在他管辖的地方执行，后被弹劾不执行圣旨，以左仆射之职改判汝州。

王安石启奏："富弼虽受责罚，却富贵没丢。大禹时期，他的父亲鲧由于违命被诛杀。黄帝时期，共工貌似恭敬但内心傲狠被流放。富弼同时犯有这两条罪行，只夺去使相之位，又怎能阻止同样的奸邪呢？"

神宗很为难。

富弼表示："既然要推行新法，而不论臣负责哪个郡县，臣都不会让新法在那里实行，那么臣愿回洛阳养病。"

不久之后，富弼上疏请求告老回乡。神宗恢复了他武宁军节度使及同平章事之职，让他以司空、韩国公之衔致仕。

司马光和王安石曾经都在铁面无私的"青天"包拯手底下做事，二人年纪相仿、看法相近，很快成为挚友。王安石刚到京城的时候，司马光欢喜地迎接他，畅想以后共事之乐。

一开始，司马光也主张变法，并向朝廷递交过自己的意见措施。但随着变法的深入，他和王安石之间的分歧越来越大，王安石主张开源，司马光主张节流。但青苗法出台后，司马光与变法派的吕惠卿在神宗面前对青苗法争论不休。

熙宁二年（1069）十一月，王安石推出农田水利法，要求各州县对需要新建的水利工程提出实施方案，小的项目州县自行解决，大的项目上报朝廷，凡能提出合理建议或者能募集到人、钱新建的项目，朝廷给予奖励。

同时，朝廷开始讨论新的变法措施——募役法。宋代地方差役原本由主户按户等高低分配，是义务劳动，但其主要职责又是物资运输、督税等工作，如有缺失需要自行补足，加上地方官员的腐败，导致服役的户等倾家荡产。募役法的目的就是让本来的轮流担任改为雇佣人担任，雇佣的费用由原本服役的人缴纳，原本不需要服役的官户、未成丁户、女户、寺观户等也要按照半户出钱。

神宗还想提拔司马光帮忙变法，司马光表示自己不懂财务也不会治军，连上五封札子，自请离京，同时希望神宗停止青苗法。

原本支持变法的苏轼和苏辙兄弟，选择和王安石分道扬镳。

一直请求退休却不被神宗批准的欧阳修，此时正负责东京路事务，也坚决反对变法。

熙宁三年（1070）三月，负责河北路的主政官韩琦上书痛批变法措施带来的问题。神宗看了奏章，自责道："以为可以有利百姓，没想到会害百姓如此。"于是决定停止青苗法。

王安石意识到他坚定的支持者神宗也开始动摇，他很清楚，一旦神宗不能坚定改革，那么什么变法到头来都是一场空，于是，王安石称病不朝，并且决定辞职。

神宗思前想后，觉得变法的目的是为了国库充裕、国家富强，而今反对派虽然不断反对，却也没有给出更好的解决国家问题的办法，于是他的态度又强硬起来，王安石复出继续变法。

在财务方面，相继又推出市易法、免行法、方田均税法。强兵方面，推出保甲法、保马法、军器监法、将兵法。用人方面，推出科举新法、三舍法、《三经新义》。

在参知政事曾公亮以年老为由提出退休时，有人讽刺他当初推举王安石，导致现在推行变法，国家一团乱。曾公亮说天子与王安石犹如一人。可见神宗对王安石的支持多么坚定，因此这些新法都得以迅速实施。

新法涉及范围广泛，涵盖社会多个方面，大宋财政收入随之提高，耕田面积增加，社会生产力飞快发展，宋朝军队的战斗力也得以提升。最显著的就是熙宁五年（1072），大宋在西北取得了熙河大捷，拓土二千余里，安史之乱失去的熙、河、洮、岷、叠、宕六州收复，并生擒羌人首领，献俘京师。

然而变法取得一定成效的同时，反对声也从未停止。

王安石重新开启改革后，驳斥了韩琦之前的奏疏，韩琦愤而反驳。两个人吵得不可开交。

甚至王安石的胞弟王安国也反对哥哥的举措。熙宁四年（1071），王安国从西京洛阳回京，神宗询问他外界对变法的看法。王安国直言："外面的人都说引人不当，光急着敛财了！"

而数次表明要离开的欧阳修，一直没得到神宗批准外放，反而被神宗委任要职。欧阳修已经心灰意冷，坚辞不受。神宗无奈，让他知蔡州。第二年，欧阳修以太子少师身份退休。这个老人已经看开了，国家的命运，朝野的风波，他在波澜之中，只是一片落叶而已，什么也改变不了。人生的最后时光，他豁达、淡然，最后于熙宁五年（1072），在家中安详离世。

但是，朝野内的风波永远不会停止。

宰相之一的赵汴，曾经匹马入蜀，只带一琴一鹤，深得神宗赏识。凡遇到朝野要事，赵汴常向神宗密奏自己的看法，得到天子褒奖。在神宗内心动摇，想停止青苗法而王安石称病的时候，赵汴建议神宗："新法是王安石提出的，要终止也请等他回来吧。"

没想到最后变法重启，赵汴非常悔恨自己当初出言帮王安石，向神宗说："制置条例司设使者四十余人，扰乱天下。王安石善于诡辩，刚愎自用，诋毁天下公论为庸俗，违背众议，欺瞒民众，文过饰非。近来谏官们多因说话无人听而辞职，司马光受聘枢密，不肯赴任。而且事有轻重，体有大小，一时的财富利润是轻，人心的得失才是重；青苗使者的荣辱事小，左右大臣的取舍为大。现在因小失大，去重取轻，臣担心这不是国家的福气呀！"随后恳请辞官，之后改任青州知州。

赵汴离开后，宰相位空缺，王安石提拔支持变法的韩绛填补。

也如赵汴所说，台谏官们不断因为反对新法而离职，王安石破格提拔自己的学生李定为监察御史。知制诰宋敏求、苏颂、李大临坚决反对，反而被王安石革去知制诰的职务，硬是让李定做上了监察御史，以便在舆论上援助变法，减少台谏官那边的反对声。

这一年，神宗召集了两府讨论新法，枢密使文彦博坚决反对说："祖宗法制俱在，不须更张以失人心。"

神宗说："更张法制，于士大夫诚多不悦，然于百姓何所不便？"

文彦博说："为与士大夫治天下，非与百姓治天下也。"

文彦博代表了官僚地主阶级的利益，而神宗想要的是富国兵强，所以神宗并没有完全被说服。但是身为天子的他一直远离市井，没有意识到不光官僚地主阶级不配合，底层百姓也不配合。

枢密副使吴充委婉地说："朝廷举事，每欲便民，而州县奉行之吏多不能体陛下意，或成劳扰。"

果然在免役法在开封试行时，遭到民间阻力。

百姓认为本来差役是上等户的事，如今改为招募雇佣，下等户竟然也要为此出资。女户、寺观户更觉得委屈，本来不需要出人出钱，现在竟然要承担这额外的负担。东明县数百群众因此聚集到开封闹事。

对此司马光上奏表示归根到底不是服役的问题，而是钱的问题呀！可惜没有得到神宗的认可。

与此同时，户部侍郎范镇五次上疏反对新法，希望神宗："陛下有纳谏之资，大臣进拒谏之计；陛下有爱民之性，大臣用残民之术。"

王安石看到奏疏，十分气愤，亲自起草诏书，痛斥范镇。范镇被罢官，他选择了致仕。临行前，他上表谢恩，仍坚持己议，反对王安石变法，请求天子"集群议为耳目，以除壅蔽之奸；任老成为腹心，以养和平之福"。

司马光看到自己的奏章不被重视，好友范镇又遭遇不平，请求任职西京留司御史台，从此退居洛阳，绝口不论政事，继续完成英宗离世之前给的任务——编撰《资治通鉴》。

当年反对王安石而被贬官的吕诲，因病退休后，仍然日日为天下事担心，早晚愤叹。

司马光到洛阳不久，前去看望。吕诲在弥留之际，听到司马光的哭声，强打精神握住他的手说："天下事尚可为，君实勉之。"之后离世，终年五十八岁，海内闻者皆痛惜。

苏轼向神宗讲述新法的弊病，王安石愤而让御史陈说苏轼的过失。苏轼于是请求出京任职，前往杭州任通判。

神宗爱惜人才，后来想重用苏轼，却遭到王安石反对。

神宗又提议让苏轼修《起居注》，王安石直接说苏轼是"邪恶之人"，并检举苏轼贪腐。后来这事经过调查是一桩冤案，但可以令人感受到王安石对政治对手的杀伐决断，铁血无情。

舆论对新法声讨不断，反对官员或遭遇贬谪，或选择致仕，朝中人才流失。

到熙宁六年（1073），文彦博也看不惯新法实施以来的种种，比如市易法虽然可以从商人手中分利，增加国库，却阻碍了商品经济的发展。他向神宗辞去枢密使职务。

这一年，文彦博已六十八岁，是朝中在要职上的最后一位老臣，经历过仁宗、英宗两朝，他的离开让神宗非常神伤。

不光是朝内肱股重臣一个个离开，宗室、外戚也抓住一切机会表达反对之意。

新法改革了宗室子弟的任官制度，许多远方子弟因此失去官职，当街围住王安石要个说法。

神宗和四弟嘉王赵頵打马球，许以玉带为注，嘉王赵頵说："如若赢了，不要陛下的玉带，只希望陛下能废除青苗法等新法。"

甚至曹太皇太后也站了出来，找神宗痛哭，希望不要改变祖先的法度，告诉神宗："百姓怨青苗法、募役法，皇帝应该深思缘故哇！"

当年父亲英宗和继祖母曹太皇太后关系不融洽，甚至曹太皇太后一度迁怒到神宗兄弟身上。但神宗也没有生出怨恨，反而对曹太皇太后越发敬重，最终感化了曹太皇太后，祖孙二人感情融洽。到他登基之后，曹太皇太后都经常会亲自站在宫门内等他下朝回来，并给神宗送去他喜欢吃的小点心。

除了感情深厚的祖母曹太皇太后，还有母亲高太后的痛诉："王安石是在乱天下呀！"

他的结发妻子向皇后也站在太皇太后和皇太后一边，请他多考虑两位长辈的意见。

神宗推行新法的时候，考虑到会遭到很多阻力，但他一定没有想到自己一生中最重要的三个女人也会一起反对。

因此神宗才会在三弟岐王赵颢劝他应该听从祖母意见的时候，脱口而出道："那你来干这个皇帝好了。"可想而知，那段时间，神宗面临着朝野内外巨大的压力，内心充满了矛盾、烦躁和不被理解、支持的愤慨。

连老天爷也仿佛都在和神宗开玩笑，自从新政推行，全国各地的灾害就没有停过，河北大风、陕西华山崩裂，在那个相信天有预示的时代，这些都被解读为上天的警告，甚至是谴责，并被有心人用来抨击、围剿神宗和王安石的变法。

自熙宁六年（1073）至次年春的一场大旱，给新法又一重击。官员郑侠还绘了《流民图》，递呈给神宗。

郑侠曾被王安石提携，担任光州（今河南省信阳市潢川县）司法参军，任期满后，入京向王安石提出新法给人民造成扰害的弊端，王安石没有回答，郑侠被贬为京城安上门的监门小吏。不过王安石看重人才，不久，准备提拔郑侠担任修经局检讨。郑侠推辞不去，忠于职守亲临城门巡查。后来他看到"天大旱，久不雨"，人民无以为生，忧愁困苦，然而各地地方官吏还催逼灾民交还青苗法所贷本息，灾民们被新法弄得倾家荡产，只能逃离家乡。

郑侠于是画《流民图》，上《论新法进流民图疏》，写道："但经眼目，已可涕泣，而况有甚于此者乎？如陛下行臣之言，十日不雨，即乞斩臣宣德门外，以正欺君之罪。"

因上疏递交后被压下，郑侠又假称秘密紧急边报，改为疾马递呈给神宗。

神宗反复观看这份图和奏疏，长吁短叹，寝不能寐。第二日，他下令暂停新法，又下《责躬诏》，责躬罪己，问天下人治政得失，希望得到有志之士、有才干之人的直言进谏。

神奇的是，废除新法三日后，天降大雨。

辅政大臣入内祝贺，神宗皇帝把郑侠所进的《流民图》及奏疏拿给他们看，同时责备他们的错误做法，大臣们拜了又拜以谢罪。

王安石被舆论围剿的时候，以"天变不足惧，人言不足恤，祖宗之法不足守"来高昂反抗，他是一个无畏的改革者，也是一个孤独的理想主义者。

神宗作为帝国的统治者，他有王安石一样推行改革的决心，但他要照顾的是整个天下，所以尽管王安石很强硬地排除异己，神宗仍然善待反对派的人才，并屡屡尝试在反对派和改革派中找到平衡点。渐渐地，他也越来越清楚地意识到变革的阻力，不仅是天怨，更有人怨，因为一场好的变革，应该被大多数人所欢迎，而不是如此抗拒。

他说："今取免行钱太重，人情咨怨，至出不逊语。自近臣以至后族，无不言其害。两宫泣下忧京师乱起，以为天旱更失人心。"

也许在某一刻，神宗体会到了祖辈仁宗喊停"庆历新政"时的踌躇和无奈。

王安石敏锐地感受到，这次改革中最坚定的支持者、他的战友神宗动摇了，反对改革的保守派自然也感受到了，加大了对王安石以及新法的舆论围剿。

在这样巨大的压力下，王安石没有让神宗难做，主动递交辞呈。

不过君臣之间的默契依旧，为了变法成果不付之东流，王安石向神宗推举韩绛和吕惠卿接替自己主持朝廷事务，二人都是变法的积极追随者，神宗都一一应允，并在收回王安石相印后表示："间又未安，考察修完，期底至当。士大夫其务奉承之，以称朕意。无或狃于故常，以戾吾法。敢有弗率，必罚而不赦。"可见神宗对变革的态度，确实如之前的诏书用词，是"暂停"，不是终止，更谈不上废除，他依然想在改革的道路上往前走，只是在寻找并思考更适合的方式和措施。

熙宁七年（1074）四月，久旱结束，天降大雨。王安石第一次罢相，改知江宁府，回到了他的故乡金陵。

第十六章

元丰改制——神宗未竟的事业

王安石离开京城的时候，应该预料到了自己有朝一日还会回来，所以早早推举韩绛和吕惠卿主持朝政。这两个人因为对王安石萧规曹随，被戏称为"传法沙门"和"护法善神"。

王安石罢相前，吕惠卿表现出了坚定地支持变法的姿态，一面让监司郡守们响应变法，一面劝说神宗："不应该因为新法执行的偏差，而废除新法。"或许他也揣摩到了神宗坚持变法的决心，故而有此一说。

神宗顺着台阶就下了对应的诏书。

王安石看到这一幕，深感找吕惠卿接班没错，非常欣慰，但他绝对想不到自己给自己此生埋下的最大一颗炸弹也正是吕惠卿。

吕惠卿，仁宗嘉祐二年（1057）中进士，与苏轼、苏辙、曾巩四兄弟是同科进士。那一届主持科举的主考官欧阳修赏识他，将他推荐给仁宗皇帝说："这个吕惠卿才识明敏，文辞优异，善于自省，是个端雅之士，可以作为国家未来的顶梁柱来培养。"

熙宁变法出台之前，王安石和神宗多次探讨变法时，已经开始留意寻找志同道合的人，吕惠卿进入了王安石的视野，他当时正任集贤殿校勘，编校集贤殿的书籍。

熙宁二年（1069），制置三司条例司设立，广纳人才，王安石跟神宗推荐吕惠卿说："学习先王的道理而能用于今世的，只有吕惠卿一人而已。"

吕惠卿之后被任命为检详文字，负责王安石和制置三司条例司内涉及变法的奏章。吕惠卿因此成为新党核心，王安石遇事时常与他密商，故而当时有人称呼王安石为孔子，而吕惠卿为颜渊。

王安石没有真正看清吕惠卿，但他身边有两个人却很早就发现了这是个奸佞之人，一个是当时和王安石还没有撕破脸的司马光，一个是王安石的弟弟王安国。

熙宁二年（1069），宋神宗询问入宫奏对的司马光，如何看待吕惠卿。

司马光说："吕惠卿此人邪佞不是良士，都是因为他的作为才让王安石招致朝野的诽谤。王安石贤良却固执，又不谙世务，吕惠卿谋划变法的方略，并通过王安石极力推行，因此让天下人认为王安石也是奸臣。另一方面，他确实文采出众，思辨明慧，但是用心不正，但愿陛下能慢慢考察他。"

司马光还写信劝王安石远离吕惠卿这种谄媚阿谀之人，表示吕惠卿是看王安石得势而顺从依附，一旦王安石失势，吕惠卿必定出卖他以换取利益。

当时，王安石对这种"逆耳忠言"非常不悦，却没有想到最后叫司马光一语中的。

而胞弟王安国，不但不支持变法，而且对王安石身边的人很有意见，其中就包括吕惠卿。一次，吕惠卿到王安石家谈事。王安国在外面吹笛，王安石叫他："别吹了行不行啊？"

王安国不客气地回老哥："那你远离旁边这个奸佞之人行不行啊？"

这么明着当着吕惠卿的面说他是奸佞，对吕惠卿这种暂屈权势的小人来说，自然是深深地把羞辱记在心里，一旦将来找到机会，必定是狠狠地报复回去。

果然，在王安石罢相后，吕惠卿以《流民图》为理由，搞了个文字狱，污蔑郑侠反对新法，将之下狱，同时判王安国与郑侠是同党，王安国因此被削职放归乡里。当时天下人都说这是一件冤案。等朝廷想重新重用王安国时，才知晓他刚刚在家乡过世，年仅四十七岁。

吕惠卿还下手对付起了王安石罢相之前非常看重的担任三司使的曾布，利用曾布与下属吕嘉问不和做文章。

这个吕嘉问在王安石准备推行新政时，负责提举市易法。他出身名门，来自仁宗时名相吕夷简的那个吕家，因为支持王安石变法，在吕家对新法有异议准备上疏反对时，从家中窃出这份奏章给王安石，被吕家称为"家贼"。

王安石罢相后，朝野内反对的声音没有停止，甚至开始追责新法导致的问题，包括检举吕嘉问在执行市易法时有收取好处的经济问题。

神宗让吕惠卿和曾布一同调查此事。

曾布对变法的态度已与过去不同，再加上他与吕嘉问不和，便说市易法不好。

吕惠卿跳出来说道："你怎么能说市易法不好，是不是要阻挠新法推行？"三番四次编排曾布。

一等王安石罢相，吕惠卿被任命为参知政事，立刻开始弹劾曾布，曾布被贬为饶州知州，吕嘉问也被贬为常州知州。

而宰相韩绛显然也不是吕惠卿的对手，二人每在政务上有争执，吕惠卿都占上风。

神宗也发现韩绛并没有足够的能力，无法成为一个定海神针般的宰首。韩绛倒也聪明，随后建议神宗重新起用王安石。

吕惠卿已经在要位，又怎么会让王安石回来？他现在不想要上司，而想自己做上司。所以吕惠卿一得知这个消息，就秘密上奏神宗："王安石这个人不能用。"

他拿出了这些年收集到的王安石的私人信件，交给神宗。神宗一看，好样的，原来王安石瞒了他不少事情。

这个事件从侧面反映出吕惠卿的城府之深，他从很早就开始收集这些"证据"，准备摆王安石一道，也难怪后世评价宋朝这些宰相的时候，往往把他划入奸相一列。

而王安石呢，对于身边人的信任又是到了何等程度，才能让吕惠卿接触到这些私人信件。

但是出乎吕惠卿意料的是，神宗看完这些信后竟然没说什么，反而传来刚刚罢相一年的王安石，奔驰七日赶到京城，再次入相的消息。

而且神宗反手还把这些信件和吕惠卿的密奏给王安石看了。显然在这两个人之间，有着超越一般君臣的信任，他们有着共同的理想，犹如同一个战壕里相互依靠的战友。包括王安石的主动请辞，神宗的顺势罢相，都似乎是一种默契的合作，是他们一起做给那些反对派看的一场戏。

王安石也是心大，竟然在这种情况下还对吕惠卿不计前嫌，予以重用。反而是助王安石回来一臂之力的韩绛先走了。

韩绛和吕惠卿不对付，又受不了王安石强硬的改革作风，身心俱疲，最后选择了主动走人。

吕惠卿就没那么容易认输了。在王安石复相推出新的变法政策时，吕惠卿也没心情玩哥儿俩好了，露出了他的本来面目，给王安石提拔的官员和推行的新政上下绊子，并公然和王安石作对。

王安石可能觉得非常莫名其妙，不知道自己哪里得罪了吕惠卿。但很多人表现出恨意往往并不是真的被亏欠过，就是他内心的阴暗作祟，要某个人不好过，踩到脚底下才罢休。

神宗曾有意提拔王安石的儿子王雱为龙图阁直学士，王雱推辞不受。

吕惠卿在背后力劝神宗接受王雱的辞呈。

王雱对吕惠卿的行为特别愤慨，王安石和吕惠卿的矛盾也完全闹到了明面上。

王安石也将这儿子作为接班人培养，让他接自己衣钵，凡事与他商量探讨。在改革派内部分裂以后，王安石推出的改革措施，基本都是王雱和王安石两个人共同商量的结果。

王雱自幼出色，在他小时候，有人送王安石一只獐子一头鹿。王安石特意考儿子，指着这两物问儿子："哪个是獐，哪个是鹿啊？"

王雱淡然地回答父亲："獐旁边就是鹿，鹿旁边就是獐啊。"

他被当时文人称作"小圣人"，是一颗冉冉升起的政治新星。但是，谁也没有想到他会在三十三岁如此年轻的时候辞世。

熙宁九年（1076）六月，爱子王雱过世，王安石万念俱灰，备受打击。白发人送黑发人，令原本在政坛上就孤独前行的王安石更觉力不从心和疲惫。他向神宗提出了辞职，这一次和第一次离开不一样，他是真的觉得累了，想要退隐闲居，回故乡去。

神宗还在犹豫，吕惠卿不知哪儿来的自信，觉得自己在皇帝心里的位置和王安石差不多了，竟然和神宗说："两个人里面，只有一个可以留下，陛下您选吧。"

神宗爽快地让吕惠卿走人了，他看出了吕惠卿小人的一面，他虽有"美才"，却过分在意权力和私欲，为人不公，对政敌的打压血腥、冷血、没有原则。

十月，吕惠卿被贬谪陈州。

御史台见风使舵，这时弹劾吕惠卿，审理他强买秀州民田的事，吕惠卿因此又改知延州。

吕惠卿离开的这个月，彗星出现。又一个天降谴责的借口，被反对改革的保守派抓到了，变法陷入舆论的旋涡。

在这样的背景下，神宗同意王安石离开。王安石改为镇南军节度使、同平章事、判江宁府。

王安石回到家乡，居住在金陵城郊，寄情山水，过着清贫安静的生活，《泊船瓜洲》《梅花》《江上》都创作于这个时期，不同于他以往借诗暗喻政治和社会问题的风格，写下后来这些诗歌的时候，他已经从政治家转变为一个纯粹的诗人。

反思熙宁变法，其实改革派和反对派并不是在为是不是要改革做斗争，而是在怎么改革上有争议。而熙宁变法称不上成功，归根到底有两处问题需要反思：第一，王安石的推行太过仓促，这一点和范仲淹与仁宗的庆历新政非常相似，区别只是神宗给予王安石的支持和信任相比仁宗对范仲淹的更长更久，变法施行十年，社会各界还是不能完全接受，甚至产生巨大的反弹；第二，是王安石用人不当，身边围绕太多小人，改革派内部也并非坚若磐石，目标一致，相反从内到外都是问题，比如吕惠卿最后甚至成为变法的绊脚石，这些都被保守派敏锐地发现了，因此保守派无法相信改革派能做出成绩。

历史送走了王安石，但迎来了更加成熟的神宗。

王安石罢相的第二年，神宗改年号为元丰。经过十年亲政，他从熙宁变法屡遭"反对"的战斗中，摸索和梳理出更适合宋朝的改革措施和推广方式。这位正值壮年的帝王，准备走一条属于自己的改革之路。

实际上，从王安石复相开始，他和王安石的政治理念已经有所区别。在内心深处，神宗感激王安石这个自我燃烧式的指路人、伙伴、战友，但是他对国家社会的问题有了自己的思考，对王安石的想法也不再完全赞同，而是"意颇厌之，事多不从"。

元丰元年（1078）到元丰八年（1085），神宗从改革的幕后走到幕前，史称"元丰改制"。

元丰改制基本上是延续了熙宁变法的措施，以保证变法果实，同时在解决冗官和强国强兵方面有所发展和突破。

元丰三年（1080）开始，神宗开始宋朝官制改革。整个熙宁变法由王安石一手推行，符合神宗的政治意愿，但也令神宗深刻感受到了相权对皇权的制约。这次官职改革的目的之一是分散相权，加强中央集权，同时改善官僚机构庞大，官员人数众多，组织重复，办事效率低下，官职等级、俸禄混乱，造成国库被不合理消耗等问题。

元丰三年（1080），朝廷颁布《寄禄新格》。元丰五年（1082），三省以下朝廷机构的组织法规以及《官品令》颁布。

神宗先统一了全国官员的薪金，使"卿士大夫涖官居职，知使责任，而不失宠禄之实"，发挥了官员的积极性。在当时，一个官员身上的头衔是很多的，有官衔，有职衔，有差遣。一个官员挂某部官职，但没有得到对应差遣，就并没有具体的管理权，也就等于是一个领着工资却不干活的人。同时，很多官员有职衔，那也没什么用，只是荣誉性质的头衔，但是这些荣誉也都可以拿俸禄。元丰三年这次改革，撤销了领空名的官职，原本作为虚职的省、部、寺、监官员改为相应的阶，设定考核、俸禄、升降标准和薪金标准。

随后，整改中央机构，神宗要求"台、省、守、监之官实典职事，领空名者一切罢去，而易之以阶，因以制禄"。恢复唐朝机制，由中书省、门下省、尚书省统管中央行政。中书省主决策，宣布皇帝诏令，批复臣僚奏议，决定重要官员的任免；门下省主封驳，负责审议中书省所定事宜；尚书省是执行机关，设宰相，分六部，行使实际权力。原本用来制约、分权的三司、审官院等被撤销。宋初以来朝廷机构虚职多而实职少的弊端，因此得以扭转。但因为神宗这方面改革主要集中在朝廷，因此地方官员冗官的情况仍然严重，而之后也未再出现如神宗般有魄力的皇帝，宋朝冗官的问题一直到最后都没能解决。

另一方面，熙宁变法的重点在经济方面，军事改革成效有限，因此有着强国强军梦的神宗也把这一方面作为元丰改制的重点。他的改革方向主要有两点：第一，加强正规军的训练，提高作战能力；第二，对民兵进行训练，让他们成为优秀的军队替补力量。但是，朝廷的出发点没有问题，落实到地方又层层弱化，有许多可以弄虚作假的空间，最后宋朝的军队并没有真的提高战斗力，这从和西夏永乐之战惨败的结果便可知晓。

另外，在这个时期还发生了一件大事，就是历史上有名的"乌台诗案"。这场风波不光造成苏轼个人的悲剧，牵连司马光等人，甚至波及已经辞世的欧阳修。

元丰二年（1079），苏轼到湖州赴任。按照朝廷惯例，不论官员到哪里任职，是升职还是贬谪，都需要向神宗上表致谢。因此苏轼也作了一篇《湖州谢上表》，结果谢上表到朝廷，引发了狂风般的政治风暴并卷向苏轼。

的确，苏轼对变法的态度从支持到反对，又因此被贬，他个人对变法是深恶痛绝的。因此在谢上表中，他继续反对变法，甚至有一些带着个人情绪的字句。这很快就被支持变法的人抓住了，开始对苏轼以及其他保守派核心人物进行猛烈攻击。

一开始，御史何正臣检举苏轼，随后李定、舒亶搜寻提交了更多苏轼的诗句，从其中断章取义，编织罪名，比如"读书万卷不读律，致君尧舜终无术"这句是嘲讽皇帝昏庸，不能成为尧舜那样的圣君。这些人还清查苏轼"同党"，进而收罗其他保守派的言论诗句，牵涉司马光、范镇、苏辙等二十九位大臣名士，事情越闹越大，一时满城风雨。

这件事看似从苏轼而起，其实是从御史检举开始。御史府多种植柏树，因此又称"柏台"，又因为乌鸦喜欢待在柏树上筑巢休息，叫声不绝，而有"乌台"的别称。

苏轼在御史府被调查的时候，受尽了非人折磨，最后屈打成招，御史们不光给他定了四大罪状，舒亶甚至上疏提议处死苏轼以及他身边亲友五人。

苏轼在狱中等待着朝廷或者说神宗最后的决定，其实他已经有了赴死的心理准备。当时监狱有规定，苏轼和给他送饭的儿子苏迈并不能见面，两个人暗中约定，如果最后判的是死刑，苏迈就给父亲送一条鱼来。结果一日苏迈有事，将送饭的事情委托给朋友代劳。朋友不知道这个约定，给苏轼送去了一条鱼。苏轼叹息命不久矣，给弟弟苏辙写了两首诗，其中一句便是："与君世世为兄弟，更结来生未了因。"

苏辙读了这两首诗，痛哭流涕，上疏神宗，希望以自己的官爵赎兄长的罪。神宗读了这两首诗，也颇为动容。

御史派轰轰烈烈要置苏轼于死地的同时，朝野内外也有无数人在努力解救苏轼。

苏轼任职过的地方如凤翔、杭州、密州、徐州、湖州的百姓纷纷为曾经的父母官祈福消灾。当年推举苏洵父子去找欧阳修的前太子少师张方平，不顾个人也正被御史弹劾，积极上书为苏轼辩白。这是一位对苏轼来说，犹如父亲一般尊重和感恩的人。甚至是改革派领袖，已经退休不问世事的王安石也为苏轼求情。要知道王安石主持变法的时候，苏轼可是变着法子上疏怼他。

王安石不计前嫌，上疏神宗道："岂有圣人在的时代杀士大夫的？"既赞美神宗是圣贤，又提醒了太祖立下的之后每一任帝王都应遵守的誓言"不杀士大夫"。

这时，神宗的祖母曹太皇太后病重，神宗为她大赦天下。曹太皇太后在弥留之际，唤孙儿到床边说："不用大赦天下，你只放了苏轼就足够了。"

太皇太后第一次跟孙儿说起了仁宗昔年说过的话："那一日，仁宗得到了贤良，特别高兴，说：我今天又为我的子孙得了两个太平宰相，他们一个叫苏轼，一个叫苏辙。"

这句话令神宗怔愕，好在他也确实是一个明君，在确定苏轼并非谋逆之后，将苏轼贬为黄州（今湖北省黄冈市黄州区）团练副使，其他牵涉人员也一律从轻发落。

经历了乌台诗案，苏轼宛如死而复生。他拖家带口来到黄州，当时正是一年之中最冷的时候，大雪冰封天地。苏轼在黄州东坡上筑雪堂，题名"东坡雪堂"，自号东坡居士，从此完成了人生的蜕变，以诗来抒情疗伤，写下那首流传千年的《念奴娇·赤壁怀古》："大江东去，浪淘尽，千古风流人物。故垒西边，人道是，三国周郎赤壁。乱石穿空，惊涛拍岸，卷起千堆雪。江山如画，一时多少豪杰。遥想公瑾当年，小乔初嫁了，雄姿英发。羽扇纶巾，谈笑间，樯橹灰飞烟灭。故国神游，多情应笑我，早生华发。人生如梦，一尊还酹江月。"

元丰四年（1081），宋神宗赵顼把目光又一次投向了西夏，或者说，他的目光从未离开过边疆两个强大的邻国。尤其是西夏，这个原本并不起眼的小跟班，如今竟然有和大宋平起平坐之意，对于神宗这样有着抱负的君王来说，这是无法容忍的情况。

神宗有着和开国先祖一样的追求，欲把大宋建成强盛的帝国，重现汉唐荣光。恢复唐制的三省六部只是宏伟规划的一部分，把宋帝国的版图也扩大如汉唐一般，才是他的终极理想。

庆历和议，西夏的李元昊狠狠敲了大宋一笔，辽国也借宋、西夏的纷争分了一杯羹。神宗每每思及都悲痛不已，他在展开熙宁变法和元丰改制的过程中，一直强调加强军备建设，因为神宗已经意识到，战争随时都会到来，他必须提前做好准备，甚至主动出击。

实际上，庆历和议之后，西夏和辽国大战，不仅给了宋朝休养生息、快速发展自身的和平环境，同时也给西夏、辽国带去了负面冲击。辽国自此元气大伤，从结果来看，其国力的衰弱就是从与西夏大战开始的。而西夏方面也发生了内乱，政局并不稳定。

李元昊结束与辽国的战事之后，陶醉于自己的功绩，荒废朝政，终日在贺兰山离宫和宠妾爱妃嬉戏，纵情声色，甚至看上了皇太子宁令哥的未婚妻没藏氏，将之强占，又废了当时的皇后野利氏，把没藏氏立为皇后，还想将皇太子宁令哥废除，立没藏氏生的儿子李谅祚为太子。

野利氏正是皇太子宁令哥的母亲，这对母子自然感受到了前所未有的危机，野利氏的母族已经失势，宁令哥在朝野内外并没有强有力的支持，李元昊换掉他的太子位只是一句话的事情。

当时的国相没藏讹庞是没藏氏的兄长，他抓住机会，怂恿宁令哥刺杀李元昊，并称一旦成功，就拥立宁令哥为皇帝。

宁令哥完全不知道没藏讹庞做了两手准备：如果宁令哥成功篡位，就杀掉宁令哥，扶植妹妹的儿子李谅祚上位；如果宁令哥没成功，那么太子位正好空出来，还是李谅祚上位。不论如何，宁令哥都只是一颗棋子罢了。

而此时这颗棋子，经历了夺爱废母之恨，确实看不清没藏讹庞的野心，真的听从了教唆。

仁宗庆历八年（1048），宁令哥进宫刺杀李元昊，在追随者的誓死帮助下，成功闯进内宫，执刀砍向酩酊大醉的李元昊。多年战场征战，李元昊在生死关头还有一些基本反应，飞快躲闪，但仍然被宁令哥削去了鼻子。李元昊吃痛清醒过来，翻身反抗，侍卫们也闻声赶来，宁令哥慌忙逃出宫去，躲到了没藏讹庞家里。

没藏讹庞可不承认自己有过拥立宁令哥的承诺，马上把宁令哥抓了起来。

不久，李元昊因鼻伤严重而过世，享年四十六岁。

这个西夏的开国皇帝曾在弥留之际，遗命从弟委哥宁令继承帝位。当时有几位大臣主张遵从李元昊遗命，但那对话听起来怎么都像是唱双簧。

有大臣说："先王说立委哥宁令，我们应当听从先帝遗命。"

没藏讹庞反驳："委哥宁令不是先王的儿子，也没有功绩，怎么有资格做皇帝？"

于是一个大臣说："国今无主，不然要怎么样呢？难道你想做皇帝？要是你能守护好大夏国土，我们也不反对。"

没藏讹庞道："哎哟，我怎么敢做皇帝。大夏自祖考以来，都是父死子继，大家才能服气。今天我们没藏皇后就有儿子呀，还是先王的嫡嗣，立他为主，谁敢不服！"

这话一出，大臣们都认为靠谱，于是奉李谅祚为帝，即夏毅宗。宁令哥则被以"弑君罪"处死，宁令哥的母亲、被废掉的前皇后野利氏也一并被杀。

新帝李谅祚年仅一岁，因此由其母亲太后没藏氏摄政。

于是，在大宋和辽国经常出现的太后听政，在西夏也开始了。

大宋这边听闻西夏新帝登基，派遣使臣前往，册封李谅祚为西夏国主。西夏也遣使到大宋谢恩。

而辽国那边却因为之前与李元昊两次动手吃了亏的缘故，迟迟没有动作，西夏两次派使前往告知新帝登基的事，使臣都被扣下。不久，辽国向西夏出兵。西夏匆忙应战，一路败退。很快辽军打到西夏国都附近，烧杀抢掠，又攻破贺兰山西北的摊粮城，抢劫西夏的粮食。西夏大败，急急忙忙向辽称臣请和。辽国方面都不予回应，还在边境布置重兵。西夏迫于威慑，时不时遣使赴辽进呈表章、纳贡、献马驼。

这时候，西夏欺弱怕强的性格又出来了，大宋一直施以怀柔政策，西夏反而在宋仁宗至和二年（1055）将宋朝麟州西北屈野河（今陕西省境内窟野河）以西的肥沃耕地开垦种植，归为己有。大宋一再和西夏交涉，西夏就采取"你来我就打，你不来我就种"的对策。

此时在西夏国内，内斗并没有停止。

一开始太后的哥哥、国相没藏讹庞独揽朝政，三大将在外分掌兵权，后来三大将年老凋零，权力都集中到了没藏讹庞手中。没藏讹庞出入的仪仗卫士都和皇帝没什么区别，根本没把小皇帝李谅祚放在眼里。

而太后没藏氏沉迷情色，身边有一大堆的情人。这情人和情人之间关系也不好，经常因为争风吃醋大打出手。宋仁宗至和三年（1056），其中一个情人气愤太后又有新宠，伺机把太后和新宠一并杀了。

没藏讹庞跟九岁的李谅祚说："别怕，有舅舅在呢。"转手把女儿嫁给了李谅祚，以巩固自己在西夏的地位，继续把持朝政。

然而，李谅祚年龄不大，却早就不满没藏讹庞的专权和飞扬跋扈。

三年后，李谅祚开始参与朝政，没藏讹庞借故杀了李谅祚身边的几个亲信。李谅祚没有表现不满，对没藏讹庞依然做出尊敬的样子，背地里则和没藏讹庞的政敌合作，还通过和没藏讹庞儿媳梁氏私通，掌握了没藏讹庞的动向。这个少年天子继承了父亲李元昊的优秀基因，既有头脑，又懂得蛰伏等待时机。

后来，梁氏告诉李谅祚，没藏讹庞父子准备动手弑君。李谅祚先一步动作，在大将漫咩等的支持下执杀没藏讹庞，灭其家族，连他的皇后没藏氏也没放过，西夏没藏氏的专权就此结束。

李谅祚把真爱梁氏立为皇后，提拔梁氏的兄弟梁乙埋为国相，展开了西夏新的篇章。

李谅祚年轻有为，很快展现出过人的政治才能。他一方面在西夏境内废除旧礼，恢复汉礼，一方面又和大宋频频摩擦，同时又把这种摩擦控制在预设的范围内。李谅祚的策略和当年的李元昊非常相似，他一方面不准备和宋朝撕破脸，断了每年轻松到手的岁币，一方面又要秀肌肉，让宋朝不敢小瞧，西夏就可以要求更多的好处。

宋英宗治平三年（1067），李谅祚率军攻打宋大顺城，兵败回到西夏。宋派使谴责。李谅祚认错，三月向宋朝进贡，宋朝赐以绢五百匹、银五百两。十月，李谅祚又遣使向宋朝"请时服"，又请岁赐。第二年，李谅祚又故技重施，诱杀宋将，准备攻打青唐城（今青海省西宁市）。这样的一个李谅祚，活脱脱一只蚂蟥，叮在宋朝西北，甩不掉，还不断吸宋朝的血。

但谁也没想到的是，也就是这一年，李谅祚驾崩了，年仅二十一岁。当时他的儿了李秉常继位，即夏惠宗。李秉常年仅八岁，太后梁氏听政，她和国相梁乙埋把持朝政，李秉常基本上就是一个傀儡。这个时期，梁氏兄妹和西夏皇族之间的纷争不断，为了转移矛盾，西夏不断骚扰宋朝边境。

几乎差不多的时间，神宗继位，一个有雄心壮志的君主不可能容忍这种情况长期存在。

熙宁元年（1068），王韶向他献上《平戎策》，详细阐述了个人对西夏的策略：先收复河湟地区，围住西夏；再联合吐蕃、羌族等部，孤立西夏；最后等待时机，环而攻之。

老臣富弼、司马光等人纷纷上疏反对，认为眼下时机并不成熟，不宜主动发动战争。

但神宗对这份计划非常满意，任命王韶为秦凤路经略司机宜文字，负责执行这个战略。宰相王安石也支持尽快实施，认为时不我待。

有了这两人的支持，王韶前往西北拓边。这一去，就是七年。他没有辜负这份期待和信任，北进银川，西到南山，将这片地区的部落三十万人招抚，拓地两千余里，收复安史之乱时失去的熙、河、洮、岷、叠、宕六州，史称"熙河大捷"。

宋朝举国欢庆，国威大振。神宗也信心大增，他开始等待时机，一个可以和西夏动手的时机。

元丰四年（1081），这个时机到来了。

西夏夏惠宗李秉常反感梁太后兄妹的专政，他本身是一个喜好汉族儒家文化的君主，亲政后重用汉臣，常向汉族学士请教学习。对外政策上，他主张和宋友好，准备把河、洮以南的土地还给宋朝。这一想法自然遭到梁太后的反对，同一年，梁太后果然把亲生儿子、西夏皇帝李秉常给囚禁了。

消息一经传出，西夏上下震惊，一时间举国大乱。神宗激动得差点直接上马杀过去，时机呀，这就是进攻西夏的时机！

驻守两国边境的大将种谔也认为这是千载难逢的机会，表示："西夏现在没人，皇帝还是个小孩，臣认为打下他们就是手到擒来的事。"

这话正中神宗下怀，神宗决定召集大臣商议攻夏："朕准备打西夏，大家怎么看？"

话音刚落，知枢密院孙固和同知枢密院吕公著就站出来泼冷水："我们没有可以打仗的武将啊！"

神宗大手一挥："这不是问题，朕身边的李宪可以担此大任。"

孙固道："让一个宦官担任主帅，哪个士大夫肯为他所用？"

神宗听后非常不高兴。

第二日，孙固又进言："五路大军出发，没有大帅统率，就算成功了，也会乱的。"

吕公著附和："此去是问罪之师，应该先选帅。如果选不出来，就先搁置出兵。"

然而，神宗已经听不进反对的声音，七月，任熙河经制李宪为攻夏主帅，出熙河路；高遵裕出环庆路；刘昌祚出泾原路，听从高遵裕指挥；王中正出河东路；种谔出鄜延路，听从王中正指挥。这五路大军，总兵力三十多万人，民夫二十多万人，人数接近西夏人口的五分之一。这么大的阵势，神宗认为没有失败的可能。但是，领兵的李宪、王中正是宦官，高遵裕是高太后的伯父，都不具备大帅的才能。

出发之前，高太后得知伯父受此任命，还专门找神宗说："高遵裕报国忠心，天地可鉴。但他气度太小，虚荣心强，不容别人之功高于他。到攻城夺池的时候，他只想着把功劳归己，不给其他将领机会，这是一个大问题，一旦失败，损失不可估量。陛下只以他为副将，不能命他为主帅！"

神宗却没有把这当作一回事，仍然坚持以高遵裕为一路兵马主帅。

结果，刘昌祚已率部进入西夏境内，而高遵裕的队伍却迟迟不到。

刘昌祚只好孤军深入，率先攻至灵州城，当时灵州城门尚未来得及关上，宋军先锋夺门，几乎就要攻入城内。高遵裕却怕被抢了功劳，快马遣使，阻止攻城。刘昌祚的部队只好停下来。入夜，高遵裕的部队在距灵州城三十里的地方遭遇西夏军队，刘昌祚得信后派兵数千前去救援，打退了西夏兵。高遵裕却嫉妒刘昌祚，想以接应迟缓之名杀掉刘昌祚，在部下劝止下，改为解除刘的兵权。

随后高遵裕亲自率兵，围攻灵州城，用了十八天还没打下来。而西夏决开黄河水七级大渠，引黄河水倒灌宋军军营，同时断了宋军粮草后援。时值隆冬，大雪纷飞，宋军大批冻死溺亡。高遵裕还叫刘昌祚负责断后，并将此战失败的罪责强加在刘昌祚身上。灵州一战，九万宋军仅仅生还一万三千人。

而在王中正、种谔这一路，种谔先是率领七支军队大败了西夏军，拿下米脂城。种谔将捷报递送朝廷，同时恳请不受节制，神宗予以奖励，并同意解除王中正的职务。种谔留下千余人在米脂，继续进攻到石州，军粮开始不足，粮草后援迟迟不到，又遇大雪，将士们饥寒交迫，冻死饿死大片，只能回撤，最后活着回到大宋的仅三万人。

最糟糕的是李宪一路，在收复了三州古城之后，就几乎不往前走了，等灵州城战败的消息传来，李宪就接旨还朝了。

灵州惨败的消息传到京城，神宗半夜惊起，绕床榻环走，彻夜不能入眠，因此染病。这次出兵得到这样结果，原因显而易见，就是之前孙固和吕公著说的缺少一个运筹帷幄的主帅，以至于粮草调度出现问题，各路军马自说自话，缺乏高瞻远瞩的战略和合理的配合调派。虽然最后也取得了一些硕果，比如占领米脂、兰州等，可是对应付出的代价也实在太过惨痛。

然而，更惨痛的代价还在后面。

元丰五年（1082），鄜延路经略安抚使沈括和安抚副使种谔提议在当地筑城，以巩固之前西进的战果。神宗允之，派给事中徐禧和宦官李舜举负责此事。

这又是一次用人不当的行为。

这两人看中米脂西北的永乐，适合作为战略堡垒筑城。沈括和种谔都认为这地方易攻难守，提出反对。种谔说："永乐一旦筑城，西夏必定力争，不可为。"

但徐禧等人坚持己见，让种谔留守延州，自己率人前往动工，仅用十五日，筑出永乐城。

但如种谔所言，西夏人怎会允许大宋把手深入自己的心腹之地。永乐城筑成仅十日，西夏当即发兵三十万南下，誓要拔掉这个大宋在边境上扎下的堡垒。

得知西夏人前锋已快到永乐城，徐禧还大喜说："我们建功立业的时候到了。"

大将高永亨说："我们城池小而士兵少，又没有水源，恐怕守不住。"

徐禧责怪他泼冷水，把高永亨抓起来关进了延州监狱，徐禧自己率兵前往永乐城。

西夏大军驻扎在泾原北，十万人攻打永乐城，宋军一共只有七万人。

将领高永能建议趁着西夏军队还没完成列队，突袭他们。

徐禧以"王师不鼓不成列"而否决。

等两军列队完成，敌众我寡，士兵心生惧意。主将曲珍说："眼前军心动摇，已不利出战，请君退守米脂，这里由臣来坚守。"

徐禧不听，还嘲笑他："曲老将军，你是怕了？"

到西夏骑兵抢渡无定河时，曲珍再次建议："这是西夏的铁鹞子军，应该趁其半渡时出击。"

也没被徐禧采纳。

最后两军交战，宋军主力精锐大败，曲珍率残部退回永乐城内，西夏军围城七日，断水源，占粮仓，永乐城缺水缺粮，曲珍决定做最后一搏，跟徐禧提议："城中即将没水了，士卒们恐怕不能支撑。不如趁现在士气还在，突围而出。"

然而，不懂带兵打仗的徐禧，又一次否定了武将的提议，说："这是战略要地，怎么可以说放弃就放弃？而且你是主将，竟然提议逃跑，众人的心都被你动摇了！"

宋军在城内，被困七昼夜，临时掘井也挖不到水，只能用马粪水当水，不少人饿死渴死。

在这样的背景下，西夏军发动攻城，宋军仍毅然反抗，未生退意。二十日，永乐城破。夜降大雨，电闪雷鸣，将士们在大雨中战到最后一刻，徐禧、李舜举、高永能等将校数百人，七万守城的士兵役夫几乎全军覆没，仅曲珍带着几人突围逃出。

永乐城失陷的消息传到京师，神宗在早朝上失声痛哭，在场的臣子没一个人敢抬头。

永乐城之役是宋与西夏作战的转折点，从此之后，宋朝转攻为守。神宗也终于深刻地体会到用兵之难，停息了征伐西夏的打算。宋神宗是一个想要有所作为的皇帝，但是，灵州、永乐战役牺牲了几十万人的性命，彻底打碎了他的强军强国梦，也成了压在他心头无法散去的痛。神宗的身体每况愈下。

元丰七年（1084）秋，神宗宴请群臣。在宴席上，深受病痛折磨的他，控制不住颤抖的手，以至于杯中酒水洒落衣袍。后来他时常敲着头说："朕头疼！很冷！"

第二年正月，神宗病情急速恶化，到二月，他已不能处理朝政。

尚书左仆射兼门下侍郎（副相）王珪请高太后立储。弥留之际的神宗已经说不出话，只能无奈点头表示同意。

而尚书右仆射兼中书侍郎（首相）蔡确和大臣邢恕，却有意册立神宗两个年富力强的弟弟赵颢和赵頵继位。

邢恕以赏花的名义把高太后的侄儿高公绘和高公纪邀请到家中，向他们传达了这个意思，被高公绘和高公纪严厉拒绝。

而听到风声的赵颢和赵頵也频频进宫，探视神宗。觉察到意图的神宗对二人怒目视之。

到了神宗弥留之际，赵颢还提出想留在宫中侍疾，并到高太后那边请安，试图打探消息。

高太后出身名门，曾祖是开国大将高琼，曾外祖是开国大将曹彬，尽管赵颢和赵頵也是她的孩子，但她主张父死子继，也深知如今已经到了朝权更迭的关键时刻。

高太后与宰执大臣们说："神宗膝下的延安郡王性格稳重，聪明伶俐。神宗病重后，这孩子一直手抄佛经为父亲祈福，非常孝顺。"

随后，九岁的延安郡王被内侍带出来，与大臣们见面。

三月一日，高太后垂帘听政，宣布将延安郡王立为太子，改名赵煦。她命令侍卫禁止赵颢和赵頵随意出入皇帝的寝殿，又让宦官梁惟简的妻子秘密赶制了一件适合孩童穿的皇袍。

五日后，神宗在福宁殿忧郁而逝，享年三十八岁。

九岁的太子赵煦继位，史称宋哲宗。

宋神宗一生都在追寻自己的梦想，想要建设一个强大富饶的宋朝，重现汉唐荣光。他有雄心壮志，也为之付出努力，熙宁变法、元丰改制、熙河开边，无奈宋朝内外的问题并非短期之内可以改善，灵州、永乐城的失意令他在人生的最后几年郁郁寡欢。但也正是他的努力，才得以让宋朝这个庞大而虚弱的帝国机器得以运转得更久，变法改制中的一些措施还一直延续到了南宋，甚至影响后世。

第十七章

党争之巅哲宗朝（上）——元祐更化

宋哲宗赵煦是神宗的第六子，他非嫡生，生母朱德妃起初只是普通的宫女。但因为神宗前面的五个儿子都早夭，非嫡非长的赵煦成了神宗膝下年龄最大的孩子，被高太后选为神宗的继承人。

在神宗弥留之际，高太后已开始垂帘听政，包揽政事，之后摄政长达八年。她对哲宗的教育非常严苛，有点像当年的刘太后对待仁宗。政治生涯的复杂高压，逼得这位本性娴静的女性变得强势而不近人情，以至于在她没有觉察的时候，哲宗已经和她产生了裂痕，只是刚开始哲宗还小，这些矛盾的弊端到后面几年才能爆发出来。

高太后幼时由曹太后抚养，长大后的政治理念也受到曹太后影响。对待神宗改革的态度，高太后和曹太后态度一致，反对改革。于是，听闻神宗驾崩，从西京洛阳赶来奔丧的司马光被高太后留了下来。

在前一年，司马光刚完成了《资治通鉴》这部巨著，朝野内外赞声不断。梁启超把他和司马迁、杜佑、郑樵、袁枢、黄宗羲奉为中国史学"六君子"。

当年司马光坚决反对变法，意见没有受到神宗的重视，之后便一直在西京洛阳撰写《资治通鉴》，不问世事。但是，百姓都认为他日后还会复出，而称呼他为"司马相公"，老弱妇孺都说他是好官。当他回到京师时，百姓夹道欢迎说："公无归洛，留相天子，百姓有活路了。"

这一年，回到权力中心的司马光已经六十七岁。

高太后问他："为政应该以什么为先？"

司马光提的建议是："广开言路。"

高太后随后听从意见下诏。

太府少卿宋彭年、水部员外郎王谔应诏言事。

改革派正要找机会给保守派一个警告，枪打出头鸟，他们判定宋彭年、王谔乱说话，罚铜钱三十斤。

司马光怒而觐见高太后："这不是求谏，而是在阻谏。"

于是，朝廷再下诏，请大家畅所欲言，一概不论罪。新诏下达之后，朝廷便收到数千上书。

当时，与司马光一起被召回中央重用的还有吕公著。

高太后询问他为政的意见，吕公著说："先帝的本意是以宽省民力为先务。但到了主持变法的人手里，变成了侵夺百姓为务，斥去所有与自己意见不同的人，因此日久而弊端更深，新法颁行而百姓更加困苦。如果有朝廷能公正对待正直之士，讲求天下利弊，同心协力，就没什么难事了。"

吕公著到朝廷后立即上疏，认为人君即位，要修德以安百姓。当下有十件事最为重要：畏天、爱民、修身、讲学、任贤、纳谏、薄敛、省刑、去奢、无逸，又请求备置谏官。

此时宰相蔡确、韩缜，枢密院章惇都是改革派。保守派人寡力轻，声音非常渺小，只有广开言路，备置谏官，才会听到批评变法的意见，给后续的动作做舆论铺垫。于是，苏轼、苏辙、范仲淹的儿子范纯正等一批大家熟悉的保守派都被陆续叫回。另外在司马光的建议下，三朝元老、已经八十一岁的文彦博也被请回辅佐朝廷。

高太后本身就是保守派，她的家族以及她身边的人大部分都是贵族阶层，是变法改革里面利益损失的一方，因此她自然支持这一举动。

改革派可不会眼睁睁看着保守派的势力大增，他们提出朝廷选拔任用官员是有制度可依的，怎么能想任命谁就任命谁，想怎么任命就怎么任命呢？像谏官这种职务更是向来由两制官推举，几名宰相商议决定。

高太后犯了难。

至于要叫停变法措施的事情，改革派引用孔子的话反对说："三年无改于父之道，可谓孝矣。"这时神宗皇帝才刚刚过世，儿子就要推翻其辛苦推行的新政，这可不孝顺哪！

司马光还击："新法是王安石、吕惠卿搞的，跟先帝并无关系，怎么是子改父呢？再说，如今陛下年幼，高太后听政，分明是母改子。根本没有不孝之说！"他同时提交了一批"广开言路"中大批变法的奏疏。

而且，这时候老天爷也来帮忙，元祐元年（1086）正月，出现了旱情。司马光为代表的保守派指出，这绝对是当政的改革派们不作为，老天震怒了！

闰月，蔡确和章惇被罢职离京，司马光被任命为尚书左仆射兼门下侍郎，成为当朝宰相，吕公著为门下侍郎，范纯仁知枢密院，保守派开始当权，对变法者开始清算。

实际上，高太后听政以后，已经开始废除部分变法措施。神宗去世那年七月，朝廷废除保甲法。十一月，废除方田均税法。十二月，又废除了市易法和保马法。次年，改元元祐，废除新法的工作还在继续推行，史称"元祐更化"。

二月，司马光当上宰相之后，主政的第一个态度就是："四害不除，死不瞑目！"他把还没被废掉的新法措施青苗法、免役法、将官法和西夏对宋边境的挑衅合称为"四害"。

三月，他要求各州县在五日之内罢去免役法。这对在老家闲居、已在生命最后一刻的王安石来说犹如再一次经受丧子之痛，甚至更甚，每一条新法措施都是他呕心沥血的作品，免役法颁布之前他和神宗彻夜商谈，用时两年才定下全部细节。王安石比神宗还要悲凉，神宗弥留时，变法还在进行，而王安石则亲眼看着这些变法措施被一条条废除。

他悲凉地呢喃："何至于要废除到这个地步呢！"

几日之后，四月初六，这位改革派的领袖带着无尽的遗憾闭上了眼睛，郁郁离世。

王安石执政的时候，有许多人反对他，但反对的都是王安石变法的政见，并不是他的为人。

王安石推行变法并不是为了私利、升官或者敛财，而是完全出于报国为民的赤诚之心。在他两次为相期间，生活简朴，亦从未以权谋私，贪污一分钱或者接受礼物。那些因为和他政见不同的人，被罢黜之后，他也没有落井下石。

反对改革的苏轼，他仕途的波折和个人命运的悲惨，可以说都和王安石有着千丝万缕的关系。但两个人后期的私人交往一直没有断绝。苏轼在乌台诗案时，被人不断弹劾，已经致仕的王安石出面上疏神宗，为苏轼辩白。后来苏轼贬谪，还去看望了病中的王安石。两人保持着书信往来，还在信中聊了一起在金陵隐居的事。

哲宗登基，高太后听政，苏轼得以重新被重用，回到朝中。王安石离世后，苏轼为哲宗代笔，撰写《王安石赠太傅》，对王安石的一生给予了公正的评价，也盛赞了王安石的才华。

而王安石的"宿敌"司马光也表现出了极高的政治家素养，他反对改革措施，但从未弹劾过王安石个人，原因无他，司马光也从心底里叹服王安石坚持改革变法是为天下。

这两个人，当初因为见解相同而成为挚友，后来又因改革意见相左而老死不相往来。

王安石变法的推出是站在为百姓考虑的基础上，推行的速度比较激进。而司马光也站在为百姓考虑的角度，废除新法，动作比推行变法还要极端和快速。朝廷的决策好似摆钟，从一个极端快速转地到另一个极端。

这时候保守派的内部，也有声音觉得司马光的做法太过激进，像免役法已经推行多年，如今却要求在五日之内停止。

范纯仁认为不妥："好好商议慢慢推行就不会出问题，但要是太过极端造成了疏忽，以后一定会出事。"

苏轼也表示："差役和免役，各有利弊。免役之害在于搜刮了百姓的钱，让老百姓无法生活。差役之害，在于让百姓不得专心农事，还认为差役过程有猫腻，都是当官的出的坏主意。"

苏轼还为此和司马光争得吵起来，气愤地骂司马光固执至极，是"司马牛"。

五日罢黜免役，恢复差役，这个要求太过苛刻，几乎没人可以完成。而且一个国家的政策也经不起如此朝令夕改。

但，司马光依然坚持己见。

这一年九月一日，主张废除新法的司马光也走到了人生的最后。王安石离世在春天，而司马光是在秋季。相比王安石的郁郁而去，司马光走得很欣慰。他看着之前反对的新法一条条罢黜，心满意足，已经没有遗憾。

后世把司马光与孔孟并列为圣人。他身居高位，但生活清廉，没给子孙留下遗产。他说："积金以遗子孙，子孙未必能守；积书以遗子孙，子孙未必能读。不如积阴德于冥冥之中，子孙必有受其报者。"

大宋名士都有纳妾之风，如苏轼，失意时候，还有美妾同往贬谪之地。但司马光一生只有一位妻子张氏。

张氏出身名门，父亲张存与司马光的父亲司马池是世交，两家定下了娃娃亲。后来张氏未有所出，内心着急，多次找机会给司马光送妾，甚至还让父亲张存帮忙劝说，都被司马光一一拒绝。

那句"贫贱之交不可忘，糟糠之妻不下堂"，可能只是司马光一时脱口而出的话，但他却用一生去履行了，夫妻俩伉俪情深，一生相伴，没有子嗣，便过继了兄长司马旦的儿子司马康到膝下承袭香火。

司马光为人低调，才华横溢，能入他眼的人并不多。就是当年的上司包拯，公正之名流传千载，司马光对他也有政见、处事等诸多方面的不认同。但他独独对范仲淹另眼相看，非常崇敬，后来，还为儿子司马康聘娶了范仲淹的孙女、范纯仁之女为妻。范仲淹过世后，谥文正，司马光过世后，也谥文正。冥冥之中，似是缘分。

相比"老对手"王安石，司马光更得民心。

京城百姓听闻司马相公离世，罢市吊丧，孝衣祭奠。司马光的灵柩一路运往祖籍夏县的路上，沿途千万百姓哭着为他送行。

在变法措施被一条条废除的时候，对改革派的贬黜也没有停止。唯有吕公著、范纯仁、苏轼主张不要追究太多过去的得失，修正变法也可以一步步来，等到问题出现，改革派意识到不对，远比直接打压他们，让他们不服气要好。

但是，保守派虽然把变法的措施都叫停了，却也没有提出更好的办法，帝国的问题依然回到了原点。而高太后的态度很简单，依照祖制办事就行，没有重视朝野内外的问题，并做出因时制宜的处理。这也给后来改革派的卷土重来，埋下了伏笔。

哲宗朝的时间并不长，只有十五年，但这十五年正是宋朝党争最严峻的十五年。从元祐更化到绍圣绍述，飘零的帝国在不断变来变去的措施和政令中，加快了衰败的进程。

司马光之后，保守派领袖是吕公著。

当时中书、门下、尚书三省并建，中书省独为取旨之地。吕公著就建议以后有事找三省的官员，可以与执政大臣共同进呈，取旨而各自实行，提高办公效率。后来，吕公著发现执政官员通常几天才在政事堂聚集，由长官决定事情的处理，而同僚之间都不知道对方在做什么，更别提参与意见。于是，他命执政官员以后每天集会，后来这成为了朝廷对官员部门的一项规定得以延续。

元祐三年（1088），七十一岁的吕公著恳请辞去宰相的工作。朝廷舍不得他，特许他不用每天到岗，但大小军国事务还需过目。

元祐四年（1089）二月初三，吕公著逝世，终年七十二岁。

高太后痛惜许久，哭着和大臣们说："国家不幸，司马相公（司马光）已死，吕司空又逝世。"

哲宗也悲痛感伤，到吕家祭奠，并亲自为他书写墓碑开头的"纯诚厚德"四个字。

元祐五年（1090），朝廷批准了已经八十五岁的文彦博致仕。

这些老人或离世或退休，令保守派失去了中心，但保守派对改革派的打击并没有因此而停止。

当年主张变法，接替王安石主政的吕惠卿被一贬再贬，才被判贬到南京不到十日，又被加罪贬为建宁军节度副使，而且不得办理所任官的公事。吓得他连凉水都不敢喝，生怕生病了，被人拿来做文章说他对朝廷有不满。

神宗朝最后的宰相蔡确，在贬知安州的路上写了几首诗，被有心人拿来说他在影射高太后是武则天。高太后大为震怒，要求大臣商议处理这件事。

范纯正谏言道："不应该以文字暧昧不明为过错就贬黜大臣，这个先例一开后患无穷。"

御史中丞李常、中书舍人彭汝砺、侍御史成陶也反对这种捕风捉影的事情，结果遭到贬黜。不久御史台谴责范纯正为蔡确求情是和蔡确结党，范纯正被罢相。

朝野之中的风气已经完全歪了，为了反对而反对，为了支持而支持，意气用事，看不到是非曲直。

蔡确这个案子牵连甚广，大臣梁焘认为："现在忠心于蔡确的人，比忠心朝廷的人都多；敢于为奸言的人比敢于正论的人多。可见，蔡确气焰之汹，盘根错节，贼人化变危害政治，为患越来越大。"而后罗列了两份名单，一份为蔡确亲党四十七人，一份为王安石亲近的三十人。

这种罗列改革派清单的行为，也被改革派深深地记住了，他们当时处于低谷，没有能力反击，但是风水轮流转，等哲宗亲政、重用改革派后，把这口恶气重重地又还给了保守派。

而此时，这份名单出来之后，梁焘升任御史中丞，蔡确被贬去岭南新州。

重新走上贬谪的路，这一次，蔡确不敢再作诗了，身边也只有一只鹦鹉和一名叫琵琶的妾。后来琵琶先他一步离世，只剩下了鹦鹉。蔡确伤心写下了人生中最后一首诗："鹦鹉声犹在，琵琶事已非。伤心汉江水，同去不同归。"而后离世。

改革派大为震惊，保守派也没想到蔡确会死在贬所，但一切已经无法挽回，两边矛盾激化，不再有缓和的余地。

而保守派的内部也分化成了不同的派系，以他们所属籍贯划分，一派是继承了司马光遗志、坚定激进的反改革派，以崇政殿说书程颐、左司谏朱光庭、殿中侍御史贾易等人为首的"洛党"；一派是对改革意见比较温和，也不完全认同保守派作为的，以中书舍人苏轼、苏辙兄弟，殿中侍御史吕陶等人为首的"蜀党"。洛、蜀两派吵得不可开交，进而延伸出了以御史中丞刘挚、右谏议大夫梁焘、起居舍人兼左司谏刘安世、监察御史王岩叟为首的"朔党"。吕公著、范纯仁、吕大防、范祖禹等则中立自守，不属于这三个党派。

程颐以"布衣之士"由司马光推荐入朝，后担任哲宗的老师，他为人比较古板严肃。司马光过世后，朝廷让程颐负责主持司马光的丧事。当时正好遇上明堂大享，也就是古代祭天的典礼。明堂大享结束之后，群臣讨论等会儿可去一同悼念司马相公。

程颐反对说："大家刚刚从明堂这种大吉利的地方里出来，这就要去司马相公家祭奠丧事，一会儿笑一会儿哭合适吗？孔子说过'于是日哭则不歌'，没人听过？"

当然不是每个人都认可这种论调，但是官场上说话，大部分人总归比较客气。可苏轼这个人就不一样了，他有什么说什么，脑子转得也快，爱给人起小外号，比如他在气司马光执意立刻废掉新法不听劝的时候，就骂司马光

"司马牛"。可以说苏轼的仕途起伏，许多次都源自口无遮拦，逞一时口快的这个毛病。

这时候，苏轼就又忍不住酸了程颐："你真是个'麈糟陂里叔孙通'。"

麈糟陂里是开封城外一个又脏又乱的沼泽地，叔孙通是一位汉代的儒学大家，收过很多学生，这点与有很多门生的程颐一样。

苏轼嘲笑程颐是个肮脏的假老师，这令程颐非常难堪，两个人的梁子就这么结下了。洛党也开始找各种机会诋毁弹劾苏轼。

几个月后，苏轼以翰林学士身份给馆职考试出题。这人坏毛病又来了，他出的考题是："今朝廷欲师仁宗之忠厚，惧百官有司不举其职而或至于媮；欲法神宗之励精，恐监司守令不识其意而流入于刻。"

洛党朱光庭马上就弹劾苏轼："这题目分明在影射仁宗之政苟且、神宗之政苛刻。"

蜀党吕陶为苏轼辩解："是因为程颐和苏轼在明堂外的口舌，所以程颐一派处处诋毁苏轼。如果听了朱光庭的话，惩罚苏轼，就是助长党争之气。"

苏轼曾经写过一首诗："山寺归来闻好语，野花啼鸟也欣然。"

洛党也把这句诗翻出来，指责苏轼在神宗去世的时候，一点也看不出悲伤，反而还挺高兴的样子，一会儿"闻好语"，一会儿"也欣然"。差点又搞出一起"乌台诗案"压苏轼身上。

幸好，高太后坚定地支持苏轼，而且对程颐也有了看法。

元祐二年（1087），哲宗身体抱恙没有听政，高太后独自听政。程颐认为皇帝没听政，太后也不应该听政。

高太后算是受够了这人的迂腐，加上孔子四十七代孙孔文仲也上疏弹劾程颐，便罢去了他给天子做老师的工作。

鹬蚌相争，渔翁得利。

蜀党的苏轼地位稳定，洛党的几个却被贬走了，反而朔党的刘挚升官了。司马光过世后不久，吕大防任中书侍郎，刘挚为尚书右丞。

好景不长，几年后又有人抓住刘挚和改革派的书信，检举到高太后面前。

元祐七年（1092），刘挚罢相出朝，出知郓州。

刘挚的被贬之路这才刚开始，因为，保守派的漫漫冬季已经悄然到来。

元祐八年（1093），高太后六十一岁。这个为大宋苦苦支撑，坚持祖制的女性走到了人生的最后时刻。

垂帘之初，高太后曾说过，等幼帝长大就还政给他。

可是，哲宗已经长到十七岁，不论是高太后还是大臣们，都没人主动提这件事。

哲宗是个早慧的孩子。

元丰八年（1085），神宗驾崩，辽国使臣前来吊丧。宰相蔡确担心哲宗岁数小，看到辽国人会生出惧意，于是，反复给哲宗解说辽国人的服饰、打扮和礼节。

哲宗默默听完，忽然问道："辽国人是人吗？"

蔡确答："是人，但是是外民族。"

哲宗反问："既然是人，怕他干吗？"

哲宗即位后，高太后为他挑选的老师是吕公著、范纯仁、苏轼、程颐这些通晓儒家经典，实际上也是保守派、治国态度和高太后一致的大臣们，他们引导哲宗把国家建设成仁宗那般的太平盛世，而不是神宗的激进改革。但是，这些人却忽略了哲宗对父亲的崇拜和思念，因此任何否定神宗的行为，只会加深哲宗要继承神宗遗志的想法。

神宗离世的时候，哲宗已经九岁，他对父亲的记忆很深刻。他跟父亲背诵《论语》，神宗很是欢喜。他把作业拿给父亲看，神宗也夸奖他字迹漂亮。

元丰七年（1084），神宗宴请群臣，第一次带赵煦前往。赵煦在这种大场面上没有露怯，表现得非常得体，得到了父亲的夸奖。

在哲宗心里，他以得到神宗夸奖，成为一个像神宗一样的皇帝为目标。

登基后，哲宗一直用张旧桌子。高太后见状命人丢弃，哲宗又叫人找回来。问其缘故，哲宗说这是父亲曾用过的。

他珍惜父亲的东西，推崇父亲的理念。在高太后的眼里，这孩子思想不达标，还得再培养培养才给他亲政。而在保守派为主的大臣们看来，问题就更严重了，他们辛辛苦苦才把变法遗留问题铲除干净，哲宗一亲政，之前的就白干了？

山雨欲来风满楼，少年天子的不满，又何止是不还政？在没人看见的地方，祖孙之间的裂痕早就越来越大。

在高太后和大臣们讨论政务之初，双方都把哲宗当作一个小孩子。

高太后和哲宗相对而坐，大臣们汇报事情，总是面向高太后，而把后背和屁股对着皇帝。

到后来哲宗长大了，也没人意识到要尊重哲宗的看法，以至于每到听政的时候，哲宗总是一言不发。

一次，高太后问哲宗："大臣们说的这些事，你有什么看法？"

哲宗回答得很冷淡："娘娘您已经处理过，还让我说什么呢？"

哲宗一开始也不是一言不发，起初他年幼时也会主动说一些话，可是高太后和大臣都如没听见一般，没人回应他。当时只有宰相苏颂听见了，会在回完高太后之后，转身答复哲宗。后来，绍圣绍述时候，改革派上台清算保守派，苏颂也被弹劾，但哲宗说："苏颂向来遵守君臣之义，不要轻率议论这位国家元老。"

哲宗不光在朝堂上过得压抑，后宫的生活也处处被高太后管束。

哲宗登基后，高太后要他居住到距离太后寝宫不远的阁楼，派去二十多个亲信宫女，说是照顾幼帝的生活。其实哲宗没有一点隐私，宫女们把他的一举一动事无巨细地汇报给了高太后。

元祐四年（1089），大臣刘安世和范祖禹跟太后说："民间有传言说宫中在找乳母。"疑心哲宗是不是沉迷声色。

高太后大惊，明面上说是神宗留下的公主需要乳母，转身却把哲宗身边的宫女逐一严厉查问。

哲宗看到身边的人回来时一个个都吓怕了的样子，才知道是有大臣背后告状，而高太后的查问，也昭示了对这个少年天子的不信任。

还有一个令哲宗非常不满的事，是生母朱德妃一直被太后打压。

朱德妃是开封人，本来姓崔，出身贫寒，入宫之前经历坎坷，生父早逝，母亲改嫁，她不得继父喜欢，只能到亲戚家寄居。

朱德妃入宫之初为神宗身边的侍女，后来有幸得宠，为神宗先后生下包含哲宗、蔡王赵似在内的二子五女。

也许是担心哲宗母子联合起来威胁到朝政的稳定，高太后一直不太喜欢朱德妃。因此，哲宗登基后，高太后下诏尊神宗的皇后向氏为皇太后，却没有提高朱德妃在后宫的地位。

同年十一月，朱德妃护送神宗的灵柩前往永裕陵安葬。途经永安时，时任河南知府韩绛专门从洛阳赶到永安迎接灵柩，并对朱德妃行礼。韩绛是辅佐过仁、英、神宗三朝的老臣，还曾经高居相位。高太后得知此事竟勃然大怒，训斥朱德妃道："你如何配受韩绛的礼遇！"

朱德妃当场被骂哭，不停地向高太后请罪。

朝野上多得是见风使舵的人，当即有不少人上书说朱德妃的不是。

起居舍人邢恕认为这样不妥，请高太后的侄子高公绘劝说高太后："朱德妃是当今皇帝的生母，理所当然应受到尊崇。"

高太后知道是邢恕教高公绘这么说的之后，还把邢恕贬出了京城。

一直到哲宗登基后的第四年，在向太后的坚持下，高太后才下诏尊朱德妃为皇太妃，允许把她居住的地方建为宫殿，仪仗、服冠等与皇后相同。

但高太后绝没想到，性格温良的朱太妃在高太后过世之后还救了高家。

元祐八年（1093）秋天，高太后病重。

弥留之际，她已经预感到了哲宗会重蹈神宗覆辙，先是秘密告诫范纯仁等人提早准备，早点求退，以免在风波中遭到迫害，保全家族。而后，她又拉着哲宗殷切叮咛："先帝对过去的事追悔莫及，每每想到都会哭。你一定要好好记住这件事。等老身死后，定然有很多人来教唆你，你千万不要听啊！"

这是她多年的政治经验总结，也是她对身后朝政的忧虑。她想的没有错。帝国的权力转移到了年轻的天子手上，也就代表了元祐更化的结束和绍圣绍述的开始。

第十八章

党争之巅哲宗朝（下）——绍圣绍述

哲宗亲政，许多朝臣抓住了哲宗对高太后的不满，一等天子亲政，就纷纷上疏说高太后的坏话。

宋末"六贼之首"的蔡京，此时已经靠着察言观色、迎高踩低的手段混到了宰相章惇身边。蔡京先是检举文彦博、刘挚等人意图不轨，之后又跟哲宗诬蔑高太后说，在神宗弥留之际，高太后想立自己的儿子为皇帝，有废哲宗的阴谋，甚至说当时废黜太子的诏书都已经写好了，只等让神宗签字。

向太后偶然知道此事，向哲宗解释真相，但是哲宗并不相信。朱太妃为此专门跟哲宗证明高太后的清白，终于让哲宗相信高太后是冤枉的，高氏家族也因此躲过了这次几乎能灭门的灾祸。

当邢恕等人再次请求废黜高氏的时候，哲宗怒斥道："你们是不想朕进宗庙，让朕无颜见祖先哪！"

哲宗刚亲政，翰林学士范祖禹担心小人作祟，上疏历数之前改革派辜负先帝的行为，包括灵州、永乐的损失。苏轼也正打算写类似的奏章，看到范祖禹的奏章后，认为是经世之文。

哲宗看后表示，如果要起用什么人必然会与宰执们商议了再做决定。

哲宗一开始对保守派抱有希望，专门单独询问范纯仁当初新法时的情况。范纯仁义正词严地把王安石和新法批驳了一遍。

这令哲宗深感失望。

十二月，苏轼祈求外放，出知定州。临走的时候，他上疏哲宗："陛下登基九年，但除了执政、台谏之外，未曾与群臣接触过，是忠是奸一时也难以分辨。不如先保持目前的政策不变，观察三年，再有所动作也不迟。"

但是，哲宗没有听进去。

同月，趁着保守派宰相吕大防护送高太后灵柩离京，一直是保守派为主的御史台里还蹦跶出了一个叛徒杨畏，他建议哲宗起用章惇、吕惠卿、李清臣等改革派。

哲宗采纳了意见，任命章惇为资政殿学士，吕惠卿为中大夫，王中正为摇授团练使。

时任给事中吴安诗、中书舍人姚勔不肯写对应的诏书诰词。而刘安世力谏不要复用章惇，被贬知程德军。

范纯仁温和地劝哲宗："陛下才亲政，四方拭目以待。要学习古时候的圣人，舜举皋陶，汤举伊尹，远离不仁的人。"

哲宗没有采纳。

这时候，苏轼的老毛病又犯了，给哲宗洋洋洒洒写了一封奏章，把神宗和汉武帝放在一起说事。

哲宗看完当场就怒了："这人竟然说先帝与晚年的汉武帝一样弄得民不聊生！"

范纯仁从容地站出来说："汉武帝也是一代明君，雄才伟略，苏轼是在夸先帝。"

结果，右丞邓润普却上来添了把火："先帝法度，就是被司马光、苏辙坏掉的。"

以至于后来范纯仁又补充说："苏轼只是说事，不是说先帝这个人。"可惜于事无补。

哲宗大怒，贬苏轼出知汝州。

不久之后，吕大防、范纯仁这些保守派的中坚骨干也被贬出京城。

第二年，哲宗下诏改元绍圣，意为继承神宗之志，把意图昭告天下。改革派重回京城，哲宗要求恢复元丰改制时候实行的政策。

绍圣元年（1094），改革派里的章惇入朝为相，他的报复心极重，隔三岔五翻出陈年旧账，清算保守派。

苏轼先被贬为宁远军节度副使，又被贬至岭南惠州流放。到绍圣四年（1097），已经在惠州三年的苏轼又被贬去海南儋州。在当时，这根本不算是去做官，而是一种比满门抄斩轻一些的处罚。

苏轼却把儋州当成了自己的第二故乡，他把在这里的每一天都当作人生的最后一天，努力燃烧自己照亮这个南方孤岛。

在这个蛮荒之地，苏轼兴办学堂，开坛讲学，以至于许多人不远千里，追至儋州，做他的门生。

元符三年（1100），宋徽宗登基，召苏轼回朝，他才终于结束流放的岁月。

在宋代一百多年里，海南从没有人进士及第。苏轼北归不久，这里的姜唐佐就举乡贡。苏轼闻讯，题诗曰："沧海何曾断地脉，珠崖从此破天荒。"一直到今日，儋州还屹立着他当初讲学的东坡书院。

但是，这条漫漫北归路似乎比来时更长。苏轼蹒跚而行，却没能走到京师。那一年七月二十八日，他在北归的路上过世，享年六十五岁，过世的地点正是他当年想要终老的常州。弟弟苏辙遵其意愿，将苏轼与夫人小王氏合葬。这位小王氏是苏轼第二位妻子，也是苏轼结发妻子的堂妹，她陪伴苏轼度过了人生中最低落的时期。

哲宗时期，章惇独居相位，他对保守派的态度，远远不如高太后当年对待改革派宽仁。至少高太后和司马光并没有要置人于死地，也没有对改革派的人格有所质疑。章惇却想方设法搜罗证据，给司马光、文彦博、范纯仁等人安上了"挟奸罔上"的罪名。又提起蔡确被逼死之事，认为是吕大防、刘挚的错。

绍圣四年（1097），陈衍被诛杀，吕大防、刘挚、苏轼、苏辙、范纯仁都在流放之列，韩维等人被贬，子孙都被牵连，好几人死在被贬地。已经过世的司马光、吕公著等人则被一再追贬，削除赠谥，毁去赐碑，更是差一点对他们开棺鞭尸，挫骨扬灰。

此时，七十岁的范纯仁，已经因疾失明，听闻贬谪永州的消息，坦然接受。他儿子想上奏朝廷，当初父亲与司马光政见并不相同，希望父亲免于去永州。范纯仁道："同朝为官，意见相左是常事。今天这种话以后不要再说了。有愧于心而生，不如无愧于心而死。"

左司谏张商英弹劾已经致仕的文彦博，文彦博被列为司马光的同党，参与反对王安石变法和诋毁神宗。文彦博被降职为太子少保，同年五月逝世，享年九十二岁。

三月，章惇甚至提议派人去岭南，赐死流放的几个人。

哲宗道："朕遵循祖制，不杀大臣。"

绍圣绍述与其说是恢复神宗旧制，拨乱反正，不如说完全是改革派对保守派的一场报复。

而且，他们利用哲宗对高太后和保守派的不满，不断激化矛盾，甚至把手伸到了后宫。

哲宗十五岁时，高太后一手操办婚事，为他迎娶了皇后孟氏。孟皇后年长哲宗三岁，是老臣孟元的孙女。

这场婚礼办得如何，难以考证。但哲宗显然并不高兴。过程中，朱太妃觉得日期选得不好，希望能重选，也被高太后否决。可想而知，哲宗必然忍受了不少委屈，才会让一向温柔软弱的朱太妃都忍不住要开口提意见。哲宗也因此不喜欢孟皇后。

婚后不久，哲宗去南郊祭祀天地，途中车队与皇后的车队遇到，两队争道，导致皇帝的队伍不得不停下。次日，哲宗生气地下诏，以后就算是皇后的车队遇到皇帝的车队也必须避让。

绍圣三年（1096），孟皇后所生的福庆公主重病，不久病逝。皇后家人为皇后和公主祈福。哲宗的宠妃刘氏把这件事颠倒黑白，说成是孟皇后用厌魅之术诅咒她，一举告到哲宗面前。厌魅之术是古代一种神秘巫术，据传可以置人于死地。

刘妃这状告得很有技巧，充分抓住了皇帝对自己的重视，也精准地借到了朝廷上改革派打击保守派的东风。毕竟是高太后选择了这个孙媳妇，打击了孟皇后，就是打击了保守派。

哲宗半信半疑，命梁从政、苏珪调查此案。

宰相章惇果然没让刘妃失望，在他的授意下，这些人对孟皇后左右宫人严刑逼供。宫人们即便被断手脚，经历割舌等折磨，都不愿污蔑皇后。最后，梁从政等人伪造皇后图谋不轨的供词，提交给哲宗。

于是，孟皇后被废，安置在瑶华宫，和当年仁宗的第一任皇后郭皇后是同一个地方。

孟皇后的婚姻从开始到结束，都充满了政治因素。她被废后，朝中很多大臣认为案子另有隐情，希望重新彻查，惹得哲宗不快。可见这件事情，真相已经不重要了，重要的是这个结果。

孟皇后在瑶华宫待了二十年，后来宋徽宗时期又经历复立和再次废去，甚至不允许她在死后列入宗庙。但也因为这样，金人攻占开封，掳走宋徽宗、宋钦宗、皇室成员和朝中大臣时，反而放过了这位前朝废后。后来孟皇后成为宋朝从北宋往南宋过渡中，定海神针一般的人物，并得以安享晚年，甚至死后的牌位在哲宗旁边，比加害她后升任皇后的刘氏还要靠前，不得不说也是一种大快人心的结局。

在北宋中期，有一个工程也被反复拿来讨论，成为党争的一部分，那就是黄河水道治理。

古代黄河河道变迁非常频繁，一直是历朝历代水利工作的重中之重。

唐初，国力强盛，曾对黄河下游全面修筑堤防。到唐中晚期，经历衰落，而堤防的存在加速了河床淤高，黄河河口段的河水决溢越发频繁。

进入宋朝，朝廷在各州专门设置河堤判官职位，负责相关事宜，可见非常重视黄河问题，但还是连年发生河道决溢的情况。到宋仁宗朝，黄河还改道了，这是历史上八次黄河大改道之一。

景祐元年（1034），澶州横陇段黄河决堤。从汉唐时期的旧河道北面，形成一条新道，被称为横陇河。

横陇河一共流淌了十四年，它从横陇出发之后，经过今天河南省清丰、南乐两县，进入河北大名县境，向东北方流经山东省聊城、高唐，在平原一带分成赤、金、游等分流，最后经过山东省惠民县、滨县两地之北入海。

一开始十年，横陇河水流顺道而行，并没有出现问题。但后来下游游、金、赤三河又河床淤高。下游不通畅，则上游易决堤。仁宗庆历八年（1048）六月，黄河再次在商胡口决堤，向北直奔大名县，经过聊城以西，在今天的河北青县境与卫河相合，然后入渤海，宋人称之为"北流"。

本来不是非常重视黄河问题的仁宗吓坏了，一面赶紧安排赈灾，一面商议应对办法，结果在朝内引发治理黄河的争论，一派认为应让黄河继续北流，一派则认为应该让黄河回流。这两派谁也不能说服谁，一路从庆历八年（1048）吵到至和二年（1055）。

回流派提出了两个方案：一是清理原来的河道，同时把决堤处堵回去，让黄河在汉唐时期的旧河道上继续流淌，称之为"回河东流"；一是在"回河东流"的基础上略作改动，用附近一条小河六塔河帮忙分流黄河水，减轻黄河的压力，称之为"六塔分流"。

北流派的欧阳修觉得两个方案都是开玩笑，消耗人力物力，尤其是六塔分流，本来六塔河就是一条小河，只有五十步宽，让它帮忙分流，对滔滔黄河水来说就是杯水车薪，搞不好再来一次决堤，必对附近河北路的财政收入造成重大影响。

欧阳修两次上书反对黄河回流，认为最务实的办法是黄河爱怎么流就怎么流，同时勤快地疏通下流，做好防范工作，以免黄河在目前的河道上再决堤才是正事。

但是，黄河对宋朝来说不是单纯的河流，它还承担着对北防御外敌的天险作用。因此从国防安全的角度，仁宗认为黄河只有回流，国家才踏实。之后在宰相富弼和文彦博的支持下，"六塔分流"方案开工。结果谁能想到，这刚堵上的商胡埽决口当天就崩了，河北数千里便遭受灭顶之灾，上万民夫、不计其数的物资都被冲跑，死伤损失难以估量。

到嘉祐五年（1060），"北流"又在河北大名第六埽决堤，向东分流，经馆陶、乐陵、无棣入海，宋人称此河为"东流"。

"北流"和"东流"同时存在，又称两股河。两股河的出现令黄河问题更为严峻。朝野中开始了新一轮的争论，一派坚持开两股河，引导东流；一派主张在北流修筑堤坝，防御洪水。

这时已到神宗朝，正是王安石等改革派主持朝政的时候。起初，司马光和王安石意见一致，都认为可以"回河"。随后，司马光到黄河实地考察，发现东流水浅狭，而且堤防设施尚不健全，如果贸然回流，说不定又发生仁宗朝六塔河的惨剧，因此建议淤高北流，开阔东流，渐进堵口，缓行回河。

司马光的意思很明白，不是不回，但是要慢慢来。

可是，神宗和王安石不能接受，就像他们想要一口气解决宋朝复杂的社会问题一样，对于黄河的问题，这两人也不想等。

慢慢来？那是不被允许的！

熙宁二年（1069），因为急于表功的张茂、张帆等人谎报水情，说北流浅而东流通畅，神宗和王安石下令闭塞北流，挽河东流。结果，黄河又在许家港决堤，北流和东流之间的州县成了一片汪洋。之后，朝廷采用许多措施维护东流。结果仅仅是第二年，黄河就又发生了三次决堤。

这下神宗和祖父仁宗一样，也不敢再轻举妄动了。反正这个黄河，治理也是决堤，不治理也是决堤。

到了哲宗朝，一直频频决口的东流忽然断流，只剩北流。新官上任三把火，新皇帝上位新目标——治理黄河又一次被提出来，进而拉开了第三次治理黄河大讨论的序幕。

哲宗朝的这次争论甚至比之前两次都要激烈，足足拉锯八年，治理黄河也从水利问题升级为国家战略防御问题。

范纯仁、苏轼、范祖禹等认为应当尊重自然，维持现状，别为了治理黄河而治理黄河，甚至为此耗费国力财力。

但吕大防、文彦博、安焘、王岩叟等坚持回河东流。安焘认为："若不回流，辽军可直抵京师，设险防御辽国应当高于治水。"

苏轼反驳说："大自然鬼斧神工，指不定哪天黄河就从辽国境内入海了，那朝廷搞那么大工程不都是白忙活？"

听政的高太后在两派之间左右摇摆，工程一时开工，一时停止，河工一会儿招募，一会儿又遣散。

高太后最后还是站在国家安全角度，勒紧裤腰带，决定回河。后来哲宗亲政，推翻祖母许多措施，但黄河回河却奇迹般保留了下来。这项工程耗时五年，最后在哲宗亲政第二年完工，黄河回道东流。

好景不长。

元符二年（1099），黄河又一次在内黄决口，东流决断，主流又回到北流。苏轼等人的论点是对的，至少在当时，人力做不到反抗自然。

而经过仁宗、神宗、哲宗几代人的努力，黄河非但没有回流，河北大片地区还反复遭受灾害，防御重镇被严重破坏。几十年后，他们担心的辽军没来，南下的金兵却进入荒芜的河北地区，如入无人之境，轻而易举渡过黄河，把宋徽宗和宋钦宗给抓走了。

元祐更化和绍圣绍述时期，宋朝对待西夏的态度也截然相反。

高太后听政时期，采用的是"以地换和平"策略，把神宗熙河开边辛苦收回的熙、河、洮、岷、叠、宕六州统统还给了西夏。对此当时朝野里的绝对力量保守派，举双手赞成。司马光觉得这简直就是彰显大宋气概的一个明星项目。苏轼连夸这就对了，之前我们拿下了人家兰州，人家才气不过老来骚扰我们嘛。至于浴血奋战的西北军，可千万别再没事找事去跟西夏对着干了，谁要不听话，谁就是不爱国，必将被严肃处理。

这种软弱的军事外交态度，等到哲宗亲政之后，就直接翻转。哲宗和宰相章惇一致认为对西夏绝不能客气，吸取了神宗朝大刀阔斧西进而吃了败仗的经验，哲宗选择听从西北将领章楶的建议徐徐图之，一面修筑防御工事，一面缓慢向西夏渗透推进，决定用宋朝自己强大的体量，逐年蚕食西夏。

这时候，西夏王位也已经换了人。

之前，神宗趁着梁太后挟持儿子夏惠宗李秉常，令宋军主动出击，取得一定战果，但也付出了灵山、永乐两次失败，几十万人的损失。

永乐城战役之后，梁太后迫于国内压力，又让李秉常复位，但梁氏兄妹依然把持朝政。国相梁乙埋死后，其子梁乙逋又为国相，西夏朝政大权依然掌握在梁家手中。

神宗元丰八年（1085）五月，梁太后过世。

次年，夏惠宗李秉常驾崩。其长子李乾顺继位，是西夏第四位皇帝，史称夏崇宗。李乾顺年仅三岁，由其母听政。这位皇太后是前一位梁太后的侄女，也是国相梁乙逋的妹妹，被称为小梁太后。西夏出现了又一次梁氏兄妹势力专权的局面，并在之后十多年里，频繁攻击宋朝边境。

哲宗绍圣元年（1094）十月，梁氏兄妹内斗，梁乙逋被小梁太后所杀。为了转移国内矛盾，小梁太后多次挟持年幼的李乾顺率军压境，对宋朝用兵。

绍圣三年（1096），西夏屯兵数万于边境上。

宋军西北守将章楶主动出击，获得大胜。

小梁太后随后命人前往宋营，谎称愿意举族归顺。章楶遣将前往受降，西夏军忽然发动攻击，两边打了个平手。

绍圣四年（1097），西夏再次进犯，均为宋军所败。宋军乘胜打入西夏，斩杀对方两千余人。

哲宗同意章楶的建议，在胡芦河川筑城堡，占据有利形势迫近西夏。章粲之后做了一系列动作以牵制西夏，然后暗中率领四路兵马出胡芦河川，用二十天时间，在石门峡江口好水河南边筑城，定名平夏城，取扫平西夏之意。

平夏城筑好之后，陕西各路纷纷效仿，层层推进到西夏境内，所控制的范围恰是西夏最肥沃的土地。西夏本来就贫乏，因此国内矛盾不断加剧，把平夏城看作眼中钉。

元符元年（1098）十月，西夏人倾巢而出，围攻平夏城。小梁太后带着幼帝亲自随军，号称领兵百万。

宋军在平夏城的守军，仅有万人而已。

西夏军造高车以临城，载数百人填壕而进，飞石激火，昼夜不息。

宋军守将郭成从容督战，用重炮、神臂弓等坚守城池，同时派出骑兵骚扰敌军。

西夏军攻城十三个昼夜，宋军就坚守十三个昼夜。这次宋军不光没遭受什么损伤，还令西夏军死伤上万，损失严重。甚至连老天都站在宋朝这边，狂刮大风把西夏的战车吹毁。

西夏军取胜无望，而且面临断粮危机，小梁太后无奈撤军。

宋军乘胜出城追击，同时宋将姚雄和姚古率领的援军到达，活捉西夏猛将统军嵬名阿埋等人，斩杀敌军上万，并深入西夏境内，突袭西夏军队，斩首三千余人，缴获牛羊万匹。

这是宋与西夏的第四次大战，也是北宋灭亡之前最后的高光时刻。按照当时的进度和大宋如此强悍的西北军，宋朝灭掉西夏只是时间问题。

西夏迫于无奈，请求辽国出面调停。

辽国也并不想打破三国鼎立的局面，一面遣使到宋朝说和，一面毒死小梁太后，十六岁的夏崇宗李乾顺因此亲政。不要小看这个少年天子，日后，也正是他以出色的谋略和外交手腕，协助崛起的金国先后灭辽国和北宋，将宋朝西北大片肥沃土地收入囊中。

元符二年（1099），意气风发的哲宗同意了辽国的调停。那时候，他还没发现西北军表现出色的同时，巨大的军费令深陷三冗问题的国家雪上加霜，宋朝这艘破而庞大的船只已经在风雨中走到最后的时刻。

那时候，哲宗才二十四五岁，正站在人生最辉煌的时刻。

那时候，大宋的所有人正沉浸在胜利的喜悦之中。

谁也没想到，元符三年（1100）正月，哲宗会因为着凉病而离世。他的身体一直不算太好，体弱易染病。起初，枢密院入内问安，哲宗坐在榻上，神采如常。结果没过多久就陷入病危，连话都说不出口，很快驾崩。

第十九章

海上之盟——徽宗的联金灭辽梦

哲宗忽然驾崩，朝野上下始料未及。好在有向太后坐镇，向来不干预朝政的她，当即宣诸王入宫。

忽然离世的哲宗给大家留了个难题，他身后没有子嗣。

继承人只能从哲宗的兄弟、神宗在世的五个儿子里面选，分别是：申王赵佖，端王赵佶，莘王赵俣，简王赵似，睦王赵偲。

同时被太后召进宫的还有大宋的宰执班子。

向太后哭着和几位朝廷肱股开闭门会议："国家不幸，大行皇帝没有后嗣，继承人的事情必须早定。"

宰相章惇沉声道："从礼法和道理上来说，都应该是先帝的同母弟弟简王。"

向太后不太高兴："老身一个儿子都没有，如今的诸王都是神宗帝的庶子，是不是同母都没有区别。"

章惇于是道："那论年长的话，就应该立申王了。"

"申王眼睛有疾，不行啊。"估计向太后想说，你们这些大臣眼睛也不太好使吧，看不出哪个适合当皇帝，那只能由她来说了，"申王再往下是端王，端王没什么毛病，就立他吧。"

章惇急得拍大腿："端王太过轻佻，恐怕不适合君临天下！"

首相和向太后争执不下，话题一度上升到端王的人品问题。这时候，知枢密院事曾布站了出来。

一直被章惇打压的曾布，终于逮着个机会报复章惇。他道："章惇你是做主做惯了吧，你说不行，可没跟其他人商量过。皇太后，臣认为就应当如您圣谕，立端王！"

曾布这话一出，其他人再支持章惇就不合适了，当即附和并请皇太后下旨。

向太后满意地看着几个人，道："嗯，先帝神宗在世的时候，也常说端王是有福寿的人，而且很是仁孝。"

大家就这样把神宗第十一子、端王赵佶立为新帝的事给定了，由蔡京起草诏书。随后，赵佶被召到内殿，来到哲宗灵柩前，哭着跪拜，并即位为帝，史称宋徽宗。

当时筠州推官崔鶠说章惇这个人，左右以为忠，天下人皆认为是奸。以前丁谓做宰相的时候，独独针对寇准一人打压，而章惇却打压了一片忠臣，被天下士大夫叫"惇贼"。

可是，章惇有一句话却说对了，赵佶确实不适合君临天下。

宋徽宗赵佶之前的七位北宋皇帝，不论个人成就大小，都是心怀天下和百姓的君主，为政勤勉，生活勤俭。

宋徽宗却完全不是这么回事，他自幼养尊处优，性格轻佻浪荡，爱好丹青、笔墨、骑马、射箭、蹴鞠，喜欢奇花异草、飞禽走兽，尤其在绘画和书法上有极深造诣，这样一个适合做闲散王爷的人，却偏偏被推上了至高无上的皇位。而他当皇帝以后的大部分时间，依然是沉迷声色，无心朝政，像极了他的偶像南唐后主李煜。徽宗大概怎么也没有想到，自己最后的结局也和李煜差不多。

徽宗还是亲王的时候，娶德州刺史王藻之女为妻。王氏姿色平平，徽宗不光在府邸里有许多美姜，还经常到处寻花问柳，甚至喜欢把名妓乔装打扮带入王府玩乐。登基之后，徽宗依然本性不改，经常微服出宫，踏访秦楼楚馆，甚至一度约会名噪一时的名妓李师师。

尽管当时的朝政被蔡京父子、王黼、童贯之流把持，但是，大宋从来不缺刚正的名士。

宣和元年（1119），大臣曹辅毅然进谏："陛下厌倦在正式宫殿居住，时常乘小轿去街市远郊，尽情游乐而后返，有负祖宗和国家的重托。"

徽宗接到奏疏后，出示给宰执大臣看。

曹辅被召到政事堂审问。

副相余深斥责："一个卑微小官，竟然也议论国家大事？"

曹辅反驳说："大官不言，故小官言之。"他义愤填膺，指责这群宰执玩忽职守，装聋作哑。

首相王黼勃然大怒，即令属官给曹辅录口供。曹辅提笔写下"区区之心，一无所求，爱君而已"几个字，接受流放，坦然离京。

徽宗自己爱玩乐，结交的朋友也都与他趣味相投，他有一个好朋友叫王诜，娶了英宗最疼爱的女儿魏国长公主。

公主贤淑，性不妒忌，尽心侍奉婆母。王诜却不珍惜，常与小妾玩乐，纵容小妾顶撞公主，甚至在公主重病时，当着公主的面与妾玩乐，因此被公主的哥哥神宗贬黜。

元丰三年（1080），公主病笃。高太后亲临探病，神宗随后到公主府，赐金帛六千，希望她能康复，又问公主还有什么心愿。公主只是请求恢复王诜的官职。神宗当即令王诜官复原职。第二天，公主病故，年三十岁。之后，公主的乳母向宋神宗告发了王诜的种种，神宗大怒，杖打王诜之妾，并把王诜贬去均州。

这样的王诜却是徽宗的挚友，两人以诗画会友，经常相约一起上秦楼楚馆。王诜绘山水画《渔村小雪图》，现藏于故宫博物院，上有徽宗的题记。

王诜身边有个小厮，乖巧善佞，写得一手好字，又擅长蹴鞠。徽宗也爱玩蹴鞠。一日，这小厮帮王诜送东西给徽宗。徽宗正在玩蹴鞠，就跟这小厮玩了一场，惊叹于这小厮的蹴鞠玩得实在好，于是跟王诜把小厮要了过来。不多久，哲宗驾崩，徽宗即位，小厮摇身一变，从王府亲信，变成了朝廷要员。可见宋徽宗这个人，任命官员随意得跟过家家一样。这个小厮名叫高伏，后来被施耐庵写入《水浒传》，是书中的奸诈大反派。

就是这么一个私生活糜烂、胸无大志的赵佶，怎么又入了向太后的眼，非立他为帝不可呢？

这事主要是向太后的滤镜太重，加上有了哲宗的衬托。

徽宗长得清秀，嘴巴甜，孝顺长辈，在向太后眼里是妥妥的十佳好少年。再转头去看哲宗，从小一张冰山脸，坐在皇帝位子上一声不吭，暗地里对高太后充满不满，亲政之后又完全和高太后反着来。向太后是高太后坚定的追随者，再加上哲宗的生母朱太妃在世，哲宗自然和向太后不怎么亲近。

章惇一开始提议立哲宗的同胞弟弟简王赵似，最高兴的当数朱太妃。可当时她并不是皇太后，想支持章惇也没有说话权，只能眼睁睁看着向太后否决了章惇的提议。

徽宗即位后，恳请向太后垂帘。

向太后更加满意，对比之前的哲宗，徽宗这是多听话乖巧的孩子呀，选他果然没错。

即位之初，徽宗也确实想要有所作为。

他上位的第一件事，就是将名相韩琦之子韩忠彦提拔为尚书左仆射兼中书侍郎，然后迎回保守派的主心骨、元祐旧臣范纯仁。

范纯仁在永州，徽宗得知他身体不佳，亲自赐药，谕曰："朕在藩邸，太皇太后在宫中时，都知道您忠直言事，如今虚相位以待。不知您眼疾怎么样了，有没有寻人医治？"

等拜范纯仁为观文殿大学士时，徽宗又说："希望以后每日能听您的忠言。"

范纯仁感激涕零，虽然最后因为身体原因不得不休养。徽宗每日见辅臣，都要问询范纯仁的情况，并叹："得一识面足矣。"

除了范纯仁，司马光、文彦博、刘挚、苏轼、苏辙等在哲宗朝遭贬的元祐大臣，都恢复了名誉并被重新起用，被哲宗废黜的孟皇后也被尊为元祐皇后。

但是，徽宗想把朝廷内的情况修正一下，却并不代表是让保守派重新上位，然后再把改革派赶出京城。徽宗想要的是在两派之间寻求微妙的平衡，良性的讨论可以有，恶意的打击报复不可取，因此，罢去改革派的章惇之后，他又任命改革派的曾布为右仆射，和韩忠彦一起主事。

同时，徽宗广开言路，希望能听到更多谏言，他说："其言可用，朕则有赏。言而有失，朕不加罪。"

于是，不论是保守派还是改革派都纷纷上言，阐述各自的观点，以及对神宗朝、哲宗朝的执政看法。

徽宗中立地表示，两边都各有得失，现在应当以大公至正，停下党争，共同建设美好大宋，随后改元建中靖国。

向太后本来也不热衷朝事，见徽宗这个开局架势，认定为妥妥的好皇帝。于是，在听政半年之后，向太后放心地撤帘了。

建中靖国元年（1101）正月，向太后病逝，保守派失去了最大的靠山。现在改革派的带头人曾布又比保守派的韩忠彦更会玩弄权术，韩忠彦处处落在下风。改革派还抓住徽宗与神宗的父子感情，主张徽宗继承父志。

但韩忠彦和曾布都没有想到，他俩谁都没赢到最后，上来的人是蔡京。

徽宗即位后，属于改革派阵营的蔡京被贬出了京。

不久，善于揣度皇帝意旨的宦官童贯，前往江南访求名家书画和各种奇巧之物。童贯停驻杭州时，蔡京极力巴结他。蔡京本身和徽宗一样，书法造诣了得。童贯将蔡京的笔墨、折扇、屏风等物送往宫中，帮蔡京说好话，徽宗正被韩忠彦和曾布吵得脑仁疼，遂决定起用蔡京。

蔡京回到京城，先与曾布一起令韩忠彦被罢相，之后取代曾布成为首相。

崇宁元年（1102），新首相上任之日。

徽宗对蔡京说："神宗创法立制，先帝继承，两遭变更，国家大计还未确定。朕想继承父兄的遗志，爱卿有何指教？"

蔡京表示："臣不怕个人牺牲，但求为陛下做出成绩来。"可他打着变法的旗号，所做之事却与神宗朝的熙宁变法、元丰改制完全不同。蔡京大搞茶法和盐法，与民争利，是彻头彻尾地剥削百姓。

可被蔡京这么一搞，国库还真有钱了。

徽宗很高兴，他的每一项爱好都需要花钱，花石纲北上、新建延福宫、在苏杭设立造作局打造精美之器、把御府所藏书画编书刻帖……他的爱好也都很与众不同，风流得很有讲究，让在宫中设立集市，宫女扮作卖酒姑娘，而他化身叫花子前去行乞。

皇帝的爱好需要钱，国家打仗也需要钱。

童贯对蔡京有引荐推举之恩。蔡京上位之后，大力支持童贯在西北拓边。有了哲宗朝打下的良好基础，童贯在西北捷报连连，基本上把西夏逼到了角落里。徽宗把这一成就也归功于自己。

蔡京、童贯、王黼、梁师成、朱勔、李彦"六贼"围绕在徽宗身边，对他奉承至极，怂恿他沉迷在奢靡享受之中，徽宗甚至还逐渐迷恋上了道教，觉得自己是神仙下凡，所以天下在他的手中一片"歌舞升平"。偶尔一点小波动，比如宣和二年（1120）十月爆发的方腊起义，也被童贯轻而易举地解决了。

徽宗想听点唱反调的都听不到，之前保守派、改革派吵闹不休的情况早没了。因为蔡京一上位，就搞翻了保守派。

为了不给保守派再翻身的机会，蔡京弄了个"元祐奸党碑"，把司马光、吕公著、苏轼等共计三百零九人的名字刻在德殿门东殿，并要求全国各州都要刻石。景灵宫内司马光、范纯仁等大臣的画像被毁，"三苏"、范祖禹等人的书被列为禁书，见之销毁。

实际上，蔡京是以打击元祐旧党的名义，行清除异己之事，只要是与自己对立的，不论身份，不论官职，统统都归于奸党，甚至这些人的家人、亲友、学生都被牵扯，不能擅自入京。

在这种背景下，徽宗又怎么可能听得到反对蔡京的声音？

但是这个宰相在徽宗心里，是又能给国家捞钱，又能让他这皇帝当得省心省事。徽宗对蔡京满意得不得了。因此，徽宗朝二十七年，蔡京四起四落，一共做了十四年宰相，其中十三年还是独相，大宋进入了最黑暗的时期。

政和三年（1113），辽国境内的女真起兵造反了。

只要不是造自己的反，那就是大好消息，宋国嗑着瓜子看戏。

这时候，辽国在位的是天祚帝耶律延禧。

与一般父死子继的情况不同，耶律延禧的帝位来自爷死孙继。耶律延禧在三岁时父母双亡，而间接造成这个情况的正是抚育他长大，并传位给他的爷爷辽道宗。

仁宗至和二年（1055），辽兴宗辞世，长子耶律洪基继位，史称辽道宗，随后就有人发动政变，意图篡权夺位。

事情起因还要追溯到辽兴宗登基初，为感激弟弟耶律重元告发太后萧耨斤的废立之事，辽兴宗把耶律重元封为皇太弟，并在一起酒醉之时，承诺将来传位耶律重元。因此辽道宗登基之后，最担心的就是这个叔叔耶律重元，为了稳住耶律重元，辽道宗上位之后立刻又封耶律重元为皇太叔，还加封耶律重元之子涅鲁古为楚王。

耶律重元其实对皇位没有那么执着，可是耐不住儿子涅鲁古想做皇帝，一直蛊惑老爹造反。

辽道宗得到密报说耶律重元父子要发动政变，派人前去试探。这一下，耶律重元父子就不装了，率先领兵进攻辽道宗所在的行宫，最后失败，涅鲁古被射杀，耶律重元逃到大漠，前无去路，后无退路，自缢身亡。

这件事辽道宗虽然赢了，内心却埋下了多疑的种子，认为就算是亲人也不能信任。

于是，在皇太子耶律濬受命领导南北苑枢密院事时，知北枢密院事的耶律乙辛，抓住辽道宗的疑心病，设计诬告皇太子的母亲、辽道宗的皇后与他人有染。辽道宗不听皇后的解释，也不顾皇太子的求情，赐死皇后。之后，耶律乙辛又诬陷皇太子记恨辽道宗弑母，意图废帝自立。辽道宗仅这一个儿子，却不信任皇太子，将他废为庶人，押往上京囚禁。耶律乙辛随后派人将皇太子杀死，对辽道宗谎称是病故，又派人杀害了太子妃。

一系列的事情之后，辽道宗才意识到耶律乙辛的野心，为皇太子昭雪，并加强了对唯一直系血脉皇孙耶律延禧的保护。

但是辽道宗继承的本就是一个走向衰落的国家，而他又不是一个有能力的皇帝，他仰慕宋仁宗，喜欢汉文化，却又忠奸不辨，用人不善，造成辽国政治越发腐朽黑暗，同时他又崇奉佛教，广建寺庙，劳民伤财，使社会矛盾进一步激化。

元符三年（1100），天祚帝耶律延禧继位，他从爷爷手里接过的是一个岌岌可危的辽国。

当时，居住在今东北松花江和黑龙江地区的女真部落，分为已经归为辽国人的熟女真，和在辽境外生活、属于辽国从属关系的生女真。

自辽兴宗时期起，生女真逐渐强大，组成部落联盟，由完颜部落的首领担任联盟酋长。

徽宗政和三年（1113），完颜阿骨打成为新一任完颜部落的首领。

长期以来，辽国压迫生女真，要求生女真进贡人参、貂皮、名马、北珠、俊鹰、蜜蜡、麻布等等。尤其是因为宋朝非常喜欢"北珠"，辽国通过贩卖"北珠"去宋国做贸易生意，获利巨大，因此不断要求出产"北珠"的生女真扩大供给，而"北珠"的获得却非常艰难，需要生女真付出巨大的代价。辽国派往生女真部落的官员，更是肆意掳掠物资，随意玷污女真族妇女，激起了生女真部落对辽国强烈的不满情绪。

完颜阿骨打继任之后，决定先发制人，南下攻辽。

古代打仗讲究出师有名，完颜阿骨打用的名头是辽国不肯交还女真族的叛徒阿疏。

阿疏是生女真纥石烈部落的人，纥石烈部落和完颜部落有矛盾，辽国自然乐意生女真部落内部有矛盾。后来，阿疏败于完颜部落，逃入辽境。生女真部落以辽国接纳叛徒为由，拒绝上贡，并多次派人深入辽国，打探虚实。

完颜阿骨打继任第二年，集合各女真部落兵力，在涞流水（今东北拉临河）祭祀天地，而后进入辽境。

在辽国人眼里，女真这简直是自寻死路。

完颜阿骨打集结起来的女真军拢共只有两千五百人，而他们要面对的辽国有几十万兵马。

九月，女真军进入辽境，即遇辽国渤海军。完颜阿骨打一箭射死辽将耶律谢十，女真军见状，勇气百倍，辽兵溃败逃跑，死者十之八九。

身边的人劝完颜阿骨打称帝，完颜阿骨打说："才打一次胜仗，就称帝，太肤浅了。"

他率领女真军乘胜进攻宁江州城，十月，顺利将宁江州城拿下。

辽国朝廷闻讯，大为震惊，天祚帝召大臣商议。汉人行宫副部属萧陶苏斡说："女真虽小，女真人却英勇且善骑射。我辽国兵久不练，若遇到强敌，稍有不利因素，就部将离心，难以压制敌军。不如今日我们派出大军，以威压制女真。"

天祚帝认为这话有理，任命司空萧嗣先为东北路都统，萧挞不野为副将，带一万辽军攻打女真。

而在辽国商议部署的这短短时间，完颜阿骨打对女真军的兵制做了改革，将原本来自不同部落的士兵统一为行军，设置千夫长、百夫长，强化军队管理，并将招抚的熟女真部和生女真统一编制，有力促进了女真的内部统一。

十一月，上万辽军抵达鸭子河。

完颜阿骨打领兵三千七百人，集于鸭子河北岸，趁着黎明，渡河迎击辽军。两军在出河店相遇，恰起大风，尘埃蔽天，完颜阿骨打乘风奋起，大败辽兵。仅辽军主将萧嗣先带着十七个人逃出来。

出河店一仗，女真掳获大批车马及兵甲、武器，收编俘虏辽国士兵，女真军队人数扩大到一万。周围人见女真军的首领是天降勇人，纷纷来投奔，女真军的势力迅速扩大。

次年正月，完颜阿骨打认为时机成熟，效仿中原制度，称帝建国，国号大金，完颜阿骨打即金太祖。

而辽国方面，逃回去的萧嗣先按律应当被斩杀，以儆效尤。萧嗣先的哥哥萧奉先劝天祚帝道："东征溃军，正四处抢掠，若不赦免他们的罪过，只怕会聚众为患。"天祚帝因此只是免了萧嗣先的官职而已。辽军诸将见状，纷纷认为以后打仗，"战则有死无公，退则有生无罪"，因此再无斗志，遇敌直接溃逃。

女真军势如破竹，拿下辽国的宁江州、宾州、咸州等广阔地区，进而攻陷辽国重镇、国库所在的黄龙府（今吉林省长春市农安县），并和辽国喊话："要是归还叛徒阿疏，金兵当即班师。"

十二月，天祚帝决定御驾亲征，率五万骑兵和四十万步兵东行，号称七十万大军奔赴黄龙府。

完颜阿骨打闻讯，仰天恸哭，与部众道："辽主大军将至，与其人人战死，不若你们杀了我，迎降辽主，转祸为福。"

诸将纷纷拜地发誓："我们愿誓死追随您！"

女真这头，完颜阿骨打以退为进充分调动起了军队的作战积极性，决心与辽军决一死战。

而辽国那边竟然出现了内部问题，都监耶律章奴发动政变。天祚帝闻讯，急匆匆回头平叛。

金军得知天祚帝回头了，诸将请求分兵追击，完颜阿骨打说："敌众我寡，兵不可分。辽军现在中军看起来最有气势，主将一定还在。我们要集中兵力挫败他们的中军，以振士气。"随后派金军右翼先战，之后左翼会合攻击辽国中军。

辽军大败，将领萧特末逃跑之前，还放了把火焚营。即便如此，金军依然缴获大批物资、兵械、牛马。

天平已经完全发生偏转，现在掌握主动的一方变成了完颜阿骨打，辽国的颓势越发明显。

这让一直在旁边愉快看戏的宋朝，看到了收复燕云十六州的希望。宋朝决定联合金国，夹击辽国，问题是两国之间本来就隔着一个辽国，要怎么联络呢？

有人提议："可以从海上绕道过去。"

徽宗一拍大腿，"就这么办。"

经过不懈的努力，政和七年（1117）七月，宋朝使者终于在海上与金国接触上了。

听宋使说了"欲与通好，共行伐辽"的来意，金国并没有表现出多大的兴趣。

灭辽嘛，金国觉得凭实力自己也搞得定。还要还你燕云十六州？那就更不行，谁打下那就是谁的。

归根到底，联金灭辽，只是宋朝的一厢情愿罢了。战场上做不到的事情，在谈判桌上也一样难以达成。

最后，完颜阿骨打经过综合考量，力排众议，回复宋使："这件事可以谈。"

徽宗激动坏了，当时这场合作还属机密，因此不适合撰写国书，他给金太祖写了一封亲笔信，竟然在信中只说燕京其下州城是汉地，而忽视了燕云十六州的其他地区。

这给前去谈判的使者造成了很大困扰，也让金国拿捏住了把柄。

金国只同意将来交还燕京，并要求宋朝把每年给辽国的银绢转给金国。同时提出，双方一起出兵，同时夹击辽国才行。

徽宗觉得银绢不是问题，但是要求把燕京扩大为燕云十六州。

使者来回奔波，把意思传达到金国。金国却强硬表示："你们皇帝第一次来信可不是这么说的，要合作就给燕京，不合作就拉倒。"

宣和四年（1122），双方终于达成一致，由宋军攻打燕京一带，金军攻打辽中京，联手灭辽之后，燕京等六州归宋，宋将原给辽之岁币转纳于金国，史称海上之盟。

在宋金拉锯，秘密商议联手灭辽的时候，金军已经拿下了辽国的上京（今内蒙古自治区巴林左旗东南），天祚帝匆忙逃亡西京大同府。这时候，辽国内部又因为皇位继承问题而爆发内乱。

天祚帝六个儿子中，最受人拥戴的是其次子晋王耶律敖鲁斡。先前劝天祚帝不杀败将，导致辽军士气大落的萧奉先，是天祚帝第五子秦王耶律定的舅舅，他污蔑晋王想篡位，已经联合了母亲云妃以及云妃的大姐夫耶律挞葛里、小姐夫耶律余覩，一起谋反。天祚帝因此杀了耶律挞葛里以及云妃母族多人，赐死云妃。

要处死的人里面，也包含在前线和金军打仗的耶律余覩。耶律余覩于是决定投降金国。当时奉命追捕耶律余覩的辽军将士觉得抓了耶律余覩，自己日后就是下一个耶律余覩，因此放过了耶律余覩，以"追击不及"回复了天祚帝。

宣和四年（1122），金军前锋攻下辽国中京（今内蒙古自治区赤峰市宁城县），天祚帝匆忙逃亡辽国南京（今北京市）。熟悉天祚帝的耶律余覩，带金军紧随其后。

萧奉先撺掇天祚帝杀掉晋王，说："这样绝了耶律余覩立晋王为帝的念想，耶律余覩自然就会退兵。"

晋王被处死，辽国上下无不寒心，纷纷思叛。

而耶律余睹也没有退兵，反而对天祚帝穷追猛打。

天祚帝这才反应过来，一切的根源都是他偏信了萧奉先的话，因此不允许萧奉先再跟在身边。

萧奉先离开不久，就被手下绑了起来，准备献给金国，半路又让气不过的辽军抢了回去，由天祚帝亲自下令处死。

但这时候，天祚帝身边只有五千多亲兵，如丧家之犬，到处躲避逃命。

辽太祖的八世孙耶律大石见跟随天祚帝不可能恢复辽国大业，便离开天祚帝，率两百骑北上，集合辽国西北的兵力，而后在可敦城立国，自立为王，之后建立西辽。西辽又绵延九十四年，最后被蒙古人所灭，辽国到此才算真正灭亡。

失去了耶律大石的天祚帝，则收到西夏夏崇宗李乾顺的邀请，短暂西入西夏避难，后来西夏迫于金国的压力，不能再收留天祚帝。天祚帝只好回到辽国境内继续东躲西藏，最后在徽宗宣和七年（1125）被金军俘虏，押送到金国上京，之后关押在囚所。

据《大宋宣和遗事》记载，天祚帝后来还见到了被金国俘虏的宋徽宗赵佶。一个辽国末代皇帝，一个北宋的亡国之君，共住一室，说了些悄悄话。第二天，这事就被告发。当时金国皇帝金太宗完颜吴乞买，下令把两人分开，自此两个亡国君主再未见面。

宣和四年（1122），宋朝应金国之约，出兵攻打辽国。

徽宗命童贯为河北、河东路宣抚使，后命蔡京的儿子蔡攸为副使，名将种世衡之孙种师道担任都统制，一起领军北上。童贯到河北地区一看，因为百年未有战争，边防军懒散，防御设备破损。但童贯实在舍不得功劳，又继续硬着头皮前进。

到了燕云地区，百姓已经被辽管辖多年，因此并没有非要归于宋朝的强烈感情。童贯想号召百姓主动归顺王师，一起讨伐辽军，结果百姓一点反应都没有。

更要命的是，童贯命手下大将种师道出战，种师道却觉得趁着辽国虚弱背后戳刀的行为有违道义，因此消极怠工。正好先锋军和辽国作战，先后吃了败仗。于是，种师道主动退守雄州，辽国人追着战败的宋军一直追到了城下。

徽宗闻讯，连忙叫宋军班师回朝。

辽国气不过，遣使者把童贯骂了个狗血淋头说："你们宋国为了一时之利，放弃与辽国的百年之好，真不像个大国的样子！"

童贯无言以对。

种师道建议与辽国议和，童贯也不答应，反而秘密弹劾种师道助长了辽国的气焰。种师道因此被徽宗罢官，干脆退休回家了。

到了七月，童贯再次请求攻打辽国，得到徽宗的支持，这次由刘延庆替代了种师道的位子。但刘延庆也因宋军之前种种败绩，害怕辽军，迟迟不前。

这时候，辽国涿州守将郭药师认为辽国已经岌岌可危，主动率军八千人投降，献上涿、易二州。

宋国不费一兵一卒赢得了两座城池，宋徽宗还真把这当成了自己的功绩，高兴地给燕云各地赐名，却忘记了除了主动投降得来的两州，其他地盘根本还在辽国手里。

郭药师摇身一变成了宋国的将领，反过来攻打燕京，并为刘延庆献计："属下领兵五千，攻打燕京，您随后带大军前来接应，拿下燕京定然如探囊取物，手到擒来。"

刘延庆觉得这主意好，让儿子刘光世做接应郭药师的援军。

于是，郭药师带兵夜渡卢沟，奇袭燕京。

辽国将领萧斡闻讯带兵驰援，分三千精兵入燕京与郭药师作战，自己带大军与刘延庆对峙。

刘光世因此不敢依约救援郭药师，郭药师在燕京被三千辽军团团围住，死伤过半，又迟迟等不到刘光世，只能弃城出逃，帐下好多士兵被辽军活捉，还是后来金军破燕京，才把这些被俘虏的人找到送回宋朝，格外讽刺。

刘延庆就此失去了拿下燕京的机会。

被金国打得一路吃败仗的辽军，在宋军面前，竟然还有余力分出士兵断了宋军的粮道。主将萧斡自知兵力不如宋军，想了条妙计，对外号称自己有三倍于宋军的兵力，很快将以火为号，一举歼灭宋军。

刘延庆刚到敌营就看到了火光，就以为对方要杀来了，直接自焚了营地，仓皇南逃，兵甲物资落了一地，身后士兵自相践踏无数。次日，宋军在白沟又被追兵大败，退回了雄州。

宋朝吃败仗的样子，统统都落在金国眼里。金太祖随后率兵亲自攻下燕京。

宋国遣使赵良嗣和金太祖商量按照"海上之盟"约定的交割事宜，金太祖态度傲慢地说："听说你们大将刘延庆带了十万人攻打燕京，结果一败涂地，还有脸来跟我要燕京等地？"

赵良嗣无言以对。

几轮讨价还价之后，金国最后的要求是在原来合约的基础上额外多要一百万贯钱，算是帮忙打下燕京又代宋朝管理这么多时日的费用。

徽宗认为："给钱好说，就是能不能把辽国的西京也还给宋国呀？"

金国呵呵："想要西京，再给二十万贯钱。"

徽宗还真爽快地答应了，结果二十万贯钱送过去，金国也没把西京给宋国。

金军占领燕京城半年，因一开始就知道将来要把城池归还宋国，因此在城内大肆搜刮财物，掠走百姓，损毁房舍。至宣和五年（1123）四月，金国交割燕京城以及其属州给宋国时，燕京城只剩一座空破的城池。

至此，太行山以南的燕京城和涿州、易州、檀州、顺州、景州、蓟州回到了宋国手中，徽宗君臣陶醉在胜利的喜悦里。

这是自后周世宗柴荣起，每一位中原皇帝做梦都想收回来的地方啊！宋太祖、太宗未竟的事业终于在他赵佶的手里完成了！

欢呼的声音太高太响亮，徽宗根本没有听清楚，金太祖在离开的时候说了什么。

他说："过两三年，必再夺回燕京！"

第二十章

开封保卫战——北宋灭亡

对宋、辽、金三国的关系，当时小藩国高丽反倒看得很明白，"辽为兄弟之国，存之可以安边；金为虎狼之国，不可交也！"

在宋国想着"联金抗辽"的时候，高丽国王递书，劝徽宗三思。可高丽隔得太远了，又是小国，宋国上下根本没人把他的话当回事。

当时的宋国只觉得接二连三的好消息从天而降。

首先，燕京等七州回到了手中。

其次，金太祖离开燕京不久，就在返回上京的路上病故了，时年五十六岁。其弟完颜吴乞买即位，史称金太宗。

第三，因为金太祖突然离世之后，金国号召燕云一带的百姓往北转移，平州守将张觉觉得富贵应当险中求，主动跟宋国投降了。

宋国高兴坏了，一直以来辽国和金国你来我往，今天你夺一个城，明日我又夺回来，根本没宋朝什么事情。结果，竟然有主动投降这种好事落在自己头上。

实际上，张觉是个彻头彻尾的投机分子。他本来是辽国将领，趁着辽末之乱，杀了自己上司，占据了平州，做了一方老大。金军一来，他就主动降金，被金国封了官，负责留守平州。现在眼看金国权力交接，他又主动投宋，换取利益。

徽宗果然对张觉大加封赏。

赵良嗣建议不要这样，他委婉地劝徽宗说："只怕金国不能接受张觉的叛变，如果我们接受了张觉，万一引火上身惹恼金国就不好了。"

徽宗很不高兴，这什么乌鸦嘴，坚决要接纳张觉。

张觉作为报答，带着五万兵马，想胁迫迁、来、润、隰四州也投降宋朝。

金国派锦州军出发前往讨伐，连败张觉两次，后来又在兔耳山被张觉打败，但是张觉只向宋朝廷报告了最后胜利的这一场。徽宗大喜，下令在平州组建泰宁军，任命张觉为节度使，赏赐万两银绢。

金国自然不会善罢甘休，金太宗派完颜宗望接管完颜阇母的军队讨伐张觉。

张觉正得意忘形，出城接受徽宗嘉奖诏书。

金国人趁机将他堵住，杀了个出其不意。

张觉和弟弟从混战中逃出来，跑入大宋境内，祈求宋国庇护。

金国随后抓了张觉一家老小，张觉弟弟听闻这事，带着宋国诏书回头又投奔金国。

金国这下爆了，抖着徽宗的诏书，质问宋国："这是什么意思？"限时要求宋国交出张觉。

这是熟悉的味道，熟悉的方式，和当初金太祖完颜阿骨打要求辽国交出女真叛徒阿疏一样。区区一个张觉，其实金国根本不在乎，他们要的是一个对宋开战的借口。

宋国完全没有意识到问题的根本，童贯竟然还出昏招，找了个和张觉长相类似的囚犯，砍下头颅送去金国，谎称已斩杀张觉。

计谋被金国识破，金国要求宋国必须马上斩杀真的张觉。

宋国迫于压力，将张觉缢杀，尸体送往金国。

这件事对辽国降宋的将领郭药师的影响很大，他意识到，宋国在金国面前根本抬不起头，今日金国要张觉，宋国便杀张觉，那明日金国要他郭药师的脑袋，宋国也必会杀了他，交给金国。

实际上这时的金国已经考虑对宋开战，因为辽国天祚帝还没抓住，才没有动作。

宣和七年（1125）二月，天祚帝被俘，金国最后的顾虑也没有了。十月，金太宗下旨，正式攻打宋国。

金军兵分两路，一路由国相长子完颜宗翰带领，直奔太原；一路由金太祖次子完颜宗望带领，攻取燕京。计划各自完成任务之后，会合一处，一起攻打宋国京师开封。

燕京守将郭药师率常胜军到白河，与金军相遇。金军见对方戈甲鲜明，步伍整肃，认为不可小觑。两军鏖战三十余里，郭药师并未落下风，甚至即将击溃金军主力。结果，猪队友张令徽害怕，一声不吭地偷偷跑了。金军抓住机会，派人追杀张令徽等人，最终导致常胜军的全面溃败。

燕京已经岌岌可危，郭药师和燕山府路安抚使蔡靖商议投降。蔡靖不肯。郭药师也不跟蔡靖啰嗦了，扣了蔡靖父子，向金军投降，随后打开城门，引了金兵进入燕京。

金国知道郭药师了解宋国军情，是个不可多得的人才，赐姓完颜。完颜宗望给予郭药师两千骑兵，任命他为先锋。

实际上，金军出征之前，宋国已侦知金军的情况。童贯被派往太原，宣抚河北、燕山。童贯遣使前往金国，希望能缓和局势。使者回来告诉童贯，金国责怪宋国之前收留张觉之罪，要求割让河东、河北两地给金国，以示谢罪。

童贯不知道如何回复是好，准备一走了之。

太原留守张孝纯说："你今天要是逃回去，就放任河北给金国了。这让河北怎么办？"

童贯被看破了，恼羞成怒，说道："我只是被任命来宣抚，又不是被任命来守疆土。"全然不顾张孝纯等人的反对，逃回开封。

与此同时，金国要求割地的事也传到开封，宋朝派使去金国求和。

没多久传来了郭药师投降金国的消息，吓得徽宗立刻下了罪己诏，急召之前被罢官退休的种师道进京，同时准备禅位给皇太子赵桓。

对忽然坐上皇位这件事，赵桓完全没有想到，因为他本来并不得徽宗喜欢。赵桓的母亲是徽宗的正宫皇后王皇后，王皇后贤惠温柔，相貌平平，不得徽宗喜欢。赵桓深受王皇后影响，性格恬淡，生活简朴，与徽宗的活泼和奢靡完全不同。王皇后离世那年，赵桓九岁，这对他的打击很大，此后越发沉默。

赵桓被立为太子后，徽宗曾经一度想换储君。当时蔡京的政敌王黼极力劝说徽宗改立徽宗偏爱的第三子郓王赵楷为太子。赵桓也因此提心吊胆，生怕说错做错什么遭到贬黜，越发沉默谨慎。

宣和七年（1125）十二月二十日，徽宗任命太子赵桓为开封牧，并赐下只有帝王才能佩戴的碾玉龙束带，以示对赵桓的信任。

徽宗也不是不想换一个继承人，只是不能在这紧急关头再生波折罢了。三天之后，他就急匆匆地宣布禅位赵桓。

赵桓坚持不受，几次急得昏倒在地，最后被内侍强行扶到福宁殿，在那里齐集的宰执大臣们也一起帮忙扶赵桓。赵桓被迫坐上了皇位，史称宋钦宗。

钦宗心里很清楚，自己在朝野中毫无势力，朝政依然被蔡京等人把持。他之所以坐在这个位子上，只是父亲徽宗急于甩锅，需要一个收拾残局的人而已。

钦宗上位之时，金兵距离开封只有十日路程了。

徽宗连太上皇的名头都不要了，告诉众人称他为"道君"即可，随后任命蔡攸为行宫使，带了一批官员先行逃离了开封。

钦宗独留在开封，心里也没底，根本不知道怎么应对。如果不是徽宗不让他走，他本意是要跟着徽宗一起跑的。京城没留下几个官员，基本上也都是主和派。幸亏大臣李纲站了出来，他表示开封是几朝古都，城墙牢固，积极防御应该还有希望。

钦宗于是提拔李纲为尚书右丞，负责开封防御事务。

实际上，金军南下并不顺利，他们擅长打野战，遇到坚固城池往往难以攻下。完颜宗翰那一路军就被太原拖住了，守将王禀、张孝纯积极坚守，使得这一路金军未能继续南下。只有完颜宗望一路金军，孤军深入宋境，南渡黄河，直奔开封而来。

在金军抵达之前的短暂时间内，李纲率领开封军民及时完成了防御部署。

金兵抵达城下，李纲本是一个不善用兵的文人，他抱着誓死卫国的决心，登城督战，第一次开封保卫战开始。

金军当日即发动攻击，出动数十只大船，进攻开封城的西水门。李纲派两千宋军驻扎在西水门，用长钩和石头打退了金军的进攻。

金军随即改为在酸枣门、封丘门架设云梯攻城。李纲站在城墙上指挥宋军英勇抵抗，使用弓弩、礌石、床弩、投石机等攻击攻城的金军，打退了敌人一次又一次进攻，另一边悄悄派遣精锐军队，出城袭击金军，烧毁敌军几十座云梯，斩首十余名金军。

金军的攻击被挫败，见识到了什么叫固若金汤的城池。

完颜宗望见一时难以攻下开封，转而和开封喊话："出来和谈。"

实际上，这时候，战局对宋国有利，开封尚且安全，各地集结的勤王大军也正在赶来救援开封。尤其种师道带着宋朝最厉害的西北军也已经赶到，二十万大军在外围把金军围住。现在这路金军就是夹心饼干里的心，如果宋军一鼓作气将之拿下，必将震慑金国，完全改变历史！

可是除了李纲和种师道，朝野内外包括钦宗自己都只想和金国求和，割地赔钱都不是问题。

李纲因为主战、反对割地，而被罢官。

甚至，钦宗要把李纲和赶来救援的种师道推出去给金军谢罪。

太学生陈东等人上书乞留李纲，上万开封军民愤怒地聚集到玄德门外反对。

这是陈东等人的第二次上书，第一次上书发生在钦宗刚登基时，陈东等人祈求严惩祸国殃民的"六贼"。

钦宗被迫收回成命，赶紧让李纲官复原职，并下诏将"六贼"中的王黼、李彦、梁师成处死，朱勔流放。

靖康元年（1126）二月，金国提出四个条件，宋国逐一履行：

第一，送上割让的河北三镇太原府、中山府、河间府的地图。

第二，答应巨额赔款。

第三，派肃王赵枢跟金军北上做人质。

第四，与金国更改盟约，称金国皇帝为"伯大金皇帝"，钦宗自称"侄大宋皇帝"。

金军那边，完颜宗望在局势不利于自己的情况下，意外收获颇丰，当即撤军北归。

开封之危解除。

钦宗反手就罢免了刚刚立下大功的种师道，说他年纪太大，可回去养老了。不久，种师道听闻弟弟种师中所率救援太原的大军，在杀熊岭被金军主力围歼，种师中战死。种师道在病床上，老泪纵横，不久便病逝了。

而李纲被排挤出了京城，接替种师道出任河东、河北宣抚使，可是钦宗又不给他前线指挥权，使得队伍难以管理。九月，李纲无奈提出辞职，而后被安上诸多罪名，被一贬再贬，最后贬谪夔州（今重庆市奉节县）。

此时，钦宗心里想的，既不是整顿军队，也不是发愤图强，而是太上皇徽宗在外面玩得乐不思蜀，怎么把他请回来呢？

钦宗真正的担心是万一徽宗忽然要把皇位要回去，又或者，在哪里宣布另组一个朝廷，那自己如何自处。一山容不得二虎，一个帝国也不允许有两个皇帝。

因此，钦宗放不下心，放任徽宗整日在外面，而不是在自己的掌控之下。什么国家大事，都不如先把自己的皇位坐稳来得重要。

徽宗在外面的日子看似是一场游山玩水，每月花费竟然高达二十万贯。更让钦宗眼皮乱跳的是，徽宗果然想在外面单过，留在江南再搞一个小朝廷。钦宗不同意，马上派人去请徽宗尽快回京。

徽宗也不傻，宫斗的戏他比儿子多看了几十年呢，所以一路走得很慢，今天绕到亳州，明日又说要去洛阳。但不论走得多慢，还是在四月回到了京城，钦宗亲自出城迎接。

随后，徽宗就被小心地奉了起来——变相软禁，身边的人统统被换掉，并且为防止徽宗收买这些人，每次这些人当值结束，就要先交出刚刚被赏赐的东西，然后才能离去。

随后，在百姓一声高过一声的呼声中，蔡京父子、童贯，都被贬黜流放，随后蔡京在流放路上病死，童贯、蔡攸、朱勔被下诏处死。

钦宗除了"六贼"，大快人心，获得了百姓的拥戴。但，当时的掌权官员其实多出于"六贼"之门，根本不堪重用。钦宗又优柔寡断，不能坚定执行政策，忠臣李纲等人又丢在一边，寒了人心。等到金国再次南下包围开封的时候，朝野根本无人可用。钦宗急忙派人去召回李纲，可惜李纲被贬得太远，收到诏书的时候，开封城都已被破了。

金国也早看穿了宋朝内部的这些问题，仅仅八个月后，又一次出兵南下，还是完颜宗翰和完颜宗望两路兵马，分别自大同府（今山西省大同市）、保州（今河北省保定市）南下，攻打开封。路线对这两位金国将领来说，真是熟门熟路，因此南下的速度比之前更快。

已经坚守了半年的太原，这一次也真的坚持不下去了。城内弹尽粮绝，城外没有援兵，三军煮弓弩皮甲充饥，百姓啃食草根树皮，甚至分食饿殍。即便是在这样的情况下，太原城破之后，守将王禀依然率领幸存的军民与金军展开巷战，最后身中数十箭，投水自尽，城内军民大多战斗到生命的最后一刻。

太原保卫战如此惨烈，京城开封却一点感触都没有。钦宗忙着叫各地不要来救，免得惹恼了金国。他的策略是求和，割地赔钱什么都好说，而不抵抗就是他能表现出来的最大诚意！

徽宗第九子康王赵构，被钦宗派去和谈。赵构走到磁州就被反对割地的百姓们拦住。随同赵构去谈判的资政殿学士王云，直接被百姓们当作奸臣打死了。磁州守臣宗泽力劝赵构："殿下，河北现在的情况非常糟糕，您要不就留下来吧。"

赵构于是没有贸然北上，而是停留在了磁州。这时候，他绝对想不到，五个月后，宋朝皇室和在京大臣都被金军掳去，他成了宋太宗一脉唯一逃过此劫的人。

很快，金军的先锋军抵达开封城外。

摇摆不定的钦宗这下又不"天为"了，认为自己最后关头可以再抵抗一下。紧急派人去召回李纲，同时任命赵构为天下兵马大元帅，叫赵构赶紧带着河北守军过来救驾。

实际上此时，开封城内有七万守军，如果上下一心，确实可以坚守上一段时间，等到援军到来。

偏偏这时候，一个叫郭京的小士兵，自称身怀道教之法术，能施道门"六甲法"，用七千七百七十七人布阵，击退金军。

如果钦宗好好翻看史书，必会发现，类似的事情，当年南汉就干过，最终结局是被宋太祖所灭。

可是在当时，钦宗和一众朝廷官员竟然听信了郭京的话。郭京被授以官职，并赐得金帛数万。

靖康元年（1126）十一月，开封连续暴雪，雪深数尺。百姓请求开国库，给守军增衣，钦宗竟然舍不得这些布匹。

二十五日这天，金军开始攻城，第二次开封保卫战开始。

金军先后攻击多处城门，守将范琼、姚仲友等率兵击退金军的进攻。范琼反击出城，焚烧金军营寨，守城将士甚至"缒城"杀敌，焚毁敌炮架等军械。同时，宋军也付出了众多将士阵亡的代价。再加上天气冰寒，将士连兵器都握不住，甚至出现冻死的情况。

眼见城内守将损失惨重，已折损十之三四，钦宗认为是时候让郭京作法御敌了。

郭京登上城头，屏退上面的守护士兵，装腔作势地作起法来，而后，他要求打开宣化门，让"神兵"出城。结果，金军趁机入城，杀上城头，郭京在混战中不见踪迹。

宋朝的国都开封，就以这种荒谬的方式被攻破了外城。

但是开封军民的反抗并没停止，三十多万军民自发抵抗金军，将领何桌率人与金军巷战，于是出现了金军不得不在城内又修筑防御工事和宋国百姓对峙的情况。对此，金军没有对内城再发动进攻，而是假惺惺地表示可以和谈。

被吓破了胆的钦宗立即表示："谈，当然谈！"

到这个关头了，他还在防着自己老爹徽宗，当金军要求由太上皇赵佶前往金军营帐谈判时，钦宗马上表示太上皇年纪大了，吓生病了，还是由他本人亲自前往议和吧。

金军简直用看傻子的眼光在看这人，还能有这种赶着自投罗网的家伙？

靖康元年（1126）闰十一月，钦宗抵达青城金营，完颜宗翰和完颜宗望根本不屑见他，扣留了钦宗，要求开封搜缴武器，防止反抗。

而在金营内，钦宗急急忙忙献上降表，被金人嫌弃写得不好，钦宗和近臣埋头在金营里把降表改了又改。金人终于对降表满意了，搬出桌椅，让钦宗对北下跪，行臣子之礼。抖抖索索的钦宗答应了一系列丧权辱国的条款。

三日后，钦宗终于被金人放回，满腹屈辱的他，看着宫门口迎接他的百姓和官员，号啕大哭。随后，更神奇的一幕上演。金人要求赔款为金一千万锭，银二千万锭，数目巨大，国库不够，钦宗责令权贵商户出资，不配合者死，这其实是明抢，包括皇后的娘家都未能幸免。可是，所得到的金银依然不能满足金国提出的赔款要求，于是，钦宗把主意打到了搜刮普通百姓身上。

开封官员四处搜刮金银财物，要求五户为一保，相互监督举报。根本无人关心百姓，百姓饥寒交迫，易子而食。

靖康二年（1127）正月，金人要求钦宗再次前往金营。

钦宗命孙傅、谢克家辅佐太子监国，随后出宫，在宫门外，数万百姓拉着天子的车请求他不要去。钦宗不敢不去，百姓跟着哭泣，钦宗也落下了眼泪。

钦宗抵达青城金营，被扣留在一个简陋的小房间里。时值冬天，钦宗又冷又饿，度日如年，尝到了阶下囚的滋味。

金人说，赔款一日不达到要求的数目，就一日不放回钦宗。

这时候，开封内外经过几轮搜刮，很难再找出更多金银。金国提出，钱不够，可以用女人补，要求给金太宗献上三千贡女，并给金军一千五百名少女。于是又一轮对百姓的凌辱搜刮开始了，只要是年轻的女性，哪怕蓬头垢面、饥寒交迫见不得人的也没关系，朝廷派人给你们梳妆打扮，更有贪生怕死的官员送上自己的妻女。

二月六日，金太宗收到了钦宗的降表，随后下诏宣布钦宗和徽宗被贬为庶人。

当时钦宗在金营，金人下令剥去他身上的龙袍。臣子李若水上前抱住钦宗，大骂金人："不可侮辱天子！"被金人直接砍了脖子，壮烈殉国。

次日，徽宗和其他皇室宗亲被押去金营。徽宗也很奇葩，先前他被金军抓住的时候，面不改色，后来等听说自己收藏的字画都要被搜刮走时，却悲痛大哭，可见是真心喜欢艺术。

到金营后，徽宗哀求金人说，自己愿意去金国，但请留下钦宗以侍祖先。

金人不同意。

徽宗和大臣希望能从皇室中择选一人留下，或者留下皇太子监国。

金国人一听："什么？你们竟然还私藏了一个？"下令交出皇太子。

太子和皇后被押送出宫时，太子太傅孙傅本可免于同行，但他说："我是太子的老师，没有不去的道理。"

金人说："我就是要得到太子，你又能怎么样？"

孙傅答："我是宋之臣子，太子之师，应同生死。"随后留在太子身边，随时等待被杀。

金人将宋朝整个皇室全部控制，显然已经打定主意，斩草除根，不给宋皇室一点复辟的机会，同时决定立一个异姓人为天子，以黄河为界，"以王兹土"。曾在靖康元年当过两个月宰相的张邦昌被推了出来。金人要求开封上下所有官员签署同意立张邦昌的文书，任何反对者，一律处死。

张邦昌不愿意，甚至打算自杀不受金人的册立。但大家都劝说他："现在死了，再引起一场浩劫怎么办？"

张邦昌无奈，痛哭着登上了皇位，为了表示自己不是叛宋，没有立年号，不坐正殿，不受朝礼，还在宫殿的门上都贴上了"臣张邦昌谨封"的封条。

四月一日，金军带着大批战利品，徽宗、钦宗、皇室人员以及宰执大臣们等三千人，启程北归。临走之际，金军放火烧城，《清明上河图》中繁华的开封，被付之一炬。

北宋灭亡。